कल परसों के बरसों

कल परसों के बरसों

ममता कालिया

वाणी प्रकाशन

वाणी प्रकाशन

4695, 21-ए, दरियागंज, नयी दिल्ली 110 002

शाखा

अशोक राजपथ, पटना 800 004

फ़ोन: +91 11 23273167 फ़ैक्स: +91 11 23275710

www.vaniprakashan.in
vaniprakashan@gmail.com

KAL PARSON KE BARSON
by Mamta Kalia

ISBN : 978-93-5000-721-1
Memoirs

प्रथम संस्करण

मूल्य : ₹ 225

ओम ऑफसेट प्लेटमेकिंग, दिल्ली-110093 में मुद्रित

वाणी प्रकाशन का लोगो मक़बूल फ़िदा हुसेन की कूची से

अनुक्रम

चेतना में उठे सवाल : जैनेन्द्र कुमार

सन् 1950 में मेरे पापा की नियुक्ति आकाशवाणी के दिल्ली केन्द्र पर हुई। उस समय रेडियो की नौकरी काफी आकर्षक मानी जाती थी और बड़े-बड़े विद्वान आकाशवाणी से सम्बद्ध होना गर्व के योग्य समझते थे। आकाशवाणी के अधिकारी और कलाकार, साहित्यकार के बीच विचारों का सहज आदान-प्रदान होता था और तीनों परस्पर सम्मान का भाव रखते थे। पापा स्वयं हिन्दी तथा अंग्रेजी साहित्य के प्रबुद्ध पाठक थे, इसलिए उनमें रचनाकारों के लिए एक हार्दिक अनुराग और सराहना का भाव हरदम रहता। पापा के बारे में मेरे सबसे पहले स्मृति-चित्र यही हैं कि वे टेबिल लैम्प जलाकर लेटे हुए बड़े ध्यान से कोई पुस्तक पढ़ रहे हैं, बीच-बीच में लाल पेंसिल से निशान लगा रहे हैं और पुस्तक समाप्त कर ऐसे आह्लादित हो उठे हैं जैसे उनके हाथ कोई खजाना लग गया हो। अपने प्रिय रचनाकारों को आदर-सत्कार सहित घर पर बुलाना, गोष्ठी आयोजित करना या स्वयं सपरिवार उनके घर पहुँच जाना पापा के लिए बड़ी सहज दिनचर्या थी।

ऐसे ही एक दिन घर में आयोजित एक साहित्यिक गोष्ठी में मैंने पहले पहल जैनेन्द्र जी के दर्शन किए थे। हम कूचापातीराम मुहल्ले के एक मकान की निचली मंजिल में रहते थे जहाँ दिन में भी अँधेरा रहता था। वहाँ हर वक्त बिजली जलानी पड़ती थी। शाम के वक्त मम्मी रसोई में केवड़े का पानी तैयार कर रही थीं, अँगीठी पर चाय की बड़ी केतली चढ़ी थी और बैठक में एक-एक कर झकाझक सफेद कुर्ता-पाजामा पहने जो मेहमान अन्दर आ रहे थे, सब बड़े महत्त्वपूर्ण साहित्यकार थे। तभी हलचल हुई 'जैनेन्द्र जी आ गए, जैनेन्द्र जी आ गए'। सब उनके स्वागत में उठ खड़े हुए। इतने साल बीत जाने पर भी मुझे वह पहली बार देखी जैनेन्द्र जी की छवि अच्छी तरह याद है—दुबला-पतला व्यक्तित्व, गोरा रंग, सुन्दर चेहरा, शायद आँखों पर चश्मा, सादा खादी लिबास और बेहद सौम्य, अस्फुट आवाज। बात वे तब भी दार्शनिक अन्दाज में करते थे क्योंकि इतना याद है कि मुझे उनकी एक भी बात समझ में नहीं आई। तब तक पापा के बहुत कहने पर शायद मैं अपने कच्चे-पक्के ढंग से 'त्यागपत्र' पढ़ चुकी थी। पड़ोस में मेरी एक सहेली रहती थी

जिसका नाम था कट्टो और 'त्यागपत्र' पढ़ते वक्त मुझे हैरानी हुई थी कि इस लेखक को कैसे पता चला कि कट्टो यहीं कहीं रहती है। उस वक्त मैं सिर्फ नौ साल की थी, दिन-भर गली में इक्कड़-दुक्कड़ खेलती थी, शाम को अपनी टोली के साथ मुहल्ले के सभी मन्दिरों में प्रसाद के लालच में चक्कर लगाती थी और रात सोने से पहले स्कूल का काम किया करती थी। स्कूल की किताबों से हटकर जो कुछ भी पढ़ती थी, पापा के डर से क्योंकि वे होमवर्क की ही सख्ती से यह काम दिया करते थे और बाकायदा उस पर सवाल पूछा करते। विष्णु प्रभाकर, प्रभाकर माचवे, जगदीश प्रसाद चतुर्वेदी, जगदीश चन्द्र माथुर, उपेन्द्रनाथ अश्क, चिरंजीत, मैथिलीशरण गुप्त की रचनाएँ मैंने पापा के दिए होमवर्क के तहत ही पहले पहल पढ़ीं।

जैनेन्द्र जी का व्यक्तित्व ऐसा था जो किसी भी इंसान के अन्दर साहित्यकार बनने की आकांक्षा पैदा कर दे। वे पूरी तरह लेखन को समर्पित थे। रुक-रुक कर बड़े सधे हुए शब्दों में अपनी बात कहते और दूसरे की बात का प्रत्यक्ष विरोध न करते हुए भी बड़े सलीके से उसकी दलील का सफाया कर देते। इस प्रथम स्मृति के बाद कई वर्षों के अन्तराल पर एक बार फिर जैनेन्द्र जी के प्रति चेतना जागी तब जब रमेश बक्षी ने उनकी रचनाओं पर धुआँधार आक्रमण आरम्भ किया और जैनेन्द्र जी ने अपने खास अन्दाज में उस आक्रमण से अपना प्रतिरक्षण किया। उन्होंने विरोध को हमेशा एक सुरुचिपूर्ण सरोकार बनाया।

जब कोई पाठक साहित्य के प्रति होश सँभालता है तो पाता है कि पुस्तकें प्रायः दो प्रकार की होती हैं; एक वे जो उसके सवालों का जवाब देती हैं, दूसरी वे जो उन सवालों को और भी पेचीदा बनाती हैं। मेरे लिए प्रेमचन्द की रचनाएँ पहली और जैनेन्द्र जी की इस दूसरी कोटि में थीं। ये दो महान रचनाकार गंगा और यमुना की तरह अलग-अलग वर्ण के थे और ऐसे अन्त तक रहे। इनका संगम किसी एक कृतिकार में कभी घटित नहीं हुआ।

जैनेन्द्र जी के उपन्यासों के स्त्री पात्र उस समय के पाठकों पर अविस्मरणीय प्रभाव डालते थे। पापा उन्हें एक क्रान्तिकारी रचनाकार मानते थे और जब भी उनसे कोई आधुनिक हिन्दी उपन्यास पर चर्चा करता, वे जैनेन्द्र की 'सुनीता' और 'सुखदा' का हवाला देते।

मैंने ये दो उपन्यास तो पढ़े ही, इनके साथ-साथ जैनेन्द्र जी के और भी समस्त उपन्यास पढ़े। मैंने पाया ये रचनाएँ प्रथमतः उन रचनाकारों की रचनाओं से बिलकुल भिन्न थीं जो मैं पढ़ती आई थी। प्रेमचन्द साहित्य की वास्तविक हाड़मांस की दुनिया से निकलकर मानो मैं एक ऐसे दार्शनिक भाव-लोक में पहुँच रही थी जहाँ निष्कर्ष नहीं वरन् निजी प्रतिक्रिया और उत्तेजना ही रचना के मानक थे। स्त्री के मनोविज्ञान का परत-दर-परत अध्ययन और अन्वेषण इन रचनाओं का केन्द्र-बिन्दु था और

लगभग सभी उपन्यासों में दाम्पत्य-जीवन का अवमूल्यन चित्रित हुआ था। शायद जैनेन्द्र जी को इसीलिए एक क्रान्तिकारी रचनाकार माना जाता था क्योंकि एक बार पढ़ने पर उनके उपन्यास की नायिका एक लिबरेटेड स्त्री नजर आती थी। वह पति और पति के मित्रों से, बदलते सामाजिक सन्दर्भों पर जोरदार बहस करती, अपने ऊपर लगे तमाम आरोपों-प्रत्यारोपों का विश्लेषण करने की क्षमता रखती और अन्ततः अपनी मनोवैज्ञानिक भूल-भुलैया का पथ-प्रदर्शक अपने पुरुष को बनने देती। पुराने जमाने के स्थापित दृष्टिमूल्यों के समर्थक पाठकों को यह रचना-संसार अच्छा लगता कि औरत अपनी स्वतन्त्र सत्ता की लड़ाई के बावजूद, अपने हर कदम पर पुरुष की सहमति की मुहर का लगाया जाना जरूरी समझती है।

इसके आगे प्रश्न यह उठता है कि क्या जैनेन्द्र का समस्त कथा-साहित्य 'पति, पत्नी और वह' के इर्द-गिर्द नहीं घूमता? इस त्रिकोण में विशेषता यह है कि पति और प्रेमी में से कोई पूर्ण पुरुष नहीं है। मुझे लगता है कि जैनेन्द्र के यहाँ दम्पति हैं पर दाम्पत्य नहीं है, प्रेमी हैं पर प्रेम नहीं है। नारी का विद्रोही और आदर्श, दोनों रूप वे एक ही पात्र में समाहित करने में सिद्ध हैं। सुखदा पति की प्रताड़ना सहती है और फिर भी समाज में उच्छृंखल स्त्री के रूप में बदनाम है। पति-पत्नी के बीच संवाद समाप्त है और पत्नी का कथा-नायक के साथ बड़ा अमूर्त-सा सम्बन्ध है। इन सभी असहज रिश्तों की यातना सहनेवाली और कोई नहीं स्वयं सुखदा है। मन में सवाल उठता है जैनेन्द्र जी क्या बताना चाहते हैं दाम्पत्य की असफलता या प्रेम की निष्फलता। मेरे विचार से वे इन दोनों धारणाओं के निकट पहुँचकर प्रश्न को अनुत्तरित छोड़ देते हैं। उनका दार्शनिक स्वर इस धुन्ध को गहरी करने में सहायक बनता है। प्रख्यात साहित्यकार स्वर्गीय भारतभूषण अग्रवाल ने शायद बहुत पहले इसीलिए कहा था कि "जैनेन्द्र के उपन्यासों में पत्नी शिक्षिता होते हुए भी घरेलू पिंजड़े में बन्द मिलती है। अपने पति की सहधर्मिणी बनकर घर-बाहर उसकी अर्द्धांगिनी के रूप में नहीं। पति का मन हरेक उपन्यास में अविकसित बालक-मन है जिसकी ललक किसी अन्य स्त्री पर है पर जिसमें उस ललक का साथ देने की कर्मठता नहीं है। ऐसे पति-पत्नी मिलकर जिस दाम्पत्य की रचना करेंगे वह निश्चय ही पति के लिए नीरस और पत्नी के लिए कारागार ही सिद्ध होगा...वहाँ नारी का धर्म है विद्रोह—दाम्पत्य की शर्त से विद्रोह।"

मेरे लिए सबसे अधिक संकट ऐसा साहित्य पैदा करता है जिसमें सही अवधारणाएँ अपने अस्पष्ट रूप में सामने आएँ। काश मेरी शंकाओं का निराकरण करने जैनेन्द्र जी स्वयं मौजूद होते। लेकिन तब शायद मैं उनसे यह न कह पाती कि मुझे लगता है उन्होंने नारी के अधूरे विद्रोह को अभिव्यक्ति दी है। उनका व्यक्तित्व हमेशा उनके कृतित्व पर हावी रहा। उनके व्यक्तित्व के प्रति मेरे मन में हमेशा श्रद्धाभाव ही रहा।

बेमिसाल थे अश्कजी

श्री उपेन्द्रनाथ अश्क मुझे कभी इतने प्राचीन नहीं लगे कि उनकी जन्मशती मनाई जाए। उनकी अस्वस्थता के अन्तिम दो वर्ष छोड़ दें तो 1994 तक वे गति, स्फूर्ति और सृजनशीलता के जीते-जागते उदाहरण थे। हम उन्हें उनके पूरे नाम की बजाय अश्कजी की तरह जानते थे।

फ्लैश बैक में जाएँ तो अश्कजी पहली बार मुम्बई में मिले। वे और कौशल्याजी अपने किसी रिश्तेदार के आलीशान फ्लैट में बांद्रा में ठहरे हुए थे जहाँ हम उनसे मिलने पहुँचे। हमने उन्हें अपने यहाँ आमन्त्रित किया। मुझे झिझक लग रही थी कि वे सीढ़ी चढ़ कर तीसरे माले पर कैसे पहुँचेंगे पर अश्क दम्पति नियत समय पर खट खट सीढ़ियाँ चढ़ कर सहज भाव से हमारे आधे कमरे के घर में आ गये। यह 1966 की बात है। कुछ ही महीनों पहले हमारी शादी हुई थी और घर का सबसे कमजोर पक्ष था रसोई। मुझे याद है अश्कजी ने प्रसन्नतापूर्वक भोजन किया। चलते वक्त कौशल्याजी ने मुझे नीचे उतरकर उन्हें विदा देने से रोक दिया, 'तुम्हारा बार बार सीढ़ियाँ उतरना ठीक नहीं, अपना ध्यान रखो।'

मैं हैरान रह गयी। शादी के पहले ही साल हमारा परिवार-नियोजन ध्वस्त हो गया था, लेकिन यह बात डॉक्टर और रवीन्द्र के सिवा किसी पर जाहिर नहीं थी। फिर अभी तो शुरुआत थी। अश्क-दम्पति ने यह अनुमान कैसे लगा लिया जबकि मेरी दौड़-भाग में जरा भी फर्क नहीं था।

अश्कजी और कौशल्याजी में दूसरों की दिक्कतों को जानने समझने का यकसाँ माद्दा था। 1970 में एक षड्यंत्र के तहत मुम्बई में मेरी नौकरी छूट गयी और मैं रवि के पास इलाहाबाद पहुँच गयी। अब तक का जीवन बड़े शहरों में बीता था। इलाहाबाद जैसे सुस्त, कस्बाई माहौल में मन लगाना आसान नहीं था। तब अश्क-परिवार ही था जिसने हमें सहेजा और संरक्षण दिया। रवि ने अपना प्रिंटिंग प्रेस खोला था जिसमें उन्हें सुबह से शाम तक जुटे रहना होता। मशीनों का शोर हमारी चेतना में ऐसा भर जाता कि हम शाम छह बजे छुट्टी होते ही प्रेस में ताला डालकर कॉफी हाउस के लिए निकल जाते। वापसी में हम 5 खुसरो बाग रोड जरूर

जाते। यह प्रसिद्ध पता नीलाभ प्रकाशन का था जिसमें अश्कजी का आवास भी था।

अश्कजी हमेशा अपने लेखन-कक्ष में पढ़ते लिखते मिलते। टेबिल लैम्प की रोशनी में उनकी सुन्दर, तीखी प्रोफाइल दूर से ही ध्यान खींचती। वे हमें देखकर उत्फुल्ल हो जाते, 'मैं बड़ी देर से बैठा लिख रहा था। अब तुम्हारे साथ गप्प लड़ाऊँगा।'

अश्कजी का समूचा परिवार उनके टाइम टेबिल से संचालित होता। कौशल्याजी चाय बनवाने किचन में चली जातीं, बिम्मा भाभी प्लेट में बिस्कुट निकालने लगतीं और नीलाभ अपने कमरे से प्रकट होकर बातों में शामिल हो लेता।

'अश्कजी आप क्या लिख रहे थे?' मेरे पूछने पर अश्कजी बड़े जोश से बताते 'मैं जगदीश डल्लारा के पत्र का उत्तर लिख रहा था।' फिर वे अपना लिखा सुनाने लगते।

हमारी निगाह में यह और इस तरह का पत्र-व्यवहार व्यर्थ की चीज थी। मेरा अभी तक यकीन है कि अगर आप एक हफ्ते किसी पत्र का जवाब न दें तो पत्र लेखक को जवाब अपने आप मिल जाता है। शब्दों से ज्यादा शोर चुप्पी का होता है। लेकिन अश्कजी की आदत थी वे हर पत्र का उत्तर देते। साथ ही वे कोई ऐसी भड़काऊ बात उत्तर में लिखते कि पत्र-लेखक के साथ उनकी लम्बी बहस चल निकलती। इलाहाबाद वाले कहते, 'अश्कजी की इसी तरह एक और किताब तैयार हो रही है, फायदा नीलाभ प्रकाशन ही उठायेगा।'

इसमें कोई शक नहीं कि नीलाभ प्रकाशन की सफलता में अश्कजी और कौशल्याजी की संयुक्त ऊर्जा लगी हुई थी। इतने विपरीत स्वभाव वाले पति-पत्नी काम के मोर्चे पर दो सिपाहियों की तरह प्रतिबद्ध थे। अश्कजी मुँहफट, अक्खड़ और मस्तमौला थे जबकि कौशल्याजी मौन, सम्भ्रान्त और सतर्क। कई बातों में वे एक दूसरे के प्रशंसक थे तो कुछ बातों में आलोचक। अश्कजी को कौशल्याजी की सुरुचि सम्पन्नता मुग्ध करती। वे कहते, 'कौशल्या अगर खरबूजे की फाँक उठा कर खाये, क्या मजाल जो जरा सी भी चेप उसकी उँगलियों पर लग जाए। कौशल्या को दूर से आते हुए देखकर आज भी यही लगता है कि यह कोई सोलह साल की लड़की है।'

दाम्पत्य के लम्बे वर्षों में अश्कजी ने कौशल्याजी की तरह चाय का बेहतरीन आस्वाद विकसित कर लिया था। उनके यहाँ चाय एक अनुष्ठान की तरह बनती। एकदम सुनहरे रंग की लिकर में आधी चम्मच चीनी और एक चम्मच दूध। इस तरह चायपत्ती की सुगन्ध और आस्वाद दोनों बढ़-चढ़ कर बोलते। इसीलिए अश्कजी को बहुत कम घरों में चाय पसन्द आती।

अश्कजी का व्यक्तित्व सरल या सपाट नहीं वरन् जटिल था। हर रचनाकार की तरह उनके अन्दर सन्तोष और असन्तोष खलबलाते रहते। सन्तोष इस बात का

था कि उनकी किताबें लगातार पाठ्यक्रम में लग रही थीं और उनके नवीन संस्करण लगातार प्रकाशित हो रहे थे। असन्तोष इस बात का था कि नगर का बुद्धिजीवी वर्ग उन्हें गम्भीरता से नहीं लेता, उनकी प्रतिभा का कायल नहीं होता और उन्हें उस तरह सिरमाथे नहीं बैठाता जैसे उसने महादेवी वर्मा अथवा सुमित्रानंदन पंत को बैठाया हुआ था। वे भूल जाते कि यह इलाहाबाद की फितरत में शामिल था। जैसे ही कोई रचनाकार आर्थिक मोर्चे पर विजयी होता, बौद्धिक मोर्चे पर उसके बहुत से नम्बर कट जाते। आक्रोश में अश्कजी अपने समकालीनों पर संस्मरण लिख डालते। अश्कजी वार करते लेकिन वार झेलने की बर्दाश्त उनके अन्दर नहीं थी। उन्होंने 'चेहरे अनेक' शीर्षक से संस्मरणों की लम्बी शृंखला लिखी। पाठकों की समझ पर भरोसा न कर उन्होंने हर संस्मरण के आरम्भ में एक कार्टून भी दिया। इन संस्मरणों में अश्कजी की प्रतिभा, पराक्रम, प्रत्युत्पन्नमति अपनी पूरी धार में थी लेकिन खुद को अफलातून मानने का गुरूर भी था। पुस्तक पर व्यापक प्रतिक्रिया हुई। मैंने 'चेहरे अनेक' की 'समीक्षा' सारिका में लिखी जिसे पढ़कर अश्कजी ने मेरे बारे में प्रतिक्रिया दी कि 'जालन्धर में हमारे मोहल्ले में एक पागल औरत रहती थी। जब उसे लड़ाई करनी होती वह हमारे दरवाजे पर हमामदस्ता भरकर मिर्चें कूटने बैठ जाती।'

कहने का मतलब यह कि अश्कजी से शहर में अपना खाता हरदम खुला रहता था। रवि इसमें कोई रुकावट नहीं डालते। अश्कजी के साथ उनके सम्बन्ध बेहतर थे। वे अश्कजी की दिलेरी के कायल थे।

अश्कजी लगातार दूसरों को पढ़ते, खीझते या खुश होते, तुरन्त कागज लेकर बड़ी सुन्दर लिखावट में लेखक को शाबाशी या लानती का खत लिखते और जो मिलता उससे उस पुस्तक की खूबी या खामी की चर्चा करते। मेरा पहला उपन्यास 'बेघर' सन् 1971 में पहली बार प्रकाशित हुआ। अश्कजी ने बड़े ध्यान से पढ़ा। उन्होंने मुझे लम्बा पत्र लिखा जो मुझसे कहीं खो गया। केवल उसका एक हिस्सा मेरे पास इसलिए बचा रह गया क्योंकि प्रकाशक ने दूसरे संस्करण के फ्लैप पर उसे उद्धृत किया था। अश्कजी ने लिखा, 'तुम्हारा यह पहला उपन्यास है। तुमने इसमें दिल्ली के परमजीत के परिवार और मुम्बई के जीवन में उसके निकट आने वाले कुछ पात्रों मसलन केकी, वालिया, विजया केलकर, शिन्दे, प्रेम आर्य, परमजीत की फूहड़ और एग्रेसिव बीवी और शादी के बाद स्वयं परमजीत का कुछ ऐसा सुन्दर और यथार्थपरक चित्रण किया है कि तुम्हें अनायास दाद देने को जी चाहता है। उपन्यास को पढ़कर लगा है कि तुम बेहतर उपन्यासकार हो। तुमने केकी और रमा के चित्रण में अद्भुत कौशल का परिचय दिया है और तुम अपनी इस उपलब्धि पर उचित गर्व कर सकती हो।'

यहाँ तक का खत पढ़कर मैं फूली न समायी। हिन्दी के महान रचनाकार की कलम से मेरे जैसी नवोदित लेखिका का मूल्यांकन कोई भुलाने वाली बात नहीं थी।

लेकिन इसी खत में चन्द सतरों के बाद अश्कजी ने लिखा, 'नायक परमजीत को देखकर मेरी राय है कि तुम्हें नॉवेल का नाम चुगद या ऐसा ही कुछ रखना था।' 'च' अक्षर का एक और भी खराब शब्द अश्कजी ने लिखा जो इलाहाबाद का बड़ा प्रचलित अपशब्द है।

अश्कजी के बदलते तेवर देखकर कई बार मैं सोचती हो न हो यह जालन्धर के हवा पानी की देन है। मुझे कालिया में भी कई जटिलतायें दिखतीं। उनका मूड किस करवट बैठेगा कहना कठिन था। मैं कौशल्याजी से कहती, 'मैं एक किताब सम्पादित करूँगी जिसका शीर्षक होगा 'जालन्धर का आदमी'। उसमें के.एल. सहगल से लेकर स्वराज पाल तक सारे शख्स होंगे। सबकी बीबियों, दोस्तों, दुश्मनों के सारे शख्स होंगे। उसमें अश्कजी होंगे और रवीन्द्र कालिया भी। सुखदेव शुक्ल होंगे और सुरेश सेठ भी। उसमें फाकिर होंगे और जगजीत सिंह भी।' कौशल्याजी हँसतीं, 'तुम किताब बनाओ, मैं छापूँगी।'

जैसा मेरी शेखचिल्ली योजनाओं का हश्र होता है, इसका भी हुआ। मैंने वह किताब कभी तैयार ही नहीं की। इसमें शक नहीं अगर यह किताब मुकम्मल होती तो जालन्धर के जीनियसों को जानने के लिए बेहतरीन कुंजी बनती।

अश्कजी अपनी तरह के बेमिसाल रचनाकार और इंसान थे।

पिंजरे समेत उड़ती मैना : चन्द्रकिरण सोनरेक्सा

वर्ष 2007 या 2008 की बात होगी। कवि, व्यंग्यकार डॉ. हरीश नवल का फोन आया कि उन्होंने हिन्दू कॉलेज के हिन्दी-विभाग में एक संगोष्ठी रखी है, लेखक से मिलिए। उन्होंने मुझे भाग लेने के लिए आमन्त्रित किया और यह भी बताया कि चन्द्रकिरण सोनरेक्सा भी इस कार्यक्रम में आमन्त्रित हैं। निमन्त्रण स्वीकार करने के पीछे कई ज़ोरदार कारण थे। सबसे बड़ा तो यह कि मैं स्वयं सन् 1961 से 1963 तक हिन्दू कॉलेज की छात्रा रही थी। वहीं नामांकित होकर मैंने एम. ए. इंग्लिश दिल्ली विश्वविद्यालय से उत्तीर्ण किया। हिन्दू कॉलेज नाम के उच्चारण मात्र से वहाँ के लम्बे गलियारे, लायब्रेरी, खुले लॉन वाला कैण्टीन और पीछे को बना इंग्लिश विभाग याद आ गया। अपने पुराने कॉलेज को आधी शताब्दी बाद देखना ऐसा लगेगा जैसे इतिहास को कोई भूला-बिसरा अध्याय अचानक हाथ आ जाए।

दूसरी बात विद्यार्थियों के बीच जाना, उनसे बातें करना मुझे हमेशा अच्छा लगता है। युवा चेहरों की चमकती उत्कण्ठा मेरे अन्दर नयी स्फूर्ति का संचार कर देती है। जीवन में छात्र-छात्राओं के साथ मैंने बहुत वर्ष बिताए हैं। मानो मैंने इतनी पुनर्नवा का सत् आत्मसात् किया है। तीसरा कारण था चन्द्रकिरणजी से फिर मिलना। लखनऊ आकाशवाणी की दो गोष्ठियों में मेरी उनसे भेंट हुई थी। वे मुझे बड़ी सहज, सरल और सहृदय लगीं, बिलकुल उनकी कहानियों की तरह। एक बार अवश्य वे कुछ व्यथित और व्यग्र लगी थीं जब लेखिका संघ की गतिविधियों में उनके साथ कुछ विरोधाभास पैदा हो गये थे। लेकिन वे अपने मनोभाव से उबर कर हम रचनाकारों के साथ घुलमिल गई थीं। उनकी लिखी कहानियाँ मैंने कई बार पढ़ी थीं। उनमें यथार्थ का प्रवाह था हालाँकि प्रयोग नहीं था।

चन्द्रकिरणजी की जो छवि मेरी आँखों में बसी हुई थी, वह वैसी की वैसी निकलीं। वे काफी बन-ठन कर आई थीं। भारी साड़ी, भर कलाई चूड़ियाँ, माथे पर बड़ी-सी बिन्दी और सौम्य मुस्कान से शोभित मुख। कार्यक्रम पहली मंज़िल पर था। उनके लिए सीढ़ियाँ चढ़ पाना मुमकिन नहीं था। कॉलेज के उत्साही छात्रों

ने हनुमान की तरह उनकी कुर्सी का संजीवनी-पर्वत उन समेत, हाथों में उठा लिया और उन्हें ऊपर मंच पर ले आये। कांतिचन्द्र सोनरेक्सा स्वयं सीढ़ी चढ़कर आये। जब चन्द्रकिरण छात्रों से मुखातिब हुईं उन्होंने अपनी आत्मकथा 'पिंजरे की मैना' के कई प्रसंग मुँहजुबानी सुना डाले। उनकी याददाश्त अद्भुत थी। बाद में मैंने उनकी पुस्तक पढ़ी। हू-ब-हू उसमें वही शब्द थे जो वे बोल रही थीं। छात्रों ने उनके व्याख्यान में बहुत रस लिया। मैंने देखा उनकी बेटी कुन्तल बीच में आकर कभी उनकी देखभाल करती कभी बेटा कौन्तेय हाल पूछ जाता। कांतिचन्द्रजी तटस्थ भाव से उनका व्याख्यान सुनते रहे जबकि वे अपने विकट वैवाहिक जीवन की दिनचर्या सुना रही थीं। चन्द्रकिरणजी ने बताया, "मुँहअँधेरे पाँच बजे उठकर दो अँगीठियाँ जलाती, सभी के लिए बेड-टी बनातीं। फिर भोजन बनाने में जुट जाती। बीच-बीच में कुन्तल को दूध पिला आती। उसकी टट्टी-पेशाब के लँगोट बदल आती। साढ़े नौ बजे तक परांठों का नाश्ता करके तीनों भाई अपना-अपना टिफिन लेकर दफ्तर चल पड़ते। इसके बाद ही मुझे दाँत माँजने का होश आता। आधे घण्टे में तैयार होकर स्कूल पहुँचना होता था।"

मन में सहज सवाल उठा, इस विकट दिनचर्या में चन्द्रकिरण सोनरेक्सा को रचना-सृजन का एकान्त या अवकाश आखिर कब और कहाँ मिलता होगा। उन्होंने जैसे मेरे मन की बात पढ़ ली। वे बोलीं, 'सो मेरे साथ सरस्वती का ऐसा वरदहस्त था कि मुझे अपना लिखने के लिए न एकान्त चाहिए था न कोई विशेष वातावरण। चूल्हे-अँगीठी पर दाल चढ़ाकर, वहीं बैठे-बैठे भी दो-चार पृष्ठ लिख लेती। दोबारा व्यवस्थित करने का समय न मिलता तो कहानी का पहला ड्राफ्ट ही पत्रों में भेज देती। बुकपोस्ट कर देती और वह कभी गुम नहीं हुआ। हमेशा गन्तव्य स्थान पर पहुँचा और कहानी छपी भी।'

बाद में उनकी पुस्तक 'पिंजरे की मैना' पढ़कर मैं विस्मित रह गई। हू-ब-हू इन्हीं शब्दों में यह प्रकरण उन्होंने लिखा था। ऐसी फोटोग्राफिक स्मरण-शक्ति थी चन्द्रकिरणजी की। उनकी इन बातों में आज के समय में लिख रही लेखिकाओं के लिए एक नसीहत भी थी। लेखिका का दृढ़ विश्वास था कि रचनाकर्म के लिए जनसम्पर्क कतई जरूरी नहीं है। यह नितान्त एकाकी कर्म है। लिखो और सूचना डाक से भेज दो। बाकी काम सम्पादक या प्रकाशक का है।

इधर कुछ महिला रचनाकारों ने अपनी रचनाशीलता को परवान चढ़ाने, प्रकाशित करने और प्रसारित करने के लिए व्यापक जनसम्पर्क का अभियान छेड़ा हुआ है। उनके अनुसार वे पत्र-पत्रिकाओं के कार्यालयों में गईं और पत्रकारों ने उनका गैर-वाजिब फायदा उठाया। ये रचनाकार हिन्दी-जगत में बाक़ायदा कास्टिंग काउच की उपस्थिति घोषित करती हैं। उन्होंने अपनी आत्मकथाओं में इस शोषण को चर्चा का मुख्य आधार बनाया है। हिन्दी जगत के लिए इस तरह के आरोप

चिन्ताजनक हैं क्योंकि इनसे ऐसा लगता है जैसे हम साहित्य के बजाय फिल्म उद्योग की आबोहवा पर चर्चा कर रहे हैं। यही सोचा जा सकता है कि लेखिकाओं को चन्द्रकिरण सोनरेक्सा से प्रेरणा ग्रहण करनी चाहिए। यदि रचना समर्थ है तो रचनाकार भी समर्थ होगा। कच्ची-पक्की रचनाएँ लेकर सम्पादकों के पास मार्गदर्शन के लिए दौड़ना स्वयं को गड्ढे में गिरने का बुलावा देने जैसा है। जहाँ पर्याप्त प्रतिभा होगी वहाँ कास्टिंग काउच की जगह बुकपोस्ट से काम चल जाएगा। मैं स्वयं अपनी रचनाएँ हमेशा हस्तलिखित प्रति में बुक पोस्ट से भेजती रही हूँ क्योंकि वर्षों पहले मैंने शरद जोशी के एक लेख में पढ़ा था कि डाकिये प्रेस मैटर और प्रेम मैटर पहुँचाने में कभी ढील नहीं दिखाते। आखिर इन्हीं दो किस्मों के मैटर का डाक विभाग का अस्तित्व टिका हुआ है।

चन्द्रकिरण सोनरेक्सा अपने जीवन संघर्ष की बातें बताती रहीं। पति के तीस रुपये माह के वेतन पर उन्होंने घर चलाया, बच्चे बड़े किये और रिश्तेदारियाँ निभाईं। उन्होंने अपने जीवन में रेडियो के योगदान को खुलकर स्वीकारा। आकाशवाणी में उनकी मुलाकात दिग्गज रचनाकारों से हुई—मंटो, उपेन्द्रनाथ अश्क, कृशनचन्दर, विष्णु प्रभाकर, रेवती सरन शर्मा, चिरंजीत आदि। पत्र-व्यवहार के माध्यम से जो रचनाकार उनके सम्पर्क में आये उनमें बच्चनजी, अमृत राय, नरेन्द्र शर्मा और सुमित्रानन्दन पन्त थे। कांतिचन्द्र सोनरेक्सा से विवाह के बाद उनका लेखन बाधित हुआ हालाँकि पति भी लेखक-पत्रकार थे। चन्द्रकिरणजी पति के सामने निर्भय, निर्भीक स्वर में घोषित कर रही थीं, कि उन्होंने अपनी रचनाओं के प्रकाशन का भार कांति जी पर छोड़ा किन्तु उन्होंने उसका निर्वाह नहीं किया। उन्होंने प्रकाशकों के आगे इतनी कठिन शर्तें रखीं कि वे स्वीकार नहीं हुईं। जब कभी चन्द्रकिरण उनसे कहतीं, 'मेरी रचनाएँ हर दिन अब एक साल पीछे जा रही हैं, कुछ हो जाता तो अच्छा था।'

कांति जी जोर से बोलते, 'कोई साला प्रकाशक तुम्हें नहीं पूछता, मैं क्या करूँ।'

यह सब बताते हुए चन्द्रकिरणजी के चेहरे पर व्यथा थी, कटुता नहीं। छात्र-छात्राएँ मन्त्रमुग्ध उनकी वक्तृता सुन रहे थे और कांतिजी बगल की कुर्सी पर ऐसे निर्विकार, निरपेक्ष बैठे थे जैसे वे सत्यनारायण की कथा सुन रहे हों।

रचना का नेपथ्य : कौशल्या अश्क

अभी 1997 विदा ही हुआ था कि अपने समय की प्रख्यात कथा लेखिका कौशल्या अश्क का दो दिन की बीमारी में ब्रेन हैमरेज से निधन हो गया। 19 दिन पहले 14 दिसम्बर '97 की सर्द सुबह जब अश्क निधि का साहित्य आयोजन हिन्दुस्तानी अकादमी के सभागार में हुआ, कौशल्या जी मंच पर एक ओर सिकुड़ी-सिमटी बैठी थीं। गर्म कपड़ों में लिपटे हृष्ट-पुष्ट लेखकों से मंच भरा हुआ था। रवीन्द्र कालिया की अध्यक्षता में समकालीन रचनाकार पंकज बिष्ट और मैत्रेयी पुष्पा ने अपने आलेख पढ़े। समकालीन कथा समय पर विचारोत्तेजक बहस छिड़ी और नरेन्द्र जैन के काव्यपाठ से आयोजन का समापन हुआ।

पूरे आयोजन के दौरान कौशल्या जी वहाँ होकर भी अपनी उपस्थिति को मानो नकारती हुई उपस्थित रहीं। वर्षों से उन्होंने अनुपस्थित रहने की कला विकसित कर रखी थी और धीरे-धीरे वे स्वयं अपनी रचना का नेपथ्य बन गई थीं।

25-26 दिसम्बर '97 को पहल सम्मान समारोह में देश भर के अनेक रचनाकार प्रयाग पधारे। हिन्दी कहानी पर विचार-विवाद छिड़ा। दिल्ली से मन्नू भंडारी और मैत्रेयी पुष्पा आईं। वे दोनों, विशेषकर मन्नू जी कौशल्या जी से मिलने को व्यग्र थीं। कौशल्या जी भी उनसे मिलना चाहती थीं पर अमरकान्त जी के यहाँ देर लग गई और वे जा नहीं सकीं।

इसी बिन्दु पर महिला रचनाकार मात खा जाती हैं। वे रचना करती हैं एकदम सहज, निर्द्वन्द्व, फिर अचानक मौन हो जाती हैं। परिवार का जुआ उनके कन्धों पर कुछ ऐसे पसरता है कि वे पति की व्यस्तता, कामयाबी, अतिथि सत्कार, बच्चों के लालन-पालन में इतनी उलझ जाती हैं कि एक सुलझे दिमाग और विचार जगत को स्थगित करते रहना पड़ता है। आगामी पृष्ठ रचना से कोरे रह जाते हैं। पहले रचना स्थगित होती है, धीरे-धीरे कल्पना और स्मृति भी साथ छोड़ जाती है। न जाने कितनी लेखिकाएँ इसी तरह अपने सूर्यास्त तक पहुँच जाती हैं। रचना प्रक्रिया में स्थगन रचना जगत का काल सिद्ध होता है।

कौशल्या अश्क का एक भरा-पूरा परिवार था, उनके घर में हर उम्र का सदस्य था। उनकी सबसे ज्यादा ऊर्जा तो अश्क जी को सम्भालने-सहेजने में व्यय हुई। उन्होंने नीलाभ प्रकाशन को न सिर्फ स्थापित किया, उसे अश्क-साहित्य का अप्रतिम भण्डार भी बनाया। आजादी की अर्द्धशती उनके प्रकाशन व्यवसाय की भी अर्द्धशती कही जा सकती है। उन्होंने अश्क जी को रचनारत रखने के लिए अपने लेखन की तिलांजलि दी। दुबली-पतली कौशल्या जी ने अपने सगे-सौतेले बच्चों की देखभाल, उनके बच्चों के निर्माण, घर और प्रकाशन-घर के संचालन में एक उम्र बिता दी। बीच-बीच में उनकी पुस्तकें आईं पर उनके प्रति भी वे काफी उदासीन रहीं। पति की रचनात्मक संलग्नता को ही उन्होंने अपनी सर्वश्रेष्ठ रचना माना। एक बार मैंने कौशल्या जी से कहा था, 'मैं एक किताब सम्पादित करना चाहती हूँ, जिसका शीर्षक होगा जालन्धर का आदमी। उसमें एक लेख मैं रवीन्द्र कालिया पर लिखती हूँ एक आप अश्कजी पर लिखिए।' कौशल्या जी को योजना बहुत पसन्द आई। बातों-बातों में किताब के सभी अध्याय सोच लिए गए। स्वराज पॉल से लेकर जगजीत सिंह तक सब हमारी सूची में थे। अश्क जी को योजना बहुत पसन्द आई। उन्होंने कहा, 'ममता कर डालो यह काम।' पर मेरे निकम्मेपन से योजना कार्यान्वित नहीं हो पाई। जब भी हम मिलते थे, मैं कौशल्या जी को रचना के लिए उकसाती थी। वे हर बार कहतीं, 'हाँ वह एक कहानी अधूरी पड़ी है, वह पूरी करनी है।'

कौशल्या जी का जिक्र आते ही एक ऐसी गृहिणी लेखिका की तस्वीर उभरकर आईने पर आती है जिनकी रसोई में हर दौर के रचनाकार ने सत्कार पाया। सर्दियाँ हैं तो कौशल्या जी अपने हाथ से सेंककर गरम पराठे खिला रही हैं—कीमे के, गोभी के, मूली के। गर्मियाँ हैं तो आम खरबूजे की फाँकें बनाई जा रही हैं। हम जब इलाहाबाद आए, यह शहर हमारे लिए अजनबी था। कौशल्या जी के स्नेह-सत्कार ने इसे सर्वनाम से संज्ञा बना दिया। प्रति-आमन्त्रण की अपेक्षा रखे बिना सत्कार करना उनके ही बूते की बात थी। सुरुचि उनमें कूट-कूट कर भरी थी। वे ज्यादातर चाय पीती मिलतीं और आनेवाले को भी बड़े सुथरे ढंग से अलग-अलग चाय बनाकर पिलातीं। 5 खुसरो बाग रोड जाने में इस चाय का भी एक थ्रिल समाया रहता।

अश्क जी की अक्खड़ता, अटक-लड़ाई की फितरत, दो टूक बात कहकर रार मोल लेने की आदत, इन सबके ऊपर कौशल्या जी की सौम्यता, शॉक एब्जॉर्बर का काम करती। आज उनकी संक्षिप्त, क्षीण पार्थिव देह अग्नि को समर्पित हो गई पर उनका प्रेम, सत्कार, स्नेह एक अजस्र सरित-प्रवाह सा हममें से हरेक के अन्दर बह रहा है। अपने स्नेहिल व्यवहार से कौशल्या जी ने जीवन में सिर्फ दोस्त बनाए। अश्क जी के दुश्मन और रकीब भी कौशल्या जी की सहजता के आगे पराजित हो जाते थे।

दो साल पहले जनवरी के ही महीने में अश्क जी का देहान्त हुआ था। उस दिन कौशल्या जी का धैर्य और साहस देखने की चीज था। वे निर्वाक् थीं, उनकी पीड़ा सवाक् थी। वे उनके अन्तिम संस्कार से जुड़े हर पहलू पर दृष्टि रखे थीं, पर उनकी पीड़ा आँसुओं से परे जा चुकी थीं। उन्होंने अश्क जी को हर रंग और रौ में निभाया। अश्क जी किसी भड़कते, किसी बात पर अड़ जाते, वे मन्द-मन्द मुस्करा कर एक हाथ ऊपर कर कहतीं, 'क्या बेवकूफी लगा रखी है, उठो चाय पियो।'

कौशल्या जी से घर चलाने के बहुत से कला-कौशल सीखे जा सकते थे। उन्हें धोबी से धुले कपड़े पहनना विशेष पसन्द था। धुले कपड़ों का सबसे बड़ी गट्ठर धोबी उन्हीं के घर उतारता। वे ही बिट्टन को करेले बनाना सिखातीं। सेतु अनु को मीठा पराठा बनाकर खिलाना, टुकू को दिन भर तोते की तरह पाठ पढ़ाना और गोगी को घुमाना उनके हिस्से के पसन्दीदा काम थे। पुत्र नीलाभ को वे गुड्डा कहतीं, कुछ इस अन्दाज में कि मोहल्ले के छोटे बच्चे कई बार उनके घर पहुँच जाते। उन्हें गुड्डे से मिलना होता। वे सोचते गुड्डा कोई उन्हीं की तरह पाँच साल का बच्चा है। जब जब मैं इस घर में गई वे मुझे खाना बनाती, बुनाई करती, कपड़े सहेजती, चाय पीती, फल काटती मिलीं। लिखते हुए उन्हें पकड़ पाना कभी नहीं हो पाया। ताज्जुब है 'बेचारी राधा', 'शिकायतें और शिकायतें', 'रोली रंगे पत्र' पुस्तक उन्होंने कब लिख डालीं।

प्रबुद्ध प्रशान्त : नेमिचन्द्र जैन

कई बार लोगों से मिलना बाद में होता है, उनके विषय में सुनना पहले। जब तक मैं नेमि अंकल से नहीं मिली थी, मैंने उनके बारे में अपने माता-पिता से बहुत कुछ सुन रखा था। कुछ ही ऐसे नाम थे जिनका उल्लेख माँ के अन्दर स्मृति की दीप्ति पैदा करता। उन्हीं में नेमिजी थे। उनका जिक्र चलते ही, उनके छात्रजीवन और काव्य-रचना के संस्मरण अभी पापा की ज़ुबान पर ही होते कि मम्मी बोलने लगतीं, "आगरे में हमारे गोकुलपुरा वाले घर में आते थे नेमि। झकाझक कपड़े होते थे उनके। एकदम चिट्टे नये रूमाल में बाँधकर चार सन्तरे लाते। हम चारों सन्तरे खाते, एक मैं, एक तुम्हारे पापा, एक भारत और एक नेमि खुद। जाते समय मैं उन्हें रूमाल वापस पकड़ाती तो धीरे से कहते, 'फलवाले ने रूमाल साथ में ही दिया था।' ऐसे सौम्य, संकोची थे नेमि।"

मेरे माता-पिता दोनों नेमिजी की इस अदा पर काफी निसार रहे कि नेमिजी में शुरू से एक नफ़ासत थी। पापा कहते, "नेमि कभी भी हिन्दीवालों की तरह अक्खड़ नहीं रहा। न जोर से बोलना, न गुस्सा करना, न गाली देना। हर काम धीमे-धीमे करना।"

जैसे ही 'हिन्दीवाले' शब्द पर मेरे भड़कने की आशंका होती पापा जोड़ देते, "तूने हिन्दीवाले देखे ही कितने हैं। दरअसल नेमि में एक शान थी। रईसों के खानदान का लड़का था वह।"

बाद के वर्षों में भी नेमि-परिवार की चर्चा हमारे घर में कुछ ऐसे होती कि एक डोर बँध जाती मन में। नेमिजी की बड़ी बेटी उर्मि मेरी बड़ी बहन प्रतिभा से छह महीने बाद पैदा हुई। नेमिजी की छोटी बेटी रश्मि मुझसे ठीक छह महीने छोटी। रेखा आंटी मेरी सगी चाची डॉ. बिन्दु अग्रवाल की बड़ी बहन। एक और सुना-सुनाया सूत्र यह था कि पहले मेरा नाम रश्मि रखा गया था। फिर डेढ़ साल की उम्र में मुझे चेचक निकल आई। पापा ने कहा, "बच्चों के यथानाम तथागुण होने चाहिए। मुन्नी का रंगरूप तो माता ने खा लिया।" तब मेरा नाम बदलकर भाववाचक ममता कर दिया गया और नेमिजी ने अपनी बेटी का नाम रश्मि रख

लिया। इस श्रुति-कीर्ति की सच्चाई तो रेखाजी-ही बता सकती हैं पर माँ से सुनी इस बात की डोर मेरे अन्दर अभी भी बँधी हुई है।

दरअसल एक ऐसा समय था जब ये तीनों जोड़े अपनी खूबियों के लिए जाने जाते थे, नेमि-रेखा, विद्याभूषण-इन्दु और भारत-बिन्दु। इन तीनों में एक बात कॉमन थी और वह थी इनका सुखी दाम्पत्य। ये तीनों अपने-अपने परिवार में मग्न रहनेवाले प्राणी थे। तीनों ने अपनी पत्नियों को कृतिकार की कुशलता से गढ़ा और निखारा था। बिन्दुजी ने अपनी पुस्तक 'स्मृति के झरोखे से' में लिखा भी है, 'सुरेश अवस्थी, नेमि-रेखा और हम दोनों को देखकर 'पतिप्रिया पत्नियाँ' कहकर मजाक करते।' लेकिन नेमिजी, भारतजी और पापा के लिए यह मजाक की बात नहीं थी। इन सबके लिए अपना पारिवारिक सुख सर्वोपरि था।

1961 में जब हम पापा के तबादले के साथ पुनः दिल्ली पहुँचे, नेमिजी, भारतजी और पापा का तिगड्डा एक बार फिर एक ही नगर में था। नेमिजी और भारतजी तो जंगपुरा विस्तार में पास-पास रह रहे थे—एफ और आई ब्लॉक में। दोनों परिवारों में इस कदर आना-जाना, खाना-खिलाना और बतरस-कनरस का आदान-प्रदान था कि उनके प्रेम में 'जा में दो न समाय' सम्बन्ध था। दिल्ली के नेमिजी में पापा को गोकुलपुरा वाले नेमिजी के दर्शन नसीब न हुए। अपने स्वभाव के अनुरूप वे भी थोड़ा पीछे हट गए। इस दौर में नेमिजी और भारतजी, दोनों सफलता के अश्वमेध यज्ञ में लगे रहे।

हम शक्तिनगर में रहते थे। वहाँ से दिल्ली विश्वविद्यालय बहुत करीब था जहाँ मैं एम.ए. इंग्लिश से कर रही थी। पापा मेरी पढ़ाई में कुछ इस तरह सहयोग करते जैसे वे दुबारा एम.ए. करने की तैयारी कर रहे हों—ब्रिटिश काउंसिल और केन्द्रीय सचिवालय के पुस्तकालयों से पुस्तकें लाना, रात-रातभर पढ़कर फ्लैग लगाना और सुबह मुझे समझाना। फिर भी कभी-कभी पापा को यह सालता था कि लो नेमि थे तो मेरे मित्र और बन गए भारत के अभिन्न!

नेमिजी, भारतजी की उपलब्धियों के समाचार शक्तिनगर तक पहुँचते रहते। अच्छा लगता जानना कि अब वे राष्ट्रीय नाट्य विद्यालय में प्राध्यापक हो गए हैं, कि अब उन्होंने नटरंग का सम्पादन भार सँभाला है कि अब उनकी थियेटर पर नई पुस्तक आई है। पापा उनकी सब उपलब्धियों की पृष्ठभूमि में आगरा में बिताए वर्ष सर्वाधिक महत्त्वपूर्ण मानते। वे वहीं से समस्त अनुभूतियों के तार खींचते जब दोनों एक से गुरुओं से शिक्षित हुए और उन्होंने एक समान प्रेरणा सूत्रों से ऊर्जा पाई। शुरू में पापा और नेमिजी अलग कॉलेजों में थे पर भारतजी के एम.ए. में आते-आते नेमिजी ने भी सेंट जॉन्स कॉलेज में दाखिला ले लिया। आगरे के उन वर्षों में डॉ. सत्येन्द्र, प्रोफेसर प्रकाशचन्द्र गुप्ता इन विद्यार्थियों के जीवन में देवतुल्य स्थान रखते थे। इन्हीं के कारण आगरे में बड़ा साहित्यिक वातावरण था।

आए दिन काव्य गोष्ठियाँ होतीं। आगरे की इन गोष्ठियों की खासियत यह थी कि इनमें साहित्य के उत्साही सदस्य अपनी कच्ची-पक्की रचनाएँ सुनाने की बजाय अपने प्रिय, प्रतिष्ठित कवियों की कोई रचना का चयन कर उसे बड़े स्टाइल से सुनाते। इससे समस्त सभा का रसवर्धन तो होता ही, साथ ही उनमें अच्छा साहित्य ढूँढ़कर पढ़ने की ललक भी पैदा होती। ऐसी ही एक काव्य-गोष्ठी में पापा ने बच्चन की कविता का सस्वर पाठ किया—इस पार प्रिये मधु है तुम हो/उस पार न जाने क्या होगा।

पापा का कण्ठ बहुत गहरा और मधुर था और स्वर एकदम सधा हुआ। वे जो पंक्तियाँ सुनाते, सुननेवाले की स्मृति में वे अमिट स्थान बना लेतीं। कवि का नाम भूल जाय पर पंक्तियाँ आपके साथ-साथ चल रही हैं। आप कवि की पंक्तियों पर अपने मनोभाव चिपकाकर भावुक हो रहे हैं। जैसे—

"अब तक क्यों न समझ पाया था
थी किसकी जग में छवि-छाया
मुझे आज भावी पत्नी का
मधुर ध्यान पलभर को आया।"

अथवा

"अरे कौन तुम दमयन्ती सी
इस तरु के नीचे सोईं!
हाय तुम्हें भी त्याग गया क्या
अलि नल सा निष्ठुर कोई?"

ऐसी ही कुछ पंक्तियाँ या पापा का कविता पाठ, कवि मन नेमिजी को आन्दोलित कर गया और एक दिन वे पापा के साथ उनके घर गोकुलपुरा चले आए।

बहुत दिनों तक नेमिजी पापा के ही पास आते रहे। दोनों बैठते, कविताओं पर चर्चा करते और साहित्यिक सरोकार आपस में बाँटते। भारत जी थोड़े चुप्पू थे। पापा खूब बातूनी।

उन दिनों नेमिजी की आँखों में मार्क्सवाद का सपना तैरा करता। वे अपने विचारों से दुनिया बदलने का इरादा रखते थे। उधर पापा और भारतजी एकदम गांधीवादी थे। 20वीं शताब्दी के पाँचवें दशक में हर निम्न मध्यवर्गीय विद्यार्थी का आदर्श महात्मा गांधी थे। यह आदर्श उनकी जेब, उनके पिता की जेब और देशभक्ति की पुकार, तीनों को सूट करता।

माँ बताती थीं कि पापा ने उन्हें शादी की रात उपहार में गांधी जी की

आत्मकथा पुस्तक दी थी और कहा, 'इसे रोज़ पढ़ा करो और कस्तूरबा जैसी बनने की कोशिश करो।'

माँ एबटाबाद के उन्मुक्त वातावरण में पली-बढ़ी थीं। उन्हें इस बात से बड़ी उलझन हुई कि उनका मेधावी पति किताबों के सिवा अन्य किसी विषय पर बोलता ही नहीं है।

यही हाल भारतजी का था। वे पक्के गांधीवादी थे। नेमिजी ने खुद कहा है, 'भारतभूषण की आस्था गांधीवाद में इतनी अधिक थी कि उनको प्रगतिवाद की ओर मोड़ने के लिए बहुत कोशिश करनी पड़ी। हमारी दोस्ती बहुत गहरी हो गई थी। सारी-सारी शाम हम दोनों बातचीत करते हुए, सड़कों पर घण्टों टहलते थे। अपनी अपनी कच्ची-पक्की सभी तरह की बातें करते थे। पर दो मित्रों की अलग-अलग विचारधारा, गहरी दोस्ती में बाधक बन रही थी। आखिर में बी.ए. द्वितीय वर्ष के अन्तिम दिनों या कहिए, एम.ए. के प्रथम वर्ष सन् '39 में जाकर भारतभूषण मार्क्सवादी बने।'

धीरे-धीरे नेमिजी भारतजी से खुलने लगे। यह खुलना महज दो दोस्तों का खुलना नहीं था वरन् दो कलाकारों का परस्पर संवाद था। यह ऐसी आत्मीयता थी जिसमें कालान्तर में परिवेश और परिवार ने भी कोई बाधा नहीं पहुँचाई अपितु सघनता ही प्रदान की। कई नगरों में वे साथ रहे। आगरा, इलाहाबाद, कलकत्ता और दिल्ली। मुझे बड़ा रोमांचक लगता था जब इलाहाबाद में एलनगंज में एक मकान की तरफ इंगित कर डॉ. राजेन्द्र कुमार बताते थे कि यहाँ नेमिचन्द्र जैन रहा करते थे या शान्ति मेहरोत्रा जी अपनी कॉलोनी के बारे में कहती थीं कि यहाँ पहले भारतभूषण अग्रवाल रहते थे। ये दोनों लेखक इलाहाबाद के इतिहास में वहाँ दर्ज हैं जहाँ से उन्हें कोई बेदखल नहीं कर सकता। नेमिजी संघर्षों में भी अपने निशान वहाँ छोड़ गए हैं। फिर उनका इलाहाबाद प्रवास साहित्यिक दृष्टि से भी एक महत्त्वपूर्ण पड़ाव रहा। 1947 में महत्त्वपूर्ण साहित्यिक पत्रिका 'प्रतीक' की अज्ञेय जी की सहकारी योजना बिलकुल सफल न हुई होती यदि उसमें नेमिजी जैसे कर्मठ और समर्पित सहयोगी सम्पादक न होते। 'प्रतीक' के कुल 12 अंक निकले। यह द्वैमासिक पत्रिका थी और इसके पहले अंक से सम्पादक मंडल में नेमिजी का भी नाम था। वैसे इस सहकारी योजना में बहुतों का हाथ था। सबसे पहला योगदान तो श्रीपतराय का था जिनके मकान में सभी सम्पादकों ने डेरा डाला। उस समय पत्रिका निकालना एक पुनीत कार्य समझा जाता था। भारतजी बताते थे, 'एक बार अज्ञेय जी प्रतीक की समस्त योजना समझा रहे थे। भारतजी ने बीच में टोक दिया, 'काम तो हो जाएगा पर तनखा का क्या होगा?' बैठक में उनकी बात से ऐसा सन्नाटा खिंच गया जैसे योजना निर्वस्त्र हो गई हो। बाद में नेमिजी

ने भारतजी को बहुत डाँटा कि इतनी बेतुकी बात करने का तुम्हारा क्या औचित्य था। नेमिजी तब आदर्शवाद से प्रदीप्त रहा करते जबकि भारतजी के सामने जीवनयापन की समस्या मुँह फाड़े खड़ी थी।

इसमें शक नहीं कि वर्षों नेमिजी एक स्वप्नदर्शी का जीवन जीते रहे। उन्होंने साहित्य को उपार्जन का माध्यम नहीं माना। इसीलिए कलकत्ते प्रवास में भी उन्होंने द्रो स्तरों पर दिनचर्या का विभाजन किया। दिन में वे एक मारवाड़ी दफ्तर में किरानी बने रहते और शाम को कम्युनिस्ट पार्टी के दफ्तर में जाते। युवावस्था में उन्होंने सोचा था कि समाज की हर समस्या का समाधान साम्यवाद से निकल आएगा। 'तार सप्तक' में अपनी कविताओं की भूमिका में उन्होंने लिखा, 'साहित्य में प्रगतिशीलता में मेरा विश्वास है और उसके लिए एक सचेष्ट प्रयत्न का भी मैं पक्षपाती हूँ।' यह थे 1943 के नेमिजी। 20 साल बाद तार सप्तक 1 के अगले संस्करण के प्रकाशन पर उन्हें कहने की जरूरत महसूस हुई 'मैं मानता हूँ कि कवि को अपने सिवाय किसी का प्रवक्ता नहीं होना चाहिए। प्रकाशन की, प्रशंसा की अथवा अन्य किसी भी प्रकार की सुविधा के लिए उसे अपनी वफादारी का सौदा नहीं करना चाहिए। केवल अपने प्रति सच्चा रहकर ही सम्भव है कि किसी क्षण में वह किसी वृहत्तर सत्य से साक्षात्कार करके उसका प्रवक्ता भी बन सके।'

एक बार इलाहाबाद संग्रहालय द्वारा आयोजित व्याख्यानमाला में नेमिजी और रेखाजी, दोनों को व्याख्यान के लिए आमन्त्रित किया गया था। तब नेमिजी ने बड़े विस्तार से अपने जीवन और चिन्तन के वे पड़ाव बताए थे जब वे अपनी विचारधारा में 'शिफ्ट' करते गए। यह एक स्वप्नदर्शी का मोहभंग तो था ही, साथ ही अपनी किस्म का एक बेबाक दस्तावेज था।

मुझे याद है उनके बाद रेखाजी ने अपना लिखित व्याख्यान पढ़ा था। उन्होंने बड़ी सहज आत्मीयता से अपनी जीवन-पुस्तक हम श्रोताओं के सम्मुख खोली थी जिसके शब्द-शब्द में रसरंग था। बाल रंगमंच के लिए किए गए अपने कामों सहित अपने व्यक्तित्व-निर्माण, शिक्षा, साहित्य-चेतना सबमें उन्होंने नेमिजी का अवदान माना था। उन दोनों को साथ बैठे देखना सुखकर था। एक दूसरे की सम्पूर्णता रचते, वे प्रबुद्ध, प्रशान्त प्रेमी जैसे एक संयुक्त हस्ताक्षर थे कि जीवन ऐसे ही जिया जाता है। दो साल पहले विश्व पुस्तक मेले में राजकमल प्रकाशन के स्टॉल पर फिर उन्हें देखा था। सम्पूर्ण साहचर्य की प्रतिमूर्ति।

निश्चित ही नेमिजी की अन्य बहुत साहित्यिक व अकादमिक उपलब्धियाँ होंगी। पर मेरे निकट नेमि अंकल की छवि यही रही, अपने ढंग से, अपने रंग में मगन मन जीते साहित्यकार की जो एक अच्छे मनुष्य भी थे।

जिनकी मैं वारिस : भारतभूषण अग्रवाल

भारत चाचा जी के व्यक्तित्व का पहला एहसास मुझे उनकी मीठी गूँज भरी आवाज, ऊँचे ठहाकों और कैप्सटन की डिब्बी से हुआ। तब मैं काफी छोटी थी और चाचा जी सपरिवार हमारे पास मुम्बई आकर रहे थे। रविवार के दिन हम जुहू समुद्र तट पर घूमने गए। तट पर हमेशा की तरह बेहद भीड़ और रंगीनी थी। हम सबको मिलाकर काफी बड़े परिवार की शक्ल बनती थी। उस समय अनु (अन्विता) छह साल की और अप्पी (अर्पिता) ढाई की थी। मैं तेरह की और मेरी दीदी (प्रतिभा) पन्द्रह की। भीड़ में जब हम सब आगे-पीछे हो जाते तो चाचा जी अपना एक हाथ उठाकर हवा में लहरा देते और हम उसी इशारे के सहारे चलते रहते। लौटते वक्त उन्होंने बस-स्टाप तक की दूरी में अपनी कई कविताओं का सस्वर पाठ किया। इस तरह वे अपना और हम सबका मनोरंजन कर रहे थे। मेरा ख्याल है कि चाचा जी ने हमेशा यह प्रयत्न किया कि वे सबकी समझ में आने वाला साहित्य रचें। वे उन विरल रचनाकारों में से एक थे जो अपनी संवेदनाओं को सरल अभिव्यक्ति देने में सक्षम थे। उनकी रुचियाँ थीं—खाली वक्त में तुलसीकृत रामचरित मानस के अंश, मैथिलीशरण गुप्त का साकेत और नरेन्द्र शर्मा के गीत खूब बुलन्द आवाज में सुनाना।

अपने पापा, श्री विद्याभूषण अग्रवाल और चाचा जी के बीच छिड़ती अनवरत बहसों में मैं एक बुद्धू श्रोता की तरह बैठी रहती थी। बहुत-सी सैद्धान्तिक, साहित्यिक बातें मेरी समझ में न आतीं, लेकिन इतना मुझे जरूर अन्दाज लगा था कि चाचा जी अन्दर-ही-अन्दर बेहद बेचैन, असन्तुष्ट और अस्त-व्यस्त हैं। वैसे तो वे लगभग चेन-स्मोकर थे ही, जब किसी बात से उद्विग्न हो जाते तो रातों में जाग-जागकर सिगरेट पीते। बिन्दु चाची जी उनका मूड समझती थीं लेकिन अपनी आदतों के क्षेत्र में चाचा जी को हस्तक्षेप स्वीकार न था। उनकी तीन हिस्सा बेचैनी साहित्यिक सवालों को लेकर थी और एक हिस्सा नौकरी को लेकर। पापा और चाचा जी, दोनों आकाशवाणी में थे। दोनों में इस मीडिया की अद्‌भुत पकड़ थी, दोनों में कल्पना-शक्ति और यथार्थ का गजब सन्तुलन था लेकिन चाचा जी

इस सबके साथ-साथ सृजनात्मक लेखन में अनवरत सक्रिय थे। वे नौकरी को उतनी अहमियत नहीं देते थे जितनी पापा। कहना गलत न होगा कि पापा में कर्तव्य-पक्ष प्रबल था और चाचा जी में संवेदना-पक्ष। पापा भी लगातार साहित्यकार बनने की आकांक्षा मन में पाले रहे लेकिन वे दफ्तर और परिवार के उत्तरदायित्व के निर्वाह में इस आकांक्षा को स्थगित करते रहे, जबकि चाचा जी ने अन्त तक कलम रुकने न दी। उन्होंने हर हाल में लिखा, मस्त, त्रस्त और व्यस्त।

दरअसल चाचा जी ने सारा जीवन एक प्रतियोगिता के स्तर पर जिया और मेरे विचार से इसमें कभी पराजित नहीं हुए। एक वाकया याद आ रहा है। बिन्दु चाची के तीसरी सन्तान अपेक्षित थी। मम्मी (श्रीमती इन्दु अग्रवाल) ने चाचा जी से मजाक किया, "देखना, कहीं तीसरी भी लड़की न हो जाए।" चाचा जी ने खम ठोककर कहा, "तुम भी देख लेना भाभी, इस बार लड़का ही होगा, घुँघराले बालों वाला, गोरा-चिट्टा और सुन्दर।"

और जब शिशु हुआ, वाकई बेटा था, बेहद सुन्दर, घुँघराले बालों वाला और गोल-मटोल अनुपम, जिसे मैं पमपम कहा करती थी। चाचा जी आत्मविश्वास और हिमाकत भरी स्पष्टवादिता में यकीन करते थे। सन् साठ में जब वे दिल्ली आए, उन्होंने डॉ. नगेन्द्र से इस सम्भावना पर विचार किया कि बिन्दु चाची जी की नियुक्ति विश्वविद्यालय के किसी प्रतिष्ठित कॉलेज में हो जाए। चाची जी ने इलाहाबाद विश्वविद्यालय से हिन्दी साहित्य में डी.फिल्. किया हुआ था। डॉ. नगेन्द्र ने पूछा, "क्या इससे पहले भी बिन्दु जी ने किसी कॉलेज में पढ़ाया है?"

चाचा जी ने ठहाका लगाकर कहा, "उन्होंने न सिर्फ किसी कॉलेज में पढ़ाया वरन् पढ़ा भी नहीं है।"

डॉ. नगेन्द्र चकित नहीं हुए। उन्हें भारत-परिवार के संघर्षों की जानकारी थी। उन्होंने झूठ से अधिक उनके सच का सम्मान किया।

सन् '58 में जब हम इन्दौर में थे, चाचा जी भोपाल में। तब तक मैं शॉकिंग किस्म की कविताएँ लिखना शुरू कर चुकी थी, जो एक स्थानीय अखबार के रविवारीय संस्करण में नियमित रूप से छप रही थीं। चाचा जी ने एक बार मेरी एक कविता देखी और कहा, "ठीक है, लेकिन इसमें गुस्सा ज्यादा है। अभी तुम्हें सिर्फ लिखना चाहिए, लिखो और फाड़ो, लिखो और फाड़ो। छपने की जल्दी मत मचाओ।"

तब उनकी इस बात पर मुझे हैरानी हुई थी कि जब वे कविताएँ इतनी आसानी से छप रही हैं तो चाचा जी उल्टी सलाह क्यों दे रहे हैं। पर बाद में मैंने पाया चाचा जी की सलाह एकदम सही थी। अगर मैं उसी तेवर में लिखती रहती, तो फैशनेबल अकवियों की तरह नष्ट हो जाती।

बाद के वर्षों में पापा और चाचा जी दोनों दिल्ली में रहे। अपने सोच-विचार

और जीवन-पद्धति में दो ध्रुव होने के बावजूद दोनों में गहरी आत्मीयता, स्नेह और सम्मान था। हम सब अक्सर मिलते। पापा के लिए भारत चाचा जी उनकी महत्त्वाकांक्षाओं का साकार रूप थे। जो कुछ वे बनना चाहते थे, चाचा जी ने बन दिखाया। जो कुछ वे करना चाहते थे, चाचा जी ने कर दिखाया। एक नितान्त मन्द गति परिवार में जन्म ले चाचा जी ने जिस तीव्र गति से जिन्दगी को जिया, उसमें उनका अकाल निधन भी उसी आकस्मिकता के साथ आया जैसे उनकी उपलब्धियाँ आया करती थीं।

शायद यह सन् '75 की बात है। सुनने में आया, चाचा जी विदेश गए हुए हैं। कई देशों के आमन्त्रण पर यह सद्भावना-यात्रा आयोजित की गई थी। पता चला, अच्छा लगा और बस। लम्बे-चौड़े पत्र-व्यवहार का तकल्लुफ हमने कभी नहीं बरता था। उन दिनों मैं अपना दूसरा उपन्यास नरक-दर-नरक लिख रही थी। इसका एक अंश 'पहल' में प्रकाशित हुआ। यकायक एक दिन डाक से चाचा जी के हाथ की लिखी चिट्ठी मिली, "अभी-अभी तुम्हारे उपन्यास का अंश पढ़ा। अगर सम्पूर्ण उपन्यास ऐसा ही लिखा गया है तो वह दिन दूर नहीं जब मैं तुम्हारे चाचा के रूप में जाना जाऊँगा।"

छोटा-सा खत था। उसमें उनका अपना कोई समाचार नहीं था, न विदेश-गमन की चर्चा, न लौटने का जिक्र। चाव और जोश से भरा यह खत मेरी अब तक की इस मशक्कत भरी जिन्दगी का सबसे खूबसूरत खत था। शायद चाचा जी द्वारा यह मेरे लेखन का पहला स्वीकार और सत्कार था। वह दिन मेरी जिन्दगी का सबसे यादगार दिन था। मैं पूरे दिन गर्व से उफनती फिरी थी। बाहर यश पाना अपेक्षाकृत सरल होता है, क्योंकि वहाँ लोग खामी नहीं बताते, सिर्फ खूबी देखते हैं। अपनों से शाबाशी पाने का एक अलग नशा होता है, जो मुझे इस खत से अन्यत्र कभी कहीं नहीं मिला। जब यह खत मिला तभी यह भी कौंधा कि लो मुझे लिखते इतने दिन हो गए, शायद यह पहली बार चाचा जी ने पीठ ठोंकी है। अपनी चन्द सतरों से उन्होंने मेरी वर्षों की शिकायत और उदासी दूर कर दी थी। आज भी मैं उस पत्र की याद कर एक नए आत्मविश्वास से भर उठती हूँ और महसूस करती हूँ कि सही अर्थों में चाचा जी की असली वारिस मैं ही हूँ।

राग अनुरागी : श्रीलाल शुक्ल

कुछ रचनाएँ भविष्य की रचनाओं के लिए प्रेरणा-शक्ति बनकर आती हैं। श्रीलाल शुक्ल की रचना 'राग दरबारी' ने मेरे लिए यह काम किया। लिखती मैं इससे पहले भी थी। शुरुआत कविता से की। फिर कहानियाँ लिखने लगी। उन दिनों लेखन के लिए उकसाने वाले कारक नितान्त निजी होते थे। एक तीखी बात, एक मीठी झड़प, एक तेज जुमला कहानी की चहारदीवारी खड़ा करने का काम कर जाता। उस दौर में लेखन मेरे लिए खलबलाते आक्रोश से निपटने का एक सेफ्टीवाल्व ही था।

उन्हीं दिनों राजकमल से प्रकाशित 'राग दरबारी' आया था। उस पर प्रबुद्ध पाठकों, प्रखर आलोचकों और सम्मानित सम्पादकों की परस्पर विरोधी समीक्षाएँ और प्रतिक्रियाएँ आ रही थीं। श्रीपतराय और नेमिचन्द्र जैन को उपन्यास पसन्द नहीं था। श्रीपत जी ने इसे महाऊब का महाग्रन्थ कहा था। अश्क जी को उपन्यास श्रेष्ठ लगा था। हम दोनों को उपन्यास का शीर्षक बहुत प्रासंगिक लगा था। बल्कि मैंने सोचा श्री लाल जी ने अपनी अफसरशाही से जुड़े अनुभव-जगत से यह राग सरकारी लिखा होगा, तभी उसका नाम राग-दरबारी रखा है। रवि उपन्यास लेकर आए थे। उन्होंने रमकर उसे पढ़ा और मुझे थमा दिया, "हिन्दी में ऐसी अद्‌भुत रचना पहली बार लिखी गई है, पढ़कर देखो।"

बांग्ला और अमेरिकन उपन्यास पढ़-पढ़कर मेरा दिमाग कुछ ऐसा निर्मित हो चला था कि मुझे लगता जिस रचना में पृष्ठ नौ तक किसी स्त्री-पात्र का प्रवेश न हो, वह निहायत बोर होती है। राग-दरबारी में सौ पृष्ठों तक भी स्त्री-पात्र नदारद था। पर अब तक इसे पढ़ना मेरी प्रतिष्ठा का प्रश्न बन गया। प्रयत्न में इस चिन्ता की भी भूमिका थी कि अगर नहीं पढ़ पाई तो रवि कहेंगे, "विमल मित्र और मैरी मैकार्थी पढ़-पढ़कर तुमने अपने दिमाग का दिवाला निकाल लिया है।"

शुरू के चार अध्याय पढ़कर ही महसूस हो गया कि इस वक्त मैं एक दुर्लभ अनुभव से गुजर रही हूँ। स्वाधीनता के बाद के मुल्क की तस्वीर हर पृष्ठ पर बोल रही थी। 1968 में प्रकाशित यह उपन्यास आज तीस साल बाद भी, गाँव, कस्बे और शिक्षातन्त्र की सच्चाइयों का सबसे सशक्त घोषणा-पत्र है। वही फटीचर स्कूल,

पहलवान प्रबन्ध-समिति, उदासीन अध्यापक और दिशाहीन विद्यार्थी समय के शिलालेख बने हुए हैं। सरकार की वार्षिक रिपोर्ट में शिक्षा के आँकड़े प्रगति कर रहे हैं पर यथार्थ में दुर्गति प्रगति को ठेंगा दिखा रही है।

तीस साल जिस रचना के साथ हम जी लें, उसे फिर-फिर घोख लें, उसके रचनाकार पर हमारा एक हक बन जाता है। रागदरबारी की असलियत के बारे में कोई शुबहा मन में कभी नहीं हुआ खासकर जब तकरीबन उतने ही साल मुझे भी एक छंगामल कॉलेज चलाते हो चले हों। इस बीच श्रीलाल जी के उपन्यास 'मकान', 'पहला पड़ाव', 'सीमाएँ टूटती हैं' और 'बिस्रामपुर का सन्त' पढ़े। हर रचना में कथावस्तु पर अद्‍भुत पकड़, दो टूक बात कहने का साहस और जिन्दगी को रेशा-रेशा समझने की कोशिश धड़कती है। श्रीलाल जी ने लगातार लिखा है और पठनीय बने रहे हैं। समाज, राजनीति, शिक्षा, संस्कृति और विकास के श्वेत-श्याम पक्षों का उद्‌घाटन करनेवाले वे अप्रतिम रचनाकार हैं।

चेतना और जीवन का यह स्पन्दन श्रीलाल जी को मेरा प्रिय रचनाकार बनाता है। दिल दिमाग की इस तैयारी के साथ जब पहली बार उनसे मिलना हुआ, मेरा पहला उपन्यास बेघर तभी प्रकाशित हुआ था। 1971 का वर्ष था। हम लखनऊ में अपने मित्र प्रवीणचन्द्र शर्मा और उनकी कहानीकार पत्नी दीपक शर्मा के यहाँ ठहरे हुए थे। श्रीलाल जी की मँझली बेटी मधु वहाँ आई। दीपक ने बताया ममता आई हुई हैं। मधु ने कहा, "वह बेघर वाली।" "हाँ बेघर वाली।" दीपक ने कहा।

पता चला मेरा उपन्यास प्रवीण, दीपक, मधु, श्रीलाल जी, गिरिजा जी सबने पढ़ रखा है। मेरे लिए वह दुर्लभ दिन था। एक नितान्त नई रचना को इतनी तवज्जो देना और यह कबूल करना कि रचना पढ़ी गई है, कोई आसान काम नहीं है। कोई भी रचना पाठक की अभिलाषा के उत्ताप से ही अस्तित्व और अर्थ पाती है। इस लिहाज से मैं बहुत खुशकिस्मत थी कि मेरा प्रिय रचनाकार मेरा पाठक भी था।

श्रीलाल जी से छोटी-छोटी कई मुलाकातें होतीं। कभी वे इलाहाबाद आते। कभी हम लखनऊ जाते। लखनऊ हमारे लिए दोस्तों का शहर है, इलाहाबाद श्रीलाल जी के दोस्तों का। उन दिनों रवि भी सुरा-प्रेमी थे। वे दोनों घर में बैठते तो पीते, कार्लटन जाते तो पीते, मित्र-घरों में जाते तो पीते। दोनों पर इस बैठकी का यह असर होता कि उनकी मुलाकात गर्मजोशी से शुरू होकर गर्ममिजाजी या नाजुकमिजाजी पर खत्म होती। रवि की किसी बात पर श्रीलाल जी उखड़ जाते। जैसे रवि उनके किसी आत्मीय की आलोचना कर देते। श्रीलाल जी का गोरा चेहरा लाल हो जाता। वे अपनी भर्राई आवाज में घोषित कर देते कि अब वे न खाना खाएँगे न रवि से बात करेंगे।

नशा हिरन होने पर दोनों को अफसोस होता कि यह अतिचार क्यों हो गया। एक बार श्रीलाल जी ने खत लिखा :

"प्रिय कालिया मैं इलाहाबाद आता हूँ, तुमसे नहीं मिलता। तुम लखनऊ आकर चले जाते हो, नहीं मिलते। इससे क्या? नुकसान तो मेरा ही होता है। इस बार आओ तो जरूर मिलना। तुम्हारा श्रीलाल शुक्ल।"

श्रीलाल जी के व्यक्तित्व का सबसे प्रिय तत्त्व यही है, उदारता और बड़प्पन। मैं हमेशा उनसे प्रशंसक की हैसियत से मिलने जाती, वे मुझे साथी-रचनाकार का दर्जा देकर वापस भेजते। इसी साल मेरा नया कहानी-संग्रह 'बोलने वाली औरत' आया। श्रीलाल जी ने उसे दो बार पढ़कर मुझे जो पत्र लिखा, मैंने उसे प्रमाण-पत्र की तरह सहेज कर रखा है। मुझे महसूस हो रहा है कि अगर कभी ऐसे दिन आएँ जब लिखा न जाए, अपनी ही राह स्वयं को न सूझे, नई चमकीली भीड़ों में मैं अपने को अजनबी, पिछड़ा हुआ पाऊँ, तब मेरी अमावस रातों को, उनका यह पत्र, ध्रुवतारे की भाँति राह दिखाएगा। मेरी चीजें बहुत जल्द खो जाती हैं, डरती हूँ यह दुर्लभ पत्र कहीं खो न जाए।

1978 तक हमारे घर में दो बच्चे आ चुके थे। मेरे और रवि के कठिन रूटीन में पलते हुए बच्चों में बड़ी नवीन और मौलिक जटिलताएँ पैदा हो रही थीं। उन दिनों अगर कभी कोई मुझसे मिलने आता, उसे पहले बच्चों की आक्रामकता और अधिकार-भावना से निपटना पड़ता, तभी वह मुझ तक पहुँच सकता। उन्हीं दिनों मेरी एक कहानी सारिका में निकली थी 'वसन्त—सिर्फ एक तारीख'। उसमें नायिका के दो बच्चों के नाम थे जाननिकाल सिंह और दुर्जन सिंह। श्रीलाल जी को ये नाम बड़े दिलचस्प लगे। वे अन्नू मन्नू की तरफ इशारा करते, "इनमें से जाननिकाल सिंह कौन सा है?" मैं क्या कहती! दोनों ही जाननिकाल सिंह थे।

लगभग उन्हीं वर्षों में श्रीलाल जी इलाहाबाद में नगर निगम के प्रशासक पद पर रहे। नगरपालिका के पीछे बने विशाल बँगले में उनका आवास था। कई बार हम शाम को जाते। श्रीलाल जी कभी लॉन पर, कभी छत पर मिलते। उनसे, गिरिजा जी से, इतना अपनापन मिलता कि हम देर रात, खाना खाने के बाद ही वापस आते। ऐसी ही एक चाँदनी रात हमारे छोटे बेटे मन्नू ने श्रीलाल जी का हाथ थाम कर कहा, "चीलाल, चीलाल, उधर आओ तुम्हें मामा चन्दा दिखाएँ।" श्रीलाल जी बहुत हँसे। उनके परिवार में भी एक बच्चे का नाम मन्नू है।

कई बार श्रीलाल जी तरंग में आकर अगले रोज का प्रोग्राम बनाते। सुबह हम सब संगम जाएँगे। वहाँ स्नान होगा, फिर लम्बी ड्राइव पर निकलेंगे। कभी-कभी सुबह फोन आ जाता, गिरिजा की तबियत ठीक नहीं है, सिरदर्द हो रहा है। अतः प्रोग्राम कैन्सिल्ड। एकाध बार ऐसा भी हुआ कि श्रीलाल जी फोन नहीं कर पाए। हम अपना सारा जहान स्कूटर पर लाद कर जब वहाँ पहुँचे, श्रीलाल जी घनघोर अलसाए, गिरिजा जी पर झुके-झुके बाहर आए और खुमारी में बोले, "भई आज तो बहुत नींद आ रही है," उसी के साथ अगले जुमले में उन्होंने पत्नी को कॉम्प्लीमेंट

दिया, "आय एम स्टिल राउज्ड बाय माय वाइफ।" हमें भी कोई फर्क नहीं पड़ा। हमने अपने मौलिक अन्दाज में दिन बिता लिया। बड़ी अच्छी फीलिंग होती रही सारे दिन कि वे दोनों कितने गहरे जुड़े हैं।

यह जुड़ाव कभी-कभी कुछ क्षणों के लिए गड़बड़ाता जब श्रीलाल जी अति कर देते। एक शाम उनकी इस आदत पर गिरिजा जी ने कोई टिप्पणी कर दी। बस फिर क्या था। श्रीलाल जी गुस्से। उन्होंने अपना गिलास वहीं लॉन पर, घास में उँडेल दिया। गिरिजा जी एकदम सन्न! तभी हम पहुँच गए। श्रीलाल जी का ध्यान बँट गया। भूल गए कि वे गुस्सा हैं। तुरन्त फ्रिज से मिठाई निकलवाई गई बच्चों के लिए। श्रीलाल जी को स्वयं मिठाई बहुत पसन्द है। मुझे याद है श्रीलाल जी हमारे घर में भोजन में भी रस लेते थे क्योंकि हमारे घर में उड़द की दाल और राजमा बहुत बनते थे। दोनों ही श्रीलाल जी को प्रिय हैं।

स्वास्थ्य और आयु के ढलवाँ रास्ते पर स्त्री पहले लुढ़कती है, पुरुष बाद में। गिरिजा जी दुबली-पतली तो थीं ही, संवेदनशील होने के कारण हमेशा परिवार की किसी न किसी फिक्र में उलझी रहतीं। कभी मुझे यह आभास होता कि अपने सुन्दर, सजीले, स्वस्थ पति को सँभालने में उनकी बहुत ऊर्जा व्यय हो जाती है। वे हल्की तनावग्रस्त दिखतीं जब श्रीलाल जी हल्के-फुल्के मूड में कह जाते, "यू नो, आय एम सरप्लस फॉर माय वाइफ।" लेकिन श्रीलाल जी हर हाल में पत्नी के प्रति उन्मुख ही रहे। यह लगाव तब तो और भी बढ़ गया जब गिरिजा जी पक्षाघात के झटके से उबरीं किन्तु थोड़ी कम। श्रीलाल जी उनकी सेवा-सुश्रूषा ऐसे करते जैसे पिता अपनी पुत्री की करता है। उन्होंने बरसों की आदतें भी त्याग दीं। वे कहते, अगर मैं उनके पुकारने पर सोया रह गया तो उन्हें तकलीफ होगी। वे उनकी नींद सोते, उनकी नींद जागते। वे शायद दाम्पत्य की सघनता का हर क्षण अनुभव करना चाहते थे। वे अपनी हर बात में गिरिजा जी को शामिल करते। कवि केदारनाथ अग्रवाल की कविता 'हे मेरी तुम' उन पर भी चरितार्थ होती रहती। गिरिजा जी बहुत अच्छी श्रोता थीं। साहित्य और संगीत की उन्हें अच्छी जानकारी थी। वे इतने वर्ष परिवार की समस्त जिम्मेदारियों के साथ सबसे बड़ी जिम्मेदारी निभा गईं श्रीलाल जी की ऊर्जा और रचनाधर्मिता को सुरक्षित रखने की।

श्रीलाल जी कैसे अधिकारी सिद्ध हुए, उन्होंने अपने मातहतों और सहकर्मियों के साथ कैसा व्यवहार रखा, उसकी हमारे पास कोई डायरी नहीं पर इतना आभास जरूर होता रहा कि वे एक अलग किस्म के व्यक्ति रहे। जब उनका तबादला इलाहाबाद से हुआ वे कहने लगे, "मुझे लगता है मैं असफल होकर यहाँ से जा रहा हूँ।" हमें ऐसा नहीं लगा। रागदरबारी के रचनाकार को किस स्तर पर असफलता का एहसास हो सकता है, यह आज भी हमारी समझ के बाहर है।

नगर निगम के उच्चतम पद से जुड़ी अनिवार्यताओं के बीच श्रीलाल जी ने अपने कार्यकाल में कुछ यादगार सांस्कृतिक आयोजन करवाए। वे अधिकतर हमें पढ़ते मिलते या मित्रों से बतियाते।

यों तो किसी भी अन्य व्यक्ति की तरह रचनाकार भी मनुष्य ही है, अनेक संगति-विसंगतियों से रचा-बना पर एक अच्छा रचनाकार जब अच्छा मनुष्य भी हो तो पाठक का उसके प्रति लगाव गहरा हो जाता है। श्रीलाल जी अगर सतत लेखक हैं तो हम उनके सतत पाठक। पहला पड़ाव, मकान, बिस्रामपुर का सन्त जैसे उत्कृष्ट उपन्यासों के साथ उन्होंने आदमी का जहर, सीमाएँ टूटती हैं, भी लिखे जबकि मुझे लगा कि इन दो उपन्यासों को वे न भी लिखते तो कोई फर्क नहीं पड़ता। ऐसा नहीं कि ये दो अन्तिम उल्लिखित उपन्यास कम पठनीय हैं; ये कुछ ज्यादा ही पठनीय हैं जबकि हिन्दी में श्रेष्ठता हमेशा लद्धड़ और कम पठनीय उपन्यासों से ही आँकी जाती है।

अभी पिछले दिनों एक शाम श्रीलाल जी दूरदर्शन के सभी चैनलों पर छाए रहे। बहुत अच्छा लगा कि कलम का धनी अपनी रचना-यात्रा पर बोल रहा है। अन्यथा बाकी समय तो नेता, अभिनेता, व्यवसायी और खिलाड़ी ही छोटे पर्दे पर कब्जा जमाए रहते हैं। लेकिन श्रीलाल जी दूरदर्शन पर साक्षात्कार देते हुए सेल्फकांशस हो जाते हैं। उनकी सर्वोत्कृष्ट अभिव्यक्ति अनजाने, अनौपचारिक होती है। एक बार उन्होंने कहा, “शोधछात्रों के प्रश्नों का उत्तर अवश्य भेजना चाहिए।” मैंने कहा, “अगर इतने प्रश्नों का उत्तर लिखना हो तो स्वयं पी-एच. डी. कर लेना कैसा रहेगा?” वे बोले, “अगर हम लोग जवाब नहीं देंगे तो कोई मामूलीप्रसाद वर्मा या घटियाचन्द तिवारी जवाब देगा और बेचारा शोधछात्र उसी को प्रामाणिक मानकर अपना शोध-प्रबन्ध लिख डालेगा। नतीजा यह होगा कि मामूलीप्रसाद वर्मा और घटियाचन्द तिवारी तो साहित्य के इतिहास में जगह पाते जाएँगे और हम लोग बाहर रह जाएँगे।” वे स्वयं इस नियम का कहाँ तक पालन कर पाते हैं, पर एक अलग शोध का विषय है।

कई वर्ष पूर्व, सारिका के लिए नन्दन जी ने मुझे श्रीलाल जी से बातचीत करने का काम सौंपा। उन दिनों वे इलाहाबाद में ही नियुक्त थे। समय तय कर मैं उनके यहाँ पहुँची। मैं सवालों से लैस थी, श्रीलाल जी जवाबों से।

बातचीत के दौरान मैंने कहा, “श्रीलाल जी आपके लेखन में व्हिस्की की क्या भूमिका है?”

“अगर मेरी जबान पर एक कतरा भी शराब हो तो मैं लिख नहीं सकता।” श्रीलाल जी ने कहा।

इसी तरह उन्होंने हर प्रश्न का आदर्श उत्तर दिया और यह साक्षात्कार महज

दो घण्टों में सम्पन्न हो गया। मुझे लगा श्रीलाल जी इंटरव्यू देने में सिद्धहस्त हो चुके हैं।

अगले रोज इतवार था। सुबह-सुबह श्रीलाल जी का फोन आया, "ममता कल जो इंटरव्यू दिया था, बकवास था। ऐसा करो, एक बार फिर बैठते हैं। आ जाओ।"

मैं कागज कलम लेकर दुबारा पहुँची। बैठते ही श्रीलाल जी ने पहले ब्रजभाषा में एक कवित्त सुनाया, नायिका भेद पर शायद। ब्रजभाषी होते हुए भी मुझे उसका अर्थ प्रेषित नहीं हुआ। पर गिरिजा जी पति से रूठ गईं। इस रूठने की जानकारी मुझे अल्हड़, सुनहरी लटों वाली विनीता से मिली। गिरिजा जी ने बाद में पति से कहा, "तुमने वह कवित्त ममता को क्यों सुनाया, पता नहीं वह तुम्हारे बारे में क्या सोचेगी?" भोली-भाली गिरिजा जी को यह नहीं पता चला कि श्रीलाल जी जिससे मुखातिब थे वह इन मामलों में हद दर्जे की बेवकूफ और अनाड़ी है। यों ही नहीं घर में, बच्चों और रवि ने मेरे नाम लबड़धौंधौं और ट्यूबलाइट रख छोड़े हैं। मैं आमतौर पर बुरा नहीं मानती क्योंकि कुशाग्रता का लाभ मैं हमेशा दूसरों को देना बेहतर समझती हूँ। खैर इंटरव्यू आरम्भ हुआ। श्रीलाल जी ने इस बार ईमानदारी बरती। पेश है एक बानगी–

–श्रीलाल जी, सवाल जवाब से आपको आखिर क्या एतराज है?

–बातचीत का यह एक निहायत बनावटी और बेकार ढंग है। अगर आप ही को मैं बाकायदा स्टेज पर बैठाकर पूछूँ कि आपने कौन सी तारीख, कितने बजे रवीन्द्र कालिया से प्यार करना आरम्भ किया, आप जवाब देंगी?

–श्रीलाल जी सवाल आपको मुझसे नहीं, मुझे आपसे पूछने हैं।

–आप इतना वाहियात काम कब से करने लगीं...श्रीलाल जी उठकर अन्दर चले गए। लौटे तो उनके हाथ में एक अन्तर्देशीय था। उन्होंने एक साँस में नन्दनजी को शिकायती पत्र लिखा, चिपकाया और डाकपेटी में डालने भिजवा दिया। मैं आतंकित नहीं हुई क्योंकि विनीता ने बतलाया कि पापा पत्र हमेशा अकस्मात् लिखते हैं, कभी-कभी आधी रात में कहीं से घूम कर आते हैं और खड़े-खड़े कई पत्र लिख डालते हैं।

–'राग दरबारी' आपने कब लिखा? क्या एक ही बार में लिखा गया या अनेक बार?

–सन् 62 से '67 तक मैंने यह उपन्यास लिखा। इसके कई अंश मैंने सात-सात बार लिखे लेकिन सबसे ज्यादा रिवाइज किए गए 'मकान' और 'सीमाएँ टूटती हैं'।

–'मकान' कब शुरू किया गया?

–1970 में जब मैं लखनऊ आया, मेरे पास मकान नहीं था। जनवरी सन्

’71 में ‘मकान’ की शुरुआत मैंने कार्लटन होटल के लाउंज में ब्रांडी पीते हुए, होटल की स्टेशनरी पर की। पहले पहल यह एक सीधा सादा टू-डाइमेंशनल उपन्यास था। लेटर ऑन इट बिकेम ए रनअवे नॉवेल। फिर इसकी रगड़ाई शुरू हुई। 1976 में यह खत्म हुआ।

—आपको अपना कौन सा उपन्यास प्रिय है?

—जहाँ तक लिखने का सवाल है ‘मकान’ लिखने में अपने आपसे ज्यादा सन्तोष हुआ। ‘राग दरबारी’ तो डॉक्युमेंटरी नॉवेल है। उसके लिखने में सृजनात्मक कृति का पूरा सन्तोष हासिल नहीं हुआ। लेकिन मेरे साथ यह होता है कि रचना की प्रक्रिया से निकल चुकने के बाद मुझे वह किताब बड़ी खराब मालूम देती है, उसे पढ़ने की इच्छा नहीं होती।

—न सही अपनी, दूसरों की रचनाएँ पढ़ते होंगे?

—बहुत।

—जैसे?

—तालस्तोय, टॉमस मान, सॉल बैलो।

—हिन्दी में?

—वृन्दावनलाल वर्मा।

—कोई जीवित कथाकार?

—सच पूछें तो मुझे आपके उपन्यास पसन्द हैं।

—यकीन नहीं होता। कोई और नाम?

—आपका सवाल गलत है। अगर आप पूछतीं आपके प्रिय उपन्यास कौन से हैं तो मैं आपको बता सकता था।

—अच्छा यों ही सही।

—गोदान, नारी, शेखर : एक जीवनी, त्यागपत्र, टेढ़े-मेढ़े रास्ते, बूँद और समुद्र, बाणभट्ट की आत्मकथा, तमस, वे दिन, मेरे प्रिय उपन्यास हैं। आधा गाँव मुझे अत्यन्त प्रिय है।

श्रीलाल जी स्वयं भी एक किताब की तरह खुलते हैं पन्ना दर पन्ना। रचना में रमे हुए होकर भी दूसरों में गहरी रुचि और जिज्ञासा है उनमें। वे हिन्दी के एकमात्र ऐसे कथाकार हैं जिन्होंने खाकी रंग की सरकारी फाइलों की अटपटी जानकारी व शब्दावली से अपनी मौलिक रचनात्मक भाषा का अनुसन्धान किया है। पूर्णकालिक, जिम्मेदार नौकरी में इतने घण्टे (बरस) बिताकर और कोई, कई आदमी यान्त्रिक और बेजान हो जाते हैं, उनमें से फाइलों की बू आने लगती है पर श्रीलाल जी ने इन सीमाओं को अपनी सामर्थ्य बनाया। स्वाधीनता के बाद देखे गए सपनों से मोहभंग, बेरोजगारी की हताशा, सरकारी दमनचक्र की रफ्तार और इन सबसे पैदा होता नायक का मरजीवड़ा पराक्रम उनकी रचनाओं में कूट-कूटकर

भरा है। उन्हें पढ़ते हुए यही लगता है कि अरे यह तो हू-ब-हू हम हैं, हम जो डिग्रियों से लैस, कर्मक्षेत्रे कुरुक्षेत्रे कूद पड़ने को आतुर और कृतसंकल्प हैं, हमारा मोल आजादी की इस अन्धेर नगरी में टके सेर भी नहीं है।

श्रीलाल जी को व्यंग्य का पुरोधा माना जाता है जबकि वे सायास व्यंग्य लिखने का कोई उपक्रम या अनुष्ठान नहीं करते। वे महज यथार्थ को उसके निर्वस्त्र रूप में सामने रख देते हैं। वे पाठक को पुचकारने के लिए कोई रंग हल्का या गहरा नहीं करते, उसे महज सूचित करते हैं कि देखो ऐसा है तुम्हारा गाँव और वैसा है तुम्हारा शहर; यह है तुम्हारी शिक्षा और वह है उसकी कीमत। उनकी रचनाएँ हमें उन तमाम बेवकूफ खामख्यालियों से निकालती हैं जिनमें सन पचास की रचनाओं ने हमें वर्षों डाले रखा और रुग्ण किया। आदर्शों की घुट्टी पीकर पुष्ट होनेवाले लोगों को उनके उपन्यास कुछ सिनिकल लग सकते हैं पर कठोर और असल जमीन पर नंगे पैरों खड़े आदमी के लिए ये जरूरी दस्तावेज हैं। अपने समय की सघन पड़ताल करती उनकी रचनाएँ हमारा अपना समय, समाज और संसार हैं।

एनी आपा : कुर्रतुल-एन-हैदर

अपने दौर की मशहूर अफसाना निगार कुर्रतुल-एन-हैदर के निधन की खबर से जी बेचैन हो गया। दिल्ली की गर्मियाँ उन्हें कभी रास नहीं आईं। दिल से वे अभी भी मुम्बइया ही थीं। क्यों न होतीं। उन्होंने अपनी उम्र का बेहतरीन हिस्सा वहाँ पत्रकारिता करते बिताया था। वे पहले इंप्रिंट पत्रिका की प्रबन्ध सम्पादक और बाद में इलस्ट्रेटेड वीकली ऑफ इण्डिया में सीनियर एडिटर रहीं। सन् 1950 से 1960 तक के वर्षों में उन्होंने लन्दन में डेली टेलिग्राफ और बीबीसी में बतौर संवाददाता काम किया। कभी कलम से थक जातीं तो कूची उठा लेतीं, तस्वीरें बनातीं। उन्होंने एम.ए. के बाद आर्ट कॉलेज में पेंटिंग का कोर्स किया। खुद भी वे अपनी बनाई एक खूबसूरत तस्वीर ही लगती थीं। जहाँगीर आर्ट गैलरी में घूमती हुई एक आधुनिक, प्रगतिशील कलाकार, जिनके साथ सातवें दशक की कोई न कोई चर्चित हस्ती जरूर होती।

कुर्रतुल-एन-हैदर का जन्म उत्तर प्रदेश के अलीगढ़ शहर में हुआ। उनके परिवार में तीन पीढ़ियों से लिखने की परम्परा रही। उनके पिता सैयद सज्जाद हैदर यलदरम और माता नजर सज्जाद हैदर उर्दू के मशहूर कथाकार थे। उनकी नानी भी लेखिका थीं। नजर साहबा को तो उर्दू की 'जेन ऑस्टन' कहा जाता था। कुर्रतुल बाजी ने एक बातचीत में बताया था—"हमारे घर में लिखने का पूरा माहौल था। नानी लिख रही हैं, अम्मा लिख रही हैं, अब्बा लिख रहे हैं, खालू लिख रहे हैं तो हम भी लिखने लगे।"

इस जिन्दादिल रचनाकार को अपने कहानी संग्रह 'पतझड़ की आवाज' पर साहित्य अकादमी सम्मान सन् 1967 में मिला। सन् 1969 में सोवियत लैण्ड नेहरू पुरस्कार, सन् 1985 में गालिब अवार्ड, सन् 1989 में इकबाल सम्मान और सन् 1991 में 1989 का भारतीय ज्ञानपीठ पुरस्कार प्राप्त हुआ। इनकी सबसे महत्त्वपूर्ण पुस्तक इनका उपन्यास 'आग का दरिया' है। इसमें लेखिका का इतिहास बोध, साम्प्रदायिक सद्भाव, प्रगतिशील विचारधारा और सांस्कृतिक चेतना का उद्घोष है। यह उपन्यास भाषा, शैली, तकनीक और चिन्तन सामग्री से एक नई परम्परा की शुरुआत करता है।

यह अनेक भारतीय भाषाओं में अनूदित हो चुका है। लेखिका का पहला उपन्यास 'मेरे भी सनमखाने' 1949 में प्रकाशित हुआ था। उनकी अन्य पुस्तकें हैं–सफीना-ए-गमेदिल, आखिर-ए-शब के हमसफर, कारे जहाँ दराज है, गर्दिश-ए-रंगेचमन और चाँदनी बेगम। उन्होंने लड़की की स्थिति और संघर्ष पर लघु उपन्यास लिखा–'अगले जनम मोहे बिटिया न कीजो'। उपन्यासकार के रूप में उनकी गणना उर्दू के तीन अजीम कथाकारों–रतननाथ 'सरशार', मिर्जा हादी 'रुसवा' और प्रेमचन्द के साथ की जाती रही है। इधर लेखन में आए मूल्यगत और दृष्टिगत बदलाव से कुर्रतुल आपा काफी व्यथित रहती थीं। मैंने एक पत्रिका के नारी विमर्श विशेषांक का सम्पादन करते हुए उनसे बातचीत की तो उन्होंने साफ कहा कि आधुनिक नारीवाद में सब औरत के जिस्म पर जोर देते हैं, उनके दिल-दिमाग की आजादी के लिए कोई फिक्र नहीं करता। वे अपने को महज नारीवादी नहीं मानती थीं। उनका कहना था कि हिन्दुस्तानी समाज में इतने मसले हैं जिन पर लेखक को सोचना और लिखना चाहिए। जब वे हल होंगे तो औरत की मुश्किलें अपने आप हल हो जाएँगी।

कुर्रतुल-एन-हैदर ने अपने लेखन के जरिए मुस्लिम समाज के बारे में फैली बहुत-सी धुन्ध साफ की। पत्रकार अनुजा से एक भेंटवार्ता में उन्होंने कहा था–'हर मुसलमान को नवाब की औलाद समझा जाता है, यह गलत है। फिल्मों और टेलीविजन में अम्मी हुजूर, अब्बा हुजूर कहते किरदार नजर आते हैं। यह हमारा कल्चर नहीं है। यह फिल्मी कल्चर है। यह ख्याल भी गलत है कि मुस्लिम औरतें बहुत दबी हुई हैं। बाहर वे चाहे न निकलती हों, मगर वे अपने घर की मालकिन होती हैं। घर में उनकी ही हुकूमत चलती है। मुस्लिम समाज बहुत बदल रहा है। पिछड़ापन जहाँ है, वहाँ हिन्दू-मुस्लिम और अन्य जातियाँ एक-सी पिछड़ी हैं। 19वीं सदी के आखिर में तो उर्दू पत्रकारिता और साहित्य की वजह से समाज के सोच में बड़ी क्रान्ति हुई। प्रगतिशील आन्दोलन बड़े जोरदार ढंग से चला। उर्दू का साप्ताहिक रिसाला 'तहजीब-ए-निस्बां' सौ साल पहले औरतों की देख-रेख में निकलता था। उसकी एडिटर थीं–मोहम्मदी बेगम और इस अखबार को छापने का काम भी औरतों के जिम्मे था।

इस लेखिका ने अपनी रचनाओं से साबित कर दिया कि सशक्त और साफ दिल लेखक चाहे जिस जुबान में लिखे, वह पढ़ा जाता है और लोग उसे चाहते हैं। ज्ञानपीठ सम्मान के वक्त अपना वक्तव्य देते हुए उन्होंने यह जरूर कबूल किया था कि अब तक उनकी इतनी किताबें शाया (प्रकाशित) हुईं, लेकिन उन्हें कभी एक पैसा भी रॉयल्टी देने का रिवाज ही नहीं है। उन्होंने कहा–'फिर भी मैं लिखती हूँ। मैं शायद उस मूर्ख टिटही (एक छोटी चिड़िया) की तरह हूँ, जो इस आशंका में अपने पंजे ऊपर कर लेती है कि वह ऐसा करने से 'आसमान को गिरने से बचा लेगी।'

पहाड़ जिन पर टूटता ही रहा : शैलेश मटियानी

यह जानकारी थी कि मटियानी जी सिर की व्याधि से आक्रान्त थे। उन्हें कई बार मस्तिष्क रोग के उपचार के लिए अस्पताल में दाखिल होना पड़ा। तबियत सँभलते ही वे फिर लेखन में जुट जाते। जीवन और जिजीविषा का यह ज्योतिपुंज एकाएक बुझ गया। खबर सुनकर मन धक् से रह गया। सारा दिन उनकी रचनाएँ पढ़ने में बिताया। एक लेखक को इससे बड़ी श्रद्धांजलि क्या दी जा सकती है कि उसके लिखे को हम पढ़ें। यही उसे जानने की नई शुरुआत हो सकती है।

मेरी दृष्टि के पटल पर 1970 के शैलेश मटियानी उभर रहे हैं। प्लास्टिक की टोकरी में 'विकल्प' का मैटर लिये वे इलाहाबाद प्रेस आते। अक्सर उनके साथ अमर गोस्वामी भी होते। अमर को काम समझा, प्रेस में तैनात कर, मटियानी जी शहर में निकल जाते, विज्ञापन लेने। उनका सिद्धान्त था कि जिस संस्थान या दुकान पर एक बार चढ़ गए वहाँ से विज्ञापन लिये बगैर वे नहीं उतरते। यह देनेवाले की श्रद्धा थी कि वह उन्हें पाँच सौ का विज्ञापन दे या पाँच रुपये का। लेकिन क्या अन्दाज था उनका! विज्ञापन रचनाओं के बीच में नहीं वरन् अन्त में अलग पृष्ठों पर छपते। साहित्य-प्रेमियों को विकल्प की प्रति विशुद्ध साहित्यिक कलेवर में मिलती; विज्ञापनदाताओं को पत्रिका में जुड़े विज्ञापन पृष्ठ भी मिलते। मटियानी जी ने मुझे कविताएँ लिखने के लिए उकसाया तो रवीन्द्र को कहानी लिखने के लिए। हम दोनों मुम्बई से उखड़े हुए लोग थे और इलाहाबाद में नए सिर से नए काम में पैर जमाने के लिए संघर्ष कर रहे थे। ऐसे में रचना के सरोकार पीछे छूट सकते थे पर मटियानी जी प्रतिदिनि एक पठान की तरह आकर बैठ जाते। रवीन्द्र की प्रसिद्ध कहानी 'काला रजिस्टर' उन्होंने 'विकल्प' के कहानी विशेषांक में प्रकाशित की। मेरी एक कविता उन्हें बहुत पसन्द आई, 'अन्दर से बाहर तक प्रश्नों से घिरी हुई। मैं लगातार एक गुस्सा जीती हूँ'।

जन्मजात लेखक के लिए स्कूल-कॉलेज की पढ़ाई और डिग्रियाँ विशेष अर्थ नहीं रखतीं, इस तथ्य को शैलेश जी का रचनाकर्म उजागर करता है। रचना में उन अनुभवों और संघर्षों की अधिक सार्थकता होती है जो हम झेलते हैं। शैलेश

जी को ये अनुभव और संघर्ष कुछ ज्यादा ही मिले। इनमें से बहुत से अनुभवों को तो वे अभी लिपिबद्ध कर ही नहीं पाए थे। अल्मोड़ा में अपने चाचा की दुकान पर कीमा कूटने का काम करते हुए शैलेश जी के मन में एक प्रार्थना निरन्तर चलती रही, 'हे माता सरस्वती, मुझे किसी भी तरह लेखक अवश्य बना देना।' कारण यह था कि शहर के कुछ सम्भ्रान्त और प्रबुद्ध लोगों ने उन्हें कीमा कूटते देखकर फबती कसी कि 'सरस्वती माता का कीमा कुट रहा है।' उन्हें लगा जैसे उनकी दुर्दशा पर लोग अट्टहास कर रहे हैं। उन्होंने लेखक बनने का संकल्प कर लिया ताकि वे यह साबित कर सकें कि हाँ जुआरियों और गोश्त की दुकान चलाने वालों के साथ रहकर भी लेखक बना जा सकता है। ऐसे ही विकट अनुभव मैक्सिम गोर्की के भी थे।

इलाहाबाद में मटियानी जी ने सिर्फ लेखक की हैसियत से जीने का संकल्प पच्चीस वर्ष से भी अधिक निभाया। इन वर्षों में उनकी छवि एक जुझारू कलमजीवी की बनीं जो सतत साहित्य-साधना कर अपने परिवार का गुजारा चला लेता था। मटियानी जी फकीरी और फाकामस्ती में भी मगन रहनेवाले जीव थे। जब अपने घर मित्र-मंडली को आमन्त्रित करते, मीट और करेले स्वयं बनाते। करेले में वे टमाटर और गुड़ भी डालते। इससे करेलों का कसैलापन कम हो जाता है। हाँ, जीवन का कसैलापन दूर करने का उनके पास कोई नुस्खा नहीं था। वे खुद अपने आरम्भ के दिनों के बारे में कहते हैं, "पन्त जी (सुमित्रानन्दन पन्त) के पास पहुँचा। तब वे घर के बाहर मेज-कुर्सी लगाकर बैठे हुए थे, धूप सेंकने। मेरी ओर उनकी पीठ थी। वो किसी अंग्रेजी की पुस्तक में खोए हुए थे। यहाँ चित्त में आशा मँडरा रही थी और कल्पना कि अगर कहीं पन्त जी के यहाँ शरण मिल गई तो लेखक बन सकने की सम्भावना और अधिक बढ़ जाएगी। कुछ देर बाद पन्त जी ने मेरी दिशा में रुख किया तो मैंने प्रणाम करके शमशेर जी का पत्र थमा दिया और उत्तर की प्रतीक्षा में हृदय की धड़कनों की गति बढ़ गई। उत्तर मात्र इतना मिला कि घरेलू नौकर रखने की कोई गुंजाइश नहीं है। साथ में इतना और कि कुछ समय पहले एक पहाड़ी लड़के को काम पर रखा था, वह चोरी करके भाग गया।" बस महाकवि पन्त जी के यहाँ पनपने के आरोह-अवरोह की शृंखला इतने में ही समाप्त हो गई।

शैलेश जी की आत्मस्वीकृतियाँ हमारे अन्दर विस्मय पैदा करती हैं। उनके मनोबल में मजदूर की मेहनत और मनीषी की स्वप्नदर्शिता मिलती है। 'विकल्प' के प्रकाशन के दिनों में उनका मनोबल लगातार देखने को मिला। वे 'व' अक्षर को 'ब' बोलते थे। 'विकल्प' से आजीविका और साहित्यिक जिजीविषा दोनों का विकल्प मिलने की सम्भावना थी। सात-आठ वर्ष मटियानी जी इस आयोजन में उत्साह से लगे रहे। हिन्दी-जगत ने भी 'विकल्प' को पूरा स्वागत-सहयोग दिया।

'विकल्प' के लिए लिखना, उसमें छपना विशिष्ट सम्मान का पर्याय बना। नरेश मेहता का आत्मकथ्य, परमानन्द श्रीवास्तव का आलोचनात्मक उत्तेजक आलेख, रवीन्द्र कालिया की चर्चित कहानियाँ 'काला रजिस्टर' और 'चाल' पहली बार 'विकल्प' के अंकों में ही छपीं। इसी पत्रिका के कथा साहित्य विशेषांक में भीष्म साहनी, अश्क, मार्कण्डेय, राजेन्द्र यादव, मन्नू भंडारी, दूधनाथ सिंह और काशीनाथ सिंह की सुप्रसिद्ध रचनाएँ छपीं।

मटियानी जी के बहुत से जीवन-निर्णय व्यावहारिक नहीं थे। मुक्तिबोध की तरह उन्होंने लेखन की शर्त पर अपने परिवार को कठिनाइयों के बीच खड़ा किया। उनके बच्चे मनु और तरु पढ़ने में अच्छे थे। मनु (मनीष) ने प्रतियोगी परीक्षा का लिखित पाठ्यक्रम उत्तीर्ण कर लिया था। 1992 के अप्रैल के महीने में किसी के बम मार देने से वह ऐसा घायल हुआ कि 13 अप्रैल को उसके प्राण चले गए। मटियानी जी इस पुत्र-शोक से जीते जी उबर नहीं पाए। उनके समूचे परिवार को यह दुर्घटना भूकम्प की तरह हिला गई। मुझे आज भी याद है जब हम और कई अन्य मित्र अपनी संवेदना व्यक्त करने उनके यहाँ गए, मटियानी जी की आँखों से अविरल अश्रु बह रहे थे। वे आँखें बन्द कर बार-बार यही कह रहे थे, "मनु बेटे मुझे माफ करना, मैं अभी भी जीवित हूँ।" मेरी आँखों के आगे वे स्नेह-सिक्त स्मृति-चित्र बार-बार आ रहे थे—मटियानी जी बच्चों के साथ बैठे कैरम खेल रहे हैं, मटियानी जी राकेश और मनु को तबला बजाना सिखा रहे हैं। भाभी अन्दर किसी कोने में अचेत पड़ी थीं। दुख और दर्द का सबसे दारुण दृश्य था उस घर में। मनु की तेजस्विता में उस परिवार के बेहतर भविष्य का स्वप्न भी उसके अवसान के साथ ही अस्त हो गया।

इस घटना के बाद मटियानी जी कभी सहज नहीं हो पाए। लिखते वे उसके बाद भी रहे पर उसमें रचनात्मकता कम होने लगी। विवादप्रियता बढ़ती गई। किसी भी परिस्थिति से समझौता न करने की आदत, अड़ियलपन की शक्ल लेने लगी। तर्क की जगह वे तुनकमिजाजी में उलझ गए। उन्होंने अपना बहुत सा समय व्यर्थ के लेख लिखकर गँवाया। उनकी हठधर्मिता उनके मस्तिष्क में एक काष्ठ-मंजूषा बनती गई। भुवनेश्वर की तरह वे विक्षिप्तता के दौरे झेलते रहे। उनसे कई बार निकल भी आते। पर फिर कोई छोटा-सा स्मृति-दंश उन्हें विक्षिप्ति में वापस धकेल देता। अपने बाद के लेखों से उन्होंने द्रक्षिणपंथी होने का आभास दिया। मैं समझती हूँ वे हिन्दी के एकमात्र ऐसे लेखक थे जिन्होंने दक्षिणपंथी होकर भी सत्ता से लाभ नहीं उठाया। बाद में वे सत्तासीन दल की आलोचना से भी बाज नहीं आए। नागार्जुन की तरह उन्होंने हर दल को धिक्कारा। इन विरोधाभासों में न पड़कर यदि वे केवल रचनात्मक लेखन करते रहते तो शायद उन्हें अपने निजी दुःखों से उबरने की सामर्थ्य

प्राप्त होती। पर वे एक असमान लड़ाई में गहरे धँसते चले गए। पहाड़ की कठोरता से उकता कर मटियानी जी मैदानों में आए पर समतल रास्ते उन्हें नहीं मिले। पहाड़ जीवन भर उन पर टूटता रहा। कभी मुसीबत के रूप में, कभी मतभेद के रूप में तो कभी मस्तिष्क व्याधि बनकर।

रचनाकार के रूप में मटियानी जी अभी भी हमारे बीच हैं। उनकी रचनाओं में आम जनजीवन के मौलिक संघर्ष, स्वप्न और सरोकार सम्पूर्ण स्पन्दन पाते हैं। उनके उपन्यास 'बोरीवली से बोरीबन्दर तक' की मुम्बई आज की पाँच सितारा मुम्बई से एकदम अलग किस्म की नगरी है। इतनी पठनीय रचना लिखनेवाले इस रचनाकार के खाते में एक से एक अविस्मरणीय कहानियाँ हैं : 'अर्द्धांगिनी', 'दो दुःखों का एक सुख', 'सबित्तरी', 'इब्बू मलंग', 'छिद्दा पहलवान', 'पापमुक्ति', 'चिट्ठीरसैन', 'गोपुली गफूरन'। ताज्जुब की बात है कि सामान्य मनुष्य की जिजीविषा का जयघोष करनेवाले इस लेखक का नाम कभी किसी प्रतिष्ठित समालोचक ने लेना जरूरी नहीं समझा जबकि हल्की, बनावटी तथा पराजय-बोध की कहानियाँ लिखनेवाले रचनाकारों को आलोचकों ने सिर-माथे पर बैठा रखा है। मटियानी जी भी परखनहारों के पक्षपातपूर्ण रवैये को पहचानते थे और जहाँ मौका मिलता, आलोचकों को फटकार भी लगाते। उन्होंने जितना भी नाम कमाया, पाठकों के जरिये कमाया। कभी कोई दन्द-फन्द नहीं किया। कभी दूसरे की रचना पर बुड़का नहीं मारा। कभी किसी विदेशी रचना के पैराग्राफ नहीं टीपे। यहाँ यह बताना असंगत न होगा कि मटियानी जी उन विरल लेखकों में से थे जिन्हें एक भी अक्षर अंग्रेजी नहीं आती थी। उन्होंने अपने अतीत का मिथ्या महिमामंडन भी नहीं किया। भिखारियों की कतार में खड़े हुए, चोरी के अपराध में हवालात गए, फुटपाथ पर सोये, चाय और चाट की दुकानों पर कप-बस्सी (प्लेट) धोये, बकरों की खाल उतारी पर बिना लज्जित हुए एक-एक घटना अपने आत्मकथ्य 'मैं और मेरा समय' में लिख दी। इतनी पारदर्शिता किस रचनाकार के जीवन में होगी! अपने अन्तिम दिनों में शैलेश जी ने लिखा "लेखक स्वयं को प्रत्येक रचना में कुछ न कुछ अवश्य प्रकट करता है। तादात्म्य लेखक की पहली शर्त है। इसलिए उसे स्वयं को पारदर्शी रखना जरूरी है। पारदर्शिता जाती रही तो एक प्रकार से लेखक का सब कुछ चला गया। तादात्म्य और पारदर्शिता के लिए ही कोई लेखक निरन्तर संघर्ष में रहता है। लेखक की हैसियत का जीवन इस संघर्ष के बिना सम्भव नहीं। जो मैं चाहता था, सम्भव नहीं हो पाया।" मटियानी जी में अपनी व्याधि समझने का विवेक था, इन पंक्तियों से साफ-साफ पता चलता है।

मटियानी जी में गजब का भोलापन था। एक बार उनकी पत्नी ने घर के खर्च में से पैसा-पैसा बचाकर साढ़े सात सौ रुपये की रकम डाकघर में जमा की। मटियानी

जी को इसकी खबर लगी तो भाभी की सूझबूझ के कायल हो गए। भाभी बहुत दिनों से एक सिलाई मशीन लेना चाहती थीं। मटियानी जी ने डाकघर से रुपये निकलवाये और मशीन खरीदने चल दिए। थोड़ी देर बाद रिक्शे पर लौटे तो उनके साथ दो सिलाई मशीनें थीं। एक हाथ से चलनेवाली, दूसरी पैर से चलने वाली।

एक बार हम सब प्रेस में बैठे हुए थे। तभी हमारा पुराना सेवक बजरंगी प्रेस में दाखिल हुआ। उसने कुछ शरमाते, कुछ मुस्कराते हुए बताया कि उसने बच्चों की पत्रिका 'पराग' में मेरा बाल-उपन्यास 'ऐसा था बजरंगी' लातेहार में देखा और जितना पढ़ सकता था, पढ़ा। बजरंगी हमारे घर में इससे पहले चार-पाँच साल नौकरी कर चुका था। मटियानी जी ने मुझसे कहा, "कई बार मेरे कथा-पात्र भी इसी तरह घर चले आते हैं। मेरा नियम है कि मैं उन्हें बीस रुपये और आने-जाने का किराया देता हूँ।" बजरंगी ने हमारे घर रहकर ही अक्षर-ज्ञान अर्जित किया था। इस बार वापस लातेहार जाते हुए उसके चेहरे पर कथा-पात्र बनने की अतिरिक्त चमक थी।

एक बार हमने मटियानी जी को सपरिवार खाने पर बुलाया। जिस वक्त वे पहुँचे मैं अँगीठी पर खीर बना रही थी। मटियानी जी रसोई में ही आ गए और बोले, "खीर को जल्दी गाढ़ा करने का तरीका बताऊँ? उसमें थोड़ी-सी मलाई मिला दीजिए।" मटियानी जी स्वयं बहुत अच्छा भोजन बनाते थे। यह उनका शौक था।

एक और बात उस दिन उन्होंने कही, जिससे मैं बहुत हिल गई। मटियानी जी ने कहा, "मुझे इलाहाबाद आए इतने साल हो गए। आज तक कभी किसी ने मुझे भोजन के लिए सपरिवार आमन्त्रित नहीं किया।"

यह स्वीकार उस व्यक्ति का था, जिसके घर का द्वार अतिथियों के लिए हरदम खुला रहता था। जैसा भी वक्त हो मटियानी जी अभ्यागत को चाय-बिस्किट या भोजन करवा कर ही विदा देते। कई बार ऐसा भी हुआ कि कोई मित्र-परिवार आ पहुँचा। मटियानी जी दूसरे कमरे के दरवाजे से जाकर बाजार जा पहुँचे, रद्दी अखबारों का ढेर लेकर बेचने के लिए। लौटते समय उनके हाथों में चाय का सामान, बिस्किट, डबलरोटी दिखी।

श्रद्धांजलियों के फूल बहुत जल्दी सूख जाएँगे। ज्यादा अच्छा हो कि इस दबंग रचनाकार के सम्मान में कुछ ठोस कार्य हों। उनकी रचनाओं का ढंग से पुनर्प्रकाशन किया जाए, उनकी कहानियाँ अथवा लेख पाठ्यक्रम का हिस्सा बनाए जाएँ, कर्नलगंज वाले उनके मकान में उनके स्मृति चिह्नों का संकलन किया जाए, मार्कण्डेय जी से शैलेश जी के अन्तरंग जीवन-चित्र बटोरे जाएँ तथा उनके पड़ोसियों के इम्प्रेशन लिपिबद्ध किए जाएँ। इससे उनके परिवार में जो पीछे छूट गए हैं, उनकी पत्नी, पुत्रियाँ, एक पुत्र, उन्हें यह आभास होगा कि जीते जी न सही, कम से कम दिवंगत होने के बाद लेखक की सच्ची हैसियत और हस्ती क्या होती है।

महिला लेखन की अग्रदूत : शिवानी

आज शुक्रवार 21 मार्च की सुबह खबर मिली कि शिवानी जी का निधन हो गया। मन एकदम धक् से रह गया। हिन्दी साहित्य में महिला लेखन, वह भी सृजनात्मक कथा-साहित्य की सूत्रधार शिवानी ही थीं। उनकी कहानियों में विमर्श और विचार की ठूँसमठूँस की बजाय, विशुद्ध कथा-तत्त्व की भरमार रहती, जिससे हिन्दी का एक विशाल पाठक वर्ग तैयार हुआ। उनके धारावाहिक उपन्यासों में भारतीय जनजीवन की ऐसी बहुरंगी छटा बिखरी रहती थी कि लोग उन्हें ढूँढ़-ढूँढ़कर पढ़ते थे। धर्मयुग को लेकर हम सहेलियों में जो छीनाझपटी मचती कि पूछो मत। पहले मैं पढ़ूँगी, पहले मैं। कुट्टी तक हो जाती। गप्प गोष्ठियों में तय किया जाता कि अगले हफ्ते कहानी में आगे क्या होगा।

उनकी शिक्षा-दीक्षा शान्ति निकेतन और कलकत्ता विश्वविद्यालय में हुई। इसीलिए उनकी रचनाओं में हमें बहुत जगहों का आस्वाद मिलता है। कहीं वे ओरछा राज्य का सामन्ती वैभव बताती हैं तो कहीं बंगाल का उत्सवधर्मी संस्कार। उनके पात्र अपने पूरे कद-काठी के साथ हमारी चेतना में सजीव खड़े हो जाते हैं, कहीं कृष्णकली, कहीं सुरंगमा, कहीं रवीन्द्र पंडित, कहीं मदालसा सिंघानिया तो कहीं कैंजा या हीरावती। शिवानी हल्के स्पर्शों से अपने पात्रों को तराशती हैं और एक साथ समन्वय और विरोधाभास का विस्मय और विश्वास रचती हैं। 'करिए छिमा' कहानी में नायक श्रीधर कहता है, "सौभाग्य से हम अधिकतर भारतीयों का एकमात्र डेंटिस्ट अभी भी विधाता ही है।" इसी तरह 'गहरी नींद' कहानी में कथानायक रवीन्द्र पंडित का व्यक्तित्व वे स्पष्ट करती हैं, "घूस लेने में उससे कोई पार न पा सकता था। बड़े-बड़े नेताओं, विरोधी दल के कीमती यजमानों का वह एकमात्र पुरोहित था। उसके ओहदे की आड़ में लाखों का चरस और गांजा एक सीमा से दूसरी सीमा को लाँघ जाता था।" उनकी कहानी 'सती' में जहर खुरानी पर लिखी बेहद रोचक और जीवन्त घटना का बयान है।

अगर वर्ष, तिथि, वार बताने लगूँ तो आपको यह बात पुरानी लगेगी, लेकिन मेरे स्मृति-कोष को लगता है यह कल की ही बात है। कई साल पहले लखनऊ

दूरदर्शन में विजय राय ने एक कार्यक्रम रखा था, जिसमें शिवानी जी, दीपक शर्मा, मैं और एक अन्य रचनाकार की बातचीत थी। हमें रचनाकार की हैसियत से रचना-प्रक्रिया पर विचार-विमर्श करना था।

विचार-विमर्श तो बाद की बात थी। पहले तो मेकअप का सरंजाम था। शिवानी जी और दीपक शर्मा ने मेकअप से एकदम इनकार कर दिया। उन दोनों रचनाकारों की सादगी सम्पन्न तेजस्विता शृंगार-प्रसाधन की मुखापेक्षी भी नहीं थी। मुझे याद है शिवानी जी ने काले बॉर्डर की शान्तिनिकेतन साड़ी पहनी हुई थी। मुख पर ऐसा सौम्य सौन्दर्य कि कलाकार की बजाय वे कलाकृति का आभास दे रही थीं।

परिचर्चा का फ्रेम कुछ ऐसा होता है कि यदि विषय पर सब सहमत हो जाएँ तो बातचीत की सम्भावना ठप्प हो जाती है। किसी को असहमति की अगुआई करनी ही पड़ती है। असहमति ही वाद-विवाद की जान होती है। मैंने यह मोर्चा सँभाला। मैंने कहा लिखते समय आप न किसी की पत्नी होती हैं न प्रिया, न माँ न बहन, आप सिर्फ लेखक होती हैं और लेखक की प्रतिबद्धता सिर्फ अपने तईं होती है।

शिवानी जी ने कहा, "ममता तुम ऐसा कह रही हो लेकिन तुम्हारे कथा-संग्रह 'छुटकारा' में मुझे हर जगह एक सतर्कता नजर आती है। सभी कहानियों में सम्बन्धों के प्रति सावधानी बरती गई है। महिला लेखक इस तथ्य से बचकर लेखन नहीं कर सकती हैं।" सबने अपनी दलील रखी पर अन्ततः तर्क शिवानी जी का स्थापित हुआ। माइक से इतर बातचीत में शिवानी जी ने बताया कि वे किस परिवेश में रहीं। उनके श्वसुर इतने शुद्धतावादी पहाड़ी ब्राह्मण थे कि उनकी ससुराल में चूल्हे में लकड़ियाँ भी धोकर जलाई जाती थीं। कोई भी रसोइया चमड़े के पट्टे वाली घड़ी पहनकर खाना नहीं बना सकता था।

मैं उनकी बातें सुन रही थी और विस्मित हो रही थी। कैसे ऐसे माहौल में शिवानी जी ने इतने सुन्दर, सशक्त और स्वतन्त्र चेता कथा पात्रों की रचना की होगी। कब उन्होंने चौदह फेरे की नायिका और कृष्णकली तथा सुरंगमा जैसे चरित्रों की परिकल्पना की होगी। मुझे यह स्वीकार करने में कोई संकोच नहीं कि हिन्दी कथा साहित्य की तरफ मेरा ध्यान कृशन चन्दर, शिवानी जैसे रचनाकारों की कृतियों ने खींचा। इनकी रचनाओं की अद्‌भुत पठनीयता और सजीवता मुझे विस्मित करती थी। मुझे याद है इन्दौर में हम चन्द कहानी प्रेमी दोस्त किस बेताबी से धर्मयुग और साप्ताहिक हिन्दुस्तान का इन्तजार करते थे। इन्हीं पत्रिकाओं के माध्यम से हमने शिवानी जी के उपन्यास चौदह फेरे, कृष्णकली और सुरंगमा पढ़े। लेकिन इस समर्थ रचनाकार को अपनी लोकप्रियता की भीषण कीमत चुकानी पड़ी। उनके रचना-बहुल समय में ही उन पर व्यावसायिकता का आक्षेप लगा। कहानी के क्षेत्र

में प्रयोगधर्मिता हावी होती गई। उन्हीं वर्षों में उषा प्रियंवदा, कृष्णा सोबती और मन्नू भंडारी ने हिन्दी कथा को किस्सागोई से मुक्त कर एकदम अनौपचारिक, आधुनिक और सम्भाव्य बना दिया। जीवनसाथी के अकाल निधन से शिवानी जी अन्तर्मुखी होती गईं और उन्होंने लिखना कम कर दिया। शीर्ष स्थिति से वे अपने आप अलग हट गईं, अपनी पूरी गरिमा के साथ। आचार्य हजारी प्रसाद द्विवेदी ने एक बार उनसे पूछा कि आजकल उनकी रचनाएँ दिखाई नहीं दे रहीं। एकाकीपन का शून्य झेलती शिवानी जी ने कहा, "क्या लिखूँ कलम ही नहीं उठती।" आचार्य द्विवेदी ने कहा, "लिखो, लिखने से ही दुख कम होगा।" तब उन्होंने कुछ संस्मरण और रेखाचित्र लिखे। उनमें भी बेहद चित्रात्मकता और अविस्मरणीयता थी। विषय पर प्रसंगानुकूल टिप्पणी करतीं लेकिन कहीं भी उनकी भाषा-शैली का सन्तुलन और शालीन वैभव विचलित न होता। न ही वे अपने पात्रों को गरिमा विहीन करतीं। बड़े धैर्य और ध्यान के साथ उनके चरित्र गढ़े जाते। रचनाकार की अपनी पकड़ कभी ढीली न पड़ती।

शिवानी जी के समय से आज महिला लेखन बहुत आक्रामक, गतिशील और मुँहफट हो गया है। जिस तरह आज वीडियो एलबम में नृत्य-तारिकाओं के बीच निर्वसन होने की होड़ लगी है, कुछ-कुछ ऐसी ही स्पर्धा महिला रचनाकारों ने अपने कथा-संसार में मचा रखी है। कई बार वर्तमान उपन्यासों को पढ़कर लगता है जैसे भगवान ओशो का कोई कम्यून निर्मित किया जा रहा है, जहाँ सारे सम्बन्ध ध्वस्त हैं, पति-पत्नी, माँ-बेटे, भाई-बहन। जैसे हम किसी आदिम युग में भरती किए जा रहे हैं। जैसे साहित्य से सम्भोग की पूर्ति की जा रही है। जैसे शिल्पा शेट्टी का आइटम डांस चल रहा है। ऐसे नर-मादा प्रधान परिवेश में शिवानी जी का कथा-साहित्य कुछ कम उत्तेजक लग सकता है। इसीलिए पिछले दिनों एक छात्रा ने 'चौदह फेरे' पढ़कर कहा, "अरे दीदी इस बुक में तो सारे कैरेक्टर्स, सारे समय, सारे कपड़े पहने-पहने प्रेम करते हैं।"

वे चली गईं पर उनके कथा-चरित्र हर कहीं बिखरे हैं, उनकी पुस्तकें आज भी पढ़ी जाती हैं। कुछ वर्ष पहले मैंने उनसे कहा था, "शिवानी जी आपको एक पुस्तक लिखनी चाहिए, 'हाउ टु राइट ए बेस्टसैलर'।"

कलफ़ और खिजाब की दुनिया से दूर : अमरकान्त

गर्मी हो तो पैन्ट-बुश्शर्ट और चप्पल, ठण्ड में बन्द गले का कोट-पैन्ट, मफलर व जूते—अमरकान्त के इस शाश्वत परिधान की सबसे बड़ी विशेषता यह है कि यह उनके व्यक्तित्व का अनिवार्य अंश नहीं है, इसमें उनका साहित्यकार रूप कम, औसत बारोज़गार आदमी का रूप ज्यादा उजागर होता है। उम्र की दृष्टि से अमरकान्त इस शहर—इलाहाबाद की उस पीढ़ी से सम्बद्ध हैं जो कलफ लगे कपड़ों, खिजाब लगे बालों और विवाहेतर प्रेम-प्रसंगों के मामलों में अभूतपूर्व कीर्तिमान स्थापित करती रही है। इन पचड़ों से परे अमरकान्त एक अपवाद हैं। अपने समकालीनों में सबसे युवतर व आकर्षक अमरकान्त सबसे परिपक्व और प्रबुद्ध भी हैं। सर्दियों की एक शाम वे यों ही स्लेटी रंग की लोई ओढ़कर आ गए थे और बंगाली फिल्मों के बबुआ नायक उत्तम कुमार जैसे लग रहे थे। मैंने सोचा था उन्हें यह बात बताऊँगी लेकिन वे रवि से इस कदर बहस में उलझे थे कि प्रसंग आ ही नहीं पाया। अभी पिछले दिनों उनके एक दोस्त भटेले बीस साल बाद उनसे मिले तो बोले, 'अगर तुमने आकर यह कहा होता कि मैं अमरकान्त का बड़ा लड़का हूँ, वे अभी आ रहे हैं तो मैं विश्वास कर लेता।' अमरकान्त लगातार, स्वनिर्मित, एक आन्तरिक अनुशासन में जीते हैं, अपने आप को सहेज कर रखते हैं और अपनी संवेदनशीलता को गरिमा के स्तर पर कायम रखने में प्रयत्नशील रहते हैं। हो सकता है उन्हें अपनी इस कोशिश का अहसास न हो; हो सकता है, हो।

दरअसल अमरकान्त के बारे में कुछ भी कहना बेहद मुश्किल काम है क्योंकि उन्होंने अपना विश्लेषण खूबियों, खामियों के स्तर पर न कभी किया न होने दिया। ऊपर से सहज से, लगभग अबोध लगने वाले अमरकान्त भीतर से एक बेहद जटिल व्यक्तित्व हैं। अमरकान्त से हम लोग अक्सर मिलते हैं, घण्टों बात करते हैं, बल्कि शाम से ही उनका इन्तज़ार शुरू कर देते हैं लेकिन मैं यह बिलकुल नहीं कह सकती कि हम उन्हें अच्छी तरह से जानते हैं या हम उनके अभिन्न हैं या वे आज आएँगे या नहीं। अपने बारे में कुछ सोचने की आजादी वे किसी को नहीं देते,

बोलने, निर्णय लेने की तो बिलकुल भी नहीं। वे सम्बन्ध अपनी शर्तों पर बनाते हैं और शायद अपनी शर्तों पर तोड़ते हैं। तभी वे अपनी पीढ़ी में एकमात्र ऐसे लेखक हैं जिनके पास सुनाने को सबसे कम तलखियाँ, तोहमत व तमगे हैं। अमरकान्त इस बारे में बिलकुल स्पष्ट हैं कि उन्हें कौन, कब और क्या, किस हद तक चाहिए अथवा नहीं चाहिए। यह उनका गणित नहीं स्वभाव है। बिलकुल यही स्पष्टता उनकी कहानियों में है। उनके कथा संसार में चरम-बिन्दु नहीं के बराबर हैं फिर भी अपनी सहजता, सपाटबयानी, संवेदना और सयानेपन के कारण वे एक अकेला, अछूता, अदम्य प्रभाव छोड़ते हैं। कोई महान आश्चर्य, कोई बहुत गहरा धक्का, कोई गजब का कहर न बरपा करते हुए उनकी कहानियाँ वाकई एक मुट्ठी दिल को एक और मुट्ठी से जकड़ ठीक वहाँ दबाती हैं जहाँ दर्द सबसे तेज व असहनीय होता है। 'मूस', 'हत्यारे', 'डिप्टी कलक्टरी', 'दोपहर का भोजन' मेरी बात अच्छी तरह रेखांकित करती हैं।

दोस्तों के जमाव में अमरकान्त का एक निराला अन्दाज होता है। जब मार्कण्डेय, भैरव, मटियानी, कालिया हर जाम के साथ कुछ तेज, कुछ तीखी बातों पर तैयारी के साथ अखाड़े में उतरते हैं, अमरकान्त उनके पहलू में बिन पिए, पूरे होशोहवास में, उनसे अलग, उनकी खामखयाली का मजा लेते हुए उन्हीं के बल्ले से उन्हें पीट देते हैं। वे बड़े धीमे से एक वाक्य बीच में सरका देते हैं, बल्कि लगता है वे नहीं बोले, उनका मफलर बोला था। अमरकान्त नेपथ्य से दृश्य चुरा लेने में सिद्धहस्त हैं।

छब्बीस जनवरी को एक ऐसे ही जमाव में बात उठी उपेन्द्रनाथ अश्क के नए आत्मसंस्मरण की। इस आत्मसंस्मरण में अश्क जी ने दूसरों के बहाने अपनी खबर व अपने बहाने दूसरों की खबर ली है। मार्कण्डेय इस प्रसंग में खूब दिलचस्पी लेने लगे। सरूर में वे एक महिला के बारे में भावुक हो गए। लोग मार्कण्डेय से इस महिला के सन्दर्भ में न जाने क्या कबूलवाना चाह रहे थे। आखिर लोगों ने मार्कण्डेय को इतना द्रवित कर दिया कि वे किसी के आरोप का उत्तर देते हुए बोले, "मैं और कुछ भी कर सकता हूँ, इतना नीच कभी नहीं हो सकता।"

अमरकान्त ने तुरन्त लगाया, "हाँ, ये बड़े उच्च कोटि के नीच और नीच कोटि के उच्च हैं भई।"

लेकिन यही अमरकान्त उस दिन नामवरजी के सामने 'गंगा मैया' पर बातचीत होते समय मौन थे। सवाल नामवरजी ने सीधा उनसे किया था लेकिन अमरकान्त को देखकर यह पता लगाना मुश्किल था कि उन्होंने सवाल वसूल पाया या नहीं। श्रीलाल शुक्ल के शब्दों में कहूँ तो वे शिवलिंग की तरह जड़ व निश्चल बैठे थे लेकिन तारीफ है उस अन्दाज की कि हम सबको लग रहा था यह अमरकान्त चुप नहीं है, उनका मफलर चुप है। शायद ठण्ड बढ़ गई है या उनका गला खराब

है। जल्दबाजी में लोग इसीलिए उन्हें भैरव का बैरोमीटर मान लेते हैं और उन्हें एक नया नाम दे दिया जाता है, भैरोमीटर।

अमरकान्त पर कोई आतंक देर तक हावी नहीं हो सकता क्योंकि वे अपने कन्धे झटककर अनचाहे बोझे पटक देने में समर्थ हैं। उनके अन्दर अपनी आन्तरिक, मौलिक रचनात्मकता का बल व विश्वास है इसीलिए अमरकान्त एक ऐसे कथाकार हैं जिन्होंने कभी नकल में कहानियाँ नहीं लिखीं, आन्दोलनों में झण्डे नहीं उठाए, पार्टी प्रतिबद्धता को पट्टे की तरह गले में नहीं पहना वरन् एक अकेली रचनात्मक दबंगई ही हमराह बनाई। उनके दोस्तों ने तजुर्बे से पाया है कि किसी गलत बात में अमरकान्त को भागीदार बनाना बेहद मुश्किल काम है, सौजन्यतावश भी वे हामी नहीं भरते और सही बात पर अकेले अड़े रहने का माद्दा रखते हैं।

इन सब खूबियों से कुल मिलाकर एक ऐसे वीर बहादुर लड़ैत लेखक की तस्वीर बननी चाहिए जो सर्वहारा वर्ग की चिन्ता में हमेशा बाँहें समेटे खड़ा रहता है। लेकिन इसी बिन्दु पर अमरकान्त अपनी सीमाओं का चौखटा तोड़ अपनी ही इकाई को चुनौती दे डालते हैं। प्रतिपक्ष की ताकत का सही अन्दाजा लगाकर ही वे पक्षधरता की ओर बढ़ते हैं। उनकी कहानियों में पक्षधरता और प्रबुद्धता साथ-साथ चलती है। वे अपने सामान्य पात्रों को कभी इसलिए ग्लोरिफाई नहीं करते कि वे सामान्य हैं। बल्कि उनके पात्र छोटी-छोटी प्रवंचनाओं में फँसे, छोटी-छोटी चालाकियों के जरिए समाज की तथाकथित धुरी तक पहुँचने की कोशिश करते हैं। उनकी यह धकापेल लेखक अच्छी तरह समझता है।

इसी सिलसिले में एक और घटना याद आती है। अमरकान्त के एक लेखक मित्र ने, जो प्रकाशक भी हैं, उनका एक कहानी-संग्रह छापा था। वर्षों बीत गए लेकिन पुस्तक की रॉयल्टी उन्होंने नहीं दी। ज्ञानरंजन तब नए-नए कामरेड हुए थे। उन्होंने अपने आक्रामक तेवर में इसके खिलाफ़ आवाज़ उठाई। अमरकान्त ने कहलवाया, "कितना अच्छा हो यदि ज्ञान पहले पार्टी के प्रकाशन, पीपुल्स पब्लिशिंग हाउस से मेरी रॉयल्टी दिलवा दें।" अति व अन्याय का यह चौतरफ़ा अहसास अमरकान्त की वैचारिकता व रचनात्मकता को एक अतिरिक्त धार देता है।

अपनी इसी सजगता के कारण अमरकान्त धूर्त से धूर्त लोगों की संगत में लम्बे समय तक रहकर भी उनसे अलग, असम्पृक्त व अकलंक रहते आए हैं। इस तरह की ग्रहणशीलता का अभाव उनमें काबिले रश्क है। दूसरे की सफलता, व्यस्तता, कटुता, धूर्तता की टक्कर में उनकी तटस्थता की प्राचीर और भी पक्की होती जाती है। कोई प्रलोभन उनके लिए पर्याप्त प्रलोभन नहीं है।

दुनिया भर का आधुनिक साहित्य पढ़ने की अपेक्षा अमरकान्त केवल कुछ विश्व-विभूतियों को पढ़ने-समझने के कायल हैं। उन्हें टालस्टॉय, चेखव और गोर्की प्रेरित करते हैं तो वे सॉलजेनित्सिन में अपना समय नष्ट नहीं करते। मेरा ख्याल

है जीवन के हर क्षेत्र में उनके सामने यह भली प्रकार स्पष्ट है कि उन्हें क्या चाहिए अथवा क्या नहीं चाहिए। अभी पिछले साल की बात है। उनकी बेटी सन्ध्या का विवाह एक जगह तय हो रहा था। वे बड़े उत्सुक भी थे कि यह काम हो जाए। लेकिन वरपक्ष ने जब अपनी शाश्वत दहेज लोलुपता का परिचय दिया तो अमरकान्त इस प्रसंग से बिलकुल विमुख हो गए। वे चाहते तो इसी बहाने अपने प्रकाशकों से रॉयल्टी वसूल कर यह काम पूरा कर सकते थे लेकिन उसूलों को लेकर यह अड़ियलपन अभी उनमें जिन्दा है।

कई वर्ष पूर्व मैं मरणासन्न स्थिति में अस्पताल में पड़ी थी। कई दिनों तक होश नहीं आया। बीच-बीच में जब भी होश आया मैंने अमरकान्त जी को कष्ट की घड़ी में रवि के साथ देखा। रवि ने बताया कि जब अस्पताल में मेरे ब्लड ग्रुप का खून नहीं मिला तो अमरकान्त जी ने तमाम लेखकों के साथ सबसे पहले आगे बढ़कर अपना खून टेस्ट कराने की पेशकश की। वे दिल का एक दौरा झेल चुके थे फिर भी उन्होंने हिम्मत दिखाई। यह दूसरी बात है कि मेरी मम्मी का ब्लड ग्रुप मिल गया और मम्मी ने अपना खून देकर दूसरी बार नए सिरे से मुझे जीवन दिया। मैं तो अक्सर महसूस करती हूँ कि अमरकान्त जितने बेहतर लेखक हैं, उतने ही बेहतर इन्सान भी हैं।

अन्त में मैं बिलकुल स्कूली अन्दाज में अमरकान्त की कुछ विशेषताएँ बताना चाहती हूँ–

- अमरकान्त जी इस कदर संकोची हैं कि जब राजेन्द्र यादव उनसे मिलने के लिए बड़ी गर्मजोशी से बाँहें फैलाए आगे बढ़े तो हमारी उपस्थिति में अमरकान्त कुछ ऐसे झेंप गए जैसे वे किसी स्त्री से मिलते पकड़े गए हों। घण्टों तकलीफदेह कुर्सी पर बैठे बैठे बातों में मशगूल रहते हैं, इस बीच न उन्हें चाय की तलब उठती है न खाने की, पानी भी कभी उन्होंने माँग कर पिया हो, मुझे याद नहीं।
- मित्र-मंडली में जब फिजूल बातों में जमकर रस लिया जाता है अमरकान्त भाव-शून्य मुद्रा में एकदम जड़ बैठे रह जाते हैं।
- चुनाव के दिनों अमरकान्त इतनी तल्लीनता से रेडियो सुनते थे कि ठीक सिर पर हो रही हमारे बेटे अन्नू की शरारतें भी उनका ध्यान बँटा नहीं पाती थीं। इसी एकाग्रता से वे देश में आसन्न तानाशाही के खतरों पर विचार करते थे।
- जीवन में, जनता में, साहित्य में उनकी गहरी आस्था और दिलचस्पी है। जनता को छूती कोई समस्या उन्हें नगण्य नहीं लगती। उनकी गहरी तेज मुकेश मार्का आवाज़ इसी आस्था से निकलती जान पड़ती है।
- अमरकान्त में औसत जिन्दगी जीने वाले औसत इन्सान का अभिमान

कूट-कूट कर भरा है। इसीलिए वे प्रकाशकों से अपनी रचनाओं का मोल-भाव करने से कतराते हैं।

- देश में होनेवाली बड़ी से बड़ी और बारीक से बारीक रद्दोबदल में वे अपनी भागीदारी परिभाषित व महसूस करते हैं।
- व्यंग्य अमरकान्त का गढ़ है। इसका वे लगातार दोहरा इस्तेमाल करते हैं ताकि पक्ष-प्रतिपक्ष कोई पूरी तरह आश्वस्त न हो पाए। रवि और अमरकान्त व्यंग्य के मैदान में अक्सर दो-दो हाथ करते नजर आते हैं।
- अमरकान्त कभी अपने आपको चर्चा का विषय नहीं बनाना चाहते। अगर पाँच मिनट भी उन पर बातचीत केन्द्रित हो जाए तो वे परेशान हो उठते हैं, विषयान्तर के लिए वे कोई विश्व समस्या ले बैठते हैं या उठ खड़े होते हैं।

जीवंतता का इलाहाबादी तेवर : मार्कण्डेय

इस बार फरवरी 2010 में जब मार्कण्डेय जी अपने इलाज के लिए दिल्ली आए तो साथ में अपनी कहानी 'प्रिया सैनी' भी लेते आए। उनके शिष्य और 'कथा' के सहायक सम्पादक सन्तोष चतुर्वेदी ने मुझे कहानी देकर कहा, 'इसे अपनी पत्रिका हिन्दी में जल्दी छाप दें तो मार्कण्डेय जी को अच्छा लगे।'

मैंने कहा, 'जरूर लेकिन इतनी लम्बी कहानी को अनुवाद करने में वक्त लगेगा, अंक प्रेस में जा रहा है।'

अगले दिन, जैसे जादू से, मार्कण्डेय जी ने 'प्रिया सैनी' का इंग्लिश अनुवाद भिजवा दिया। सुप्रसिद्ध, बुद्धिजीवी श्री जयरतन का किया हुआ बेहतरीन अनुवाद था। मैंने तत्काल सामग्री प्रेस भेज दी। इस बार ही अंक को तीन-चार दिन देर करनी थी। मार्कण्डेय जी 18 मार्च को दुनिया छोड़ गये।

बीमारी के बावजूद उनमें अभी जीवन की अपार अभिलाषा थी। एक वर्ष पहले भी वे दिल्ली आकर राजीव गाँधी कैन्सर चिकित्सा केन्द्र में दाखिल हुए थे। उन्होंने हिम्मत के साथ अपना इलाज करवाया, डॉक्टर की समस्त हिदायतों का पालन किया। अस्पताल के पास रोहिणी में बाकायदा फ्लैट लेकर रहे। विद्या भाभी, संतोष और भाई के दामाद दुर्गाप्रसाद सिंह ने रात-दिन जाग-जाग कर उनकी देखभाल की। उनकी बड़ी बेटी स्वस्ति आजमगढ़ की प्रमुख डॉक्टर है। वह न केवल आकर उन्हें देख जाती, वरन् समझा भी जाती 'पापा, यह चार लीटर पानी रोज़ पीना है चाहे प्यास लगे या न लगे।' वे बड़े प्यार से आगन्तुकों को बताते, 'स्वस्ति से वादा किया हुआ है, इतना पानी तो पीना ही है।' स्वस्ति और छोटी बेटी सस्या अथवा पोते-पोती सुमन्त और मोही का नाम लेते हुए वे पुलक से भर उठते।

मार्कण्डेय जी के अन्दर प्यार का ऐसा पारावार था कि वे उसे बाँटते चलते थे। बच्चों के अलावा उनके शिष्यों, समर्थकों, प्रशंसकों, मित्रों, साथियों और अनुरागियों की एक बड़ी जमात थी। उनका सबसे प्रिय शगल यही था वे घर पर अपने दीवान-ए-खास पर विराजमान रहें, उनके आगे हिन्दी साहित्य का दिलचस्प दरबार लगा रहे, किस्से बयां हों, लतीफे पैदा हों, साहित्यिक बदमाशियों के नक्शे

बनें, किसी न किसी पर क़यामत बरपा हो या मार्कण्डेय जी महफिल बर्खास्त करते समय दरियादिली से गुनहगार को बख्श दें, 'जाने दो यार, मरे हुए को क्या मारना।' मार्कण्डेय जी के स्वभाव में निश्छल शरारत का ऐसा इलाहाबादी तेवर था जिसके लिए वे अपने छात्र जीवन से ही जाने जाते थे। उन दिनों मार्कण्डेय, कमलेश्वर और दुष्यन्त कुमार का तिगड्डा मशहूर था। ये तीनों, विश्वविद्यालय से लेकर कॉफी हाउस तक, अपने कारनामों से उत्पात मचाये रहते। कभी-कभी तो ऐसे प्रैक्टिकल जोक्स कर मारते जो खुद इन पर भारी पड़ जाते। तीनों ख़ूबसूरत थे, तीनों प्रतिभाशाली। छठे दशक की लड़कियों में ये तीनों लोकप्रिय रहे हालाँकि तीनों ही विवाहित थे। वैसे मार्कण्डेय जी में, कमलेश्वर और दुष्यन्त कुमार जैसी बहादुरी का अभाव था इसलिए उन्होंने प्रेम के इलाके में कम नाम कमाया।

इससे क्या! वे उन बुद्धिजीवियों में से थे जो व्यक्ति से अधिक समाज से प्रेम करते हैं। वे जीवन सन्दर्भों के बीच से कहानी चुनने और सामाजिक यथार्थ व संघर्ष की पहचान को अधिक महत्त्व देते थे। देश-परिवेश में हो रहे परिवर्तनों की अनुगूँज उनकी कहानियों में सुनाई देती। उन्हें ग्रामीण परिवेश की बारीक और गहरी समझ थी।

मार्कण्डेय जी का जन्म 2 मई, 1930 को जौनपुर में हुआ। उनकी शिक्षा जौनपुर, प्रतापगढ़ और इलाहाबाद में हुई। उनके सात कहानी-संग्रह प्रकाशित हुए—पानफूल, महुए का पेड़, हंसा जाई अकेला, भूदान, माही, सहज और शुभ, बीच के लोग। उनके उपन्यास—सेमल के फूल, कमल, चलनी में अमृत और अग्निबीज समय-समय पर चर्चा में रहे। बहुत कम लोगों को पता होगा मार्कण्डेय जी ने कविता और एकांकी भी लिखे। उनके काव्य-संग्रह का शीर्षक था 'सपने तुम्हारे थे' और एकांकी संग्रह था 'पत्थर और परछाइयाँ'। मार्कण्डेय जी की आलोचना पुस्तक 'कहानी की बात' सन् 1984 में लोकभारती प्रकाशन द्वारा आई जिसकी भूमिका में उन्होंने स्वीकार किया कि ये लेख उन्होंने बहुत पहले लिखे थे। उन्होंने यह भी अनुरोध किया कि इसे आलोचनात्मक अध्ययन न मानकर केवल टिप्पणियाँ समझा जाए।

इस पुस्तक ने एक बड़ा काम यह किया कि कथा समीक्षा में वस्तुगत यथार्थ और विषयगत अनुशासन को आरोपित यथार्थ के ऊपर रखा और रचनागत विशिष्टताओं को सामाजिक सन्दर्भ में पकड़ने का प्रयास किया। नई कहानी नहीं वरन् नये युग की कहानी का यही प्रस्थान बिन्दु था जो बीच-बीच में कहानी की काव्यात्मक समीक्षाओं, प्रशस्तियों के मकड़जाल में कभी नज़र आया कभी ओझल हुआ।

यह मार्कण्डेय जी की अदा थी। वे बड़े कैज़ुअल अन्दाज़ में कोई गम्भीर बात कह डालते। उन्होंने कभी वामपन्थ का दामन नहीं छोड़ा। जैसे उन्होंने कभी

गाँव का सन्दर्भ नहीं छोड़ा। वे गाँव को अपना मेरुदण्ड मानते थे। वे इस बात का प्रतिरोध करते थे कि कोई गाँव पर लिखकर पुराने किस्म का लेखक माना जाएगा। इसीलिए उनके बारे में डॉ. नामवर सिंह ने लिखा था, 'ऐसा नहीं कि गाँव की ज़िन्दगी पर कहानियाँ पहले नहीं लिखी जाती थीं। लेकिन जिस आत्मीयता के दर्शन मार्कण्डेय की कहानियों में होते हैं वह अन्यत्र दुर्लभ है।'

श्री मोहन राकेश ने कहा, 'वास्तविकता के अंकन की अपनी सोद्देश्यता है और इस दृष्टि से उनकी कहानियाँ आज के जीवन के लिए हैं क्योंकि वे जीवन से ही ली गई हैं।' डॉ. रामविलास शर्मा ने मार्कण्डेय की कहानियों पर लिखा कि 'उनकी कहानियों में व्यंग्य और करुणा का सुन्दर मिश्रण दिखाई देता है।' मार्कण्डेय की चिन्ता का विषय यही था कि किस प्रकार कहानी को व्यक्ति के एकान्तिक दायरे से बाहर लाकर समाज की ऑक्सीजन दिखाई जाए। उन्होंने एक जगह कहा, 'कहानी जब भी समाज से बाहर निकलने लगती है, अपनी सार्थकता खोने लगती है क्योंकि कहानी का ही नहीं, व्यक्ति का भी वास्तविक घर, समाज है।' 'बीच के लोग' कथा-संग्रह की भूमिका में उन्होंने अपना दृष्टिकोण और अधिक स्पष्ट किया जब उन्होंने लिखा—

'यह सातवाँ संकलन तब प्रकाशित हो रहा है जब आत्मानुभूति पर आधारित भाववादी अनुरक्ति का दबाव कहानी को यथार्थवादी मार्ग से विचलित कर रहा है। एक ओर सामाजिक सन्दर्भों की पहचान तथा व्याख्या क्षीण होकर सरलीकृत नारों में बदल रही है तो दूसरी ओर कुत्सित सामाजिक चेतना के लेखक मजमून चुराने तथा समाज व क्रान्ति का नाम लेकर भ्रम पैदा करने की जी-तोड़ कोशिश कर रहे हैं। वस्तुतः लड़ाई अब सीमान्तों पर नहीं, रचनात्मक चेतना के मूलकेन्द्र में लड़ी जा रही है।'

मार्कण्डेय जी आजन्म यह लड़ाई लड़ते रहे किन्तु उनकी लड़ाई में भी एक गरिमा थी। वे बिना किसी कटुता के दूसरे को उसकी सीमा बता देते। जीवन से लेकर साहित्य तक उन्होंने यह गरिमा बना कर रखी।

जब 1970 में मुम्बई से बेदखल होकर हम लोग इलाहाबाद आये, हमने पहली बार इतने चर्चित, सुविख्यात रचनाकारों को एक साथ देखने का थ्रिल महसूस किया। इलाहाबाद में साहित्यकारों से मिलने के लिए न तो कोई अपाइंटमेंट लेना पड़ता है न उनके घर का द्वार खटखटाना पड़ता है। उस समय आलम यह था कि शाम को कॉफी हाउस के बड़े हॉल में पहुँच जाइए। कुछ देर धुएँ और शोर को झेलकर जो रत्न हाथ लगेंगे उनमें होंगे—मार्कण्डेय, भैरव प्रसाद गुप्त, विजयदेव नारायण साही, केशव चन्द्र वर्मा, लक्ष्मीकान्त वर्मा, जगदीश गुप्त, उपेन्द्रनाथ अश्क, अमरकान्त, शेखर जोशी, शैलेश मटियानी, नरेश मेहता, रामस्वरूप चतुर्वेदी—कहाँ तक गिनाया जाए। फेहरिस्त लम्बी है और याददाश्त कमज़ोर। मार्कण्डेय, शेखर

जोशी और अमरकान्त, तीनों हैण्डसम चेहरे थे, जिनसे एक बार मिलने पर बार-बार मिलने की इच्छा पैदा हो। सिगरेट के धुएँ, कॉफी के प्यालों की खटखट और बातों के शोर में पता ही नहीं चलता कब दस बज जाते। बेचारे बिजली बन्द करने लगते, साइकिल स्टैण्ड का रखवाला शारदा उबासी लेते हुए लोगों को साइकिलें पकड़ाने लगता और सबको रुखसत होते हुए लगता जैसे आज कॉफी हाउस कुछ जल्द बन्द हो रहा है। उन दिनों दूधनाथ सिंह, ज्ञानरंजन, रवीन्द्र कालिया, सतीश जमाली, नीलाभ सींग लड़ाते अन्दाज़ में आते और जाते। चिनगारी वरिष्ठों की ओर से फेंकी जाती और युवाओं की समूची लंका धधक उठती। तब कॉफी हाउस के बाद 'लकी' या 'मुरारी' में देर तक इकट्ठे होकर हालात का तबसिरा होता और एक-एक को ठीक करने का संकल्प लिया जाता।

सन् 1970 में मैं अपना पहला उपन्यास 'बेघर' लिख रही थी जिसका प्रारम्भिक शीर्षक मैंने 'कछुआ' रखा था। मार्कण्डेय जी के घर, मिण्टो रोड पर साहित्य-गोष्ठी थी। मार्कण्डेय जी को जैसे ही पता चला मैं उपन्यास लिख रही हूँ उन्होंने 'कछुआ' शीर्षक से मेरा रचना-पाठ रखा। गोष्ठी में कभी-कभी हम लोग किसी परिचर्चा में रेडियो अथवा दूरदर्शन पर इकट्ठे हो जाते। वे हम सबसे कहते, 'देखो, तुम लोगों की सफलता इसमें समझी जाएगी कि मुझे कम से कम बोलने का मौका दो।'

मार्कण्डेय जी का सिद्धान्त था न तकलीफ़ लो, न दो। वे इसी तरह उम्र गुज़ार देते तो अच्छा था किन्तु अन्तिम दो वर्षों में उन्होंने श्वास नली के संक्रमण की वजह से बहुत तकलीफ़ उठाई। कष्ट इतना बढ़ा कि कण्ठ से आवाज़ निकलनी बन्द हो गई। अन्त समय तक वे दूसरों की कही गई बात सुनते-समझते थे किन्तु जवाब नहीं दे पाते थे। देह बहुत दुर्बल हो गयी, खाना-पीना बन्द रहा। विद्या भाभी ने दिन-प्रतिदिन इस सूरज को अस्त होते देखा।

उनका घर एक रोशनदान था : मन्नू भण्डारी

हमारे छोटे बेटे का नाम प्रबुद्ध है। घर में हम उसे मन्नू कहते हैं। जब-तब हम उसे मन्नू भण्डारी भी कहते हैं। जब वह छोटा था, इस बात से चकरा जाता था कि उसे मन्नू भण्डारी क्यों कहा जाता है। हम दोनों ने उसे बताया हमारी प्रिय रचनाकार का नाम मन्नू भण्डारी है, उसी तर्ज पर हम उसे पुकारते हैं। फिर स्कूल के हिन्दी पाठ्यक्रम में एक रोज उसने मन्नू जी की कहानी 'मजबूरी' पढ़ी। तब उसे मन्नू भण्डारी नाम की अहमियत समझ आई। दो-एक वर्ष पहले मन्नू जी इलाहाबाद आईं। मन्नू उन्हें टूरिस्ट होटल से घर तक ड्राइव करके लाया। मन्नू के लिए वह दिन यादगार था कि उसने अपनी पुस्तक में लिखा एक नाम साकार, सप्राण अपने सामने देखा।

सन् 1963 में एम.ए. करने के तत्काल बाद मुझे दौलतराम कॉलेज, दिल्ली विश्वविद्यालय में लेक्चररशिप मिली। यों तो शक्तिनगर मॉरिसनगर के पास ही बसा है पर इतना भी पास नहीं है कि पैदल काम पर पहुँचा जाए। दिल्ली विश्वविद्यालय का मुख्य परिसर मॉरिसनगर था जहाँ दौलतराम कॉलेज, मिरांडा हाउस, हिन्दू कॉलेज, सेंट स्टीफेंस व और भी तमाम कॉलेज हैं। मन्नू जी तब मिरांडा में पढ़ाने लगी थीं। राजेन्द्र जी, मन्नू जी का घर भी शक्तिनगर में था। अक्सर जब मैं सुबह दस बजे बस के लिए नांगिया पार्क पहुँचती, वहाँ बस के इन्तजार में लोगों की लम्बी-लम्बी कतारें लगी होतीं। देखते ही दिल डूब जाता। हमें तो अगले ही स्टॉप पर उतरना होता पर कतार में इन्तजार उन सबके साथ करना पड़ता जिन्हें केन्द्रीय सचिवालय तक जाना रहता। तभी कहीं से अचानक मन्नू जी आकर कहतीं, "हटाओ ममता, चलो स्कूटर ले लेते हैं।" उनकी श्याम सलोनी, हँसमुख छवि, कलफ की साड़ी में लिपटी छरहरी काया, बातचीत करने का आत्मीय अन्दाज अभी तक मेरे मन की आँखों में समाया हुआ है। वे मुझे दौलतराम पर ड्रॉप करतीं और आगे अपने कॉलेज बढ़ जातीं। कभी मैं शाम को उनके घर की तरफ चली जाती। हमेशा कोई न कोई मकबूल हस्ती उनके यहाँ बैठी होती। कृष्णा सोबती को सबसे पहले उन्हीं के यहाँ देखा; गरारा-कमीज दुपट्टे में एक भव्य विभूति जो

बड़ी संजीदगी से सबकी बात सुनती रहतीं। मोटे चश्मे में से उनकी आँखों की चमक यह जता देती कि बात सिर्फ उतनी नहीं है जो कही जा रही है। कहने में उनके सामने बात बदल-बदल गई। कहे हुए को सुनने का यह शरारती अन्दाज आज भी कृष्णा जी की खास पहचान है। रचनात्मक व्यक्तित्व में कृष्णा जी और मन्नू जी जैसे दो ध्रुव थीं–एक चंचल, चपल, रहस्यमय चितेरी; दूसरी सरल, सहज, स्नेही सर्जक। मन्नू जी बीच-बीच में ध्यान सिंह को आवाज लगातीं, "ध्यानसिंह चार कॉफी", "ध्यानसिंह टोस्ट के साथ तीन चाय।"

राजेन्द्र जी और मन्नू जी का घर मेरे लिए एक रोशनदान था जहाँ से मैं समकालीन साहित्य की सरगर्मियाँ साक्षात् देखती।

इस समय तक मन्नू जी की कई चर्चित कहानियाँ छप चुकी थीं और वे हिन्दी कथा-जगत की जानी-मानी हस्ती थीं। मुझे याद है इन्दौर में जब मैं बी. ए. में क्रिश्चियन कॉलेज की छात्रा थी, 'कहानी' पत्रिका का क्या रुतबा था। उसमें कभी राजेन्द्र जी की, कभी कमलेश्वर या राकेश की या मन्नू जी की कहानी मिल जाती तो हिन्दी-प्रेमी विद्यार्थियों में हलचल मच जाती। रमेश बक्षी की प्रयोगधर्मी कहानियाँ तो थीं ही। रमेश बक्षी क्रिश्चियन कॉलेज की ही पैदावार थे, जैनेन्द्र कुमार के खिलाफ उनका खुला मोर्चा भी हमें विस्मित आतंक में डालता था। वे रेडियो से जुड़े थे और इन्दौर में यह माना जाता था कि नई पीढ़ी के वे सबसे ज्यादा ध्यान-खेंचू कहानीकार हैं। इन्दौर तक हम यह मानते थे कि मन्नू जी कोई घनघोर बौद्धिक महिला होंगी जिन्हें कागज-कलम के सिवा और किसी चीज से सरोकार न रहता होगा। डेढ़ इंच मुस्कान में भी मन्नू जी के लिखे अध्याय मुझे और मित्र-मण्डली को ज्यादा रोचक, विश्वसनीय लगे थे।

दिल्ली में मैंने पाया कि मन्नू जी की दिनचर्या में लेखन के लिए बहुत थोड़ी गुंजाइश बचती थी। राजेन्द्र जी के अतिथियों की आवभगत करने के अलावा उन्हें कॉलेज जाना रहता था, ढाई साल की टिंकू की कुल देखभाल करनी पड़ती थी और यह भी ध्यान रखना पड़ता था कि ध्यानसिंह पर काम का इतना बोझ न पड़े कि वह भाग खड़ा हो। कई बार रात को चल रही गप्प-गोष्ठी रोककर मन्नू जी कहतीं "ध्यानसिंह दस बज गए हैं, तुम सो जाओ।" बीच में कुछ वर्ष उनकी ननद कुसुम जी भी साथ रहती थीं। उनके साथ भी मन्नू जी बेहद घुली-मिली थीं। मुझे लगता था मन्नू जी की काफी ऊर्जा इस दिनचर्या में निकल जाती थी। व्यवहार में वे एकदम उन्मुक्त और आडम्बरहीन थीं। गुण की जगह अपनी कमियाँ ही गिनातीं। एक बार बोलीं, "पहले मैं भी तुम्हारी तरह एकदम दुबली थी, टिंकू के होने के बाद मेरी कमर का नाप बदल गया।" मैंने ताज्जुब से मन्नू जी की तरफ देखा। मेरे अनुसार वे अभी भी नाजुक, दुबली और छोटी थीं। आज की कोई लड़की अपने पति के सामने इस तरह कभी न बोलती बल्कि वह अपने छरहरेपन का

समस्त श्रेय लेकर स्वयं को सफल सिद्ध करतीं। राजेन्द्र जी के सामने इसी तरह के असावधान संवादों से मन्नू जी ने उन्हें अनजाने एक श्रेष्ठ पीठासन पर बैठा दिया और स्वयं कुछ कम सक्षम, कुछ कम सम्पूर्ण होने का नाट्य किया। राजेन्द्र जी, पत्नी के काम पर चले जाने के बाद लेखन की कोशिश करते, बालकनी पर खड़े होकर डाकिए का इन्तजार करते, आनेवालों से अकेले निपटते।

दरअसल लेखन एक एकान्तिक कला है। अन्य सभी कलाएँ समूह में सम्पादित की जाती हैं, नृत्य-संगीत में संगतकार आपकी कला में निखार पैदा करते हैं, नाटक में निर्देशक। लेकिन लेखन में ऐसा कोई सहायक नहीं होता। बस कोरे कागज हैं, कलम है और आप हैं। अगर आप राजेन्द्र यादव हैं तो आपके पास भरा हुआ पाइप और कॉफी का प्याला भी है पर इनकी कोई प्रत्यक्ष भूमिका नहीं होती। दिनभर कागज-कलम से दाँव-पेच कर राजेन्द्र जी थककर शाम को टी-हाउस निकल जाते। दोस्तों से मिलना, नए दोस्त बनाना, उन्हें हमेशा पसन्द रहा है। उनके दोस्त, उन दिनों जितना नाम साहित्यिक कृत्य से कमा रहे थे उससे ज्यादा साहित्येतर कृत्यों से। ऐसे में राजेन्द्र जी को अगर यह लगने लगा कि लो एक हमीं रह गए हैं सुखी, सफल, सच्चरित्र, सिंगल विवाह में सन्तुष्ट सद्‌गृहस्थ तो आश्चर्य नहीं। जीवन के हर क्षेत्र में उनकी स्पर्धा दरअसल अपने समकालीनों से ही थी। तब के राजेन्द्र जी कहीं बड़े भोले भण्डारी थे। हालाँकि वे एक महानगर से ही दिल्ली दरबार में पहुँचे थे पर कलकत्ता में दिल्ली जैसी मूल्यहीनता कभी नहीं थी। दिल्लीवालों के दिल-दिमाग बीटनिक और बीटल आन्दोलनों की आँधी से अकबकाये हुए थे। वहाँ विरोध और विद्रोह को साहित्य की जीवनरेखा माना जा रहा था। छुटभैये लेखक भी अपने दो-चार प्रेम-प्रसंग फट से गिनवा देते। दरकते दाम्पत्य और हताश पत्नियों की संख्या बढ़ती जा रही थी। प्रेमिकाएँ, परित्यक्ताएँ प्रबला बनी घूम रही थीं। राजेन्द्र जी के कल्पनाशील मन पर अवश्य इस सबका असर पड़ा होगा।

मन्नू जी की खासियत थी कि वे अपने अन्तःसंघर्षों का पता बिलकुल न चलने देतीं। वे कभी राजेन्द्र जी को कोई शिकायत न करतीं। मजाक जरूर करतीं। दोस्तों के बीच कहतीं, "शाम तक ऐशट्रे में इतनी राख इकट्ठी हो जाती है, यह तो बर्तन माँजने के भी काम की नहीं है।" कभी कहतीं, "मेरी कलीग ने अपना पता दिया था कि कभी आप लोग आना। अभी उसके यहाँ जाने की सोचते कि राजेन्द्र खुद ही पहुँच गए अकेले।" जाहिर है इस खुलेपन का असर राजेन्द्र जी पर अच्छा न पड़ता होगा। प्रकटतः दोनों अपने किसी ग्रस्त मनोभाव की छाया दूसरों पर नहीं पड़ने देते। बल्कि राजेन्द्र जी तो खलीफा की तरह औरों की मुश्किलों के हल निकालते।

कई बार मुझे लगता है कि अपनी रचना से जो दुनिया लेखक निर्मित करता

है वह लाख यथार्थवादी हो, यथार्थ का पर्याय नहीं होती। असली दुनिया ज्यादा बड़ी चुनौती है। वहाँ बस की कतारें हैं, नौकरी के जंजाल हैं, दिन में आनेवाले दस-दस मेहमान हैं, रसोई की सुबह-शाम है। मन्नू जी ने इन सब मोर्चों पर सुपर-वुमन की तरह काम किया।

उन्हीं दिनों की एक याद कौंध जाती है। राजेन्द्र जी को कनॉट प्लेस के बस-स्टॉप पर साँझ के झुकपुके में एक अमेरिकी परिवार मिल गया। सौन्डर्स या सेंडबर्ग जैसा कुछ नाम था उनका। उनके पास न पैसा था, न कहीं सिर छुपाने का ठिकाना। राजेन्द्र जी उन्हें अपने घर ले आए। उन्होंने सोचा था दो-चार रोज में इन लोगों का कोई प्रबन्ध हो जाएगा पर वे लोग पूरा महीना इनके घर में टिके रहे। उनके पास सोने के लिए बिस्तर तक नहीं था। मन्नू जी उनके बच्चों को अपनी रजाई में सुलाती रहीं। उन्हें हिन्दुस्तानी भोजन अपनाने में खास कठिनाई नहीं थी। मन्नू जी ने मिठाई मँगवाई। 'इण्डियन कैन्डी' कह-कहकर वह परिवार मिनटों में एक किलो मिठाई चट कर गया। नौकरी के साथ बिन बुलाए मेहमानों की देखभाल मन्नू जी के जिम्मे थी। पर मन्नू जी को कोई शिकायत न हुई। वे राजेन्द्र जी द्वारा पैदा की गई आकस्मिकताओं की अभ्यस्त होती गईं।

मन्नू जी और राजेन्द्र जी का घर साहित्यकारों के लिए अशरण शरण रहा है। एक शाम मैं उनके यहाँ गई तो उन्होंने परिचय कराया, "ये हैं अवधनारायण मुद्गल और चित्रा मुद्गल।" उनके पास यह निहायत खूबसूरत, युवा लेखक-युगल मुम्बई से भागकर अज्ञातवास करने के इरादे से पहुँचा। चित्रा इतनी मासूम, कमसिन और सुन्दर थीं कि उसे लेकर अवध और कहीं ठहरने का जोखिम मोल नहीं ले सकते थे। इसी दिल्ली में जहाँ लोगों का दिल सुरमेदानी जैसा होता है और घर चूहेदानी जैसा, मन्नू जी ने चित्रा-अवध को महीने भर अपने घर में स्नेह-सिक्त आश्रय दिया। यह अथक परिश्रम मन्नू जी इसीलिए कर सकीं कि उन्हें अपने जीवनसाथी के प्यार का सम्बल था।

एक बरसाती रात राजेन्द्र जी टी-हाउस से घर नहीं लौटे। मन्नू जी रात भर बालकनी में कुर्सी डालकर बैठी इन्तजार करती रहीं। सवेरे तक उन्हें खूब जुकाम हो गया। लेकिन राजेन्द्र जी को सकुशल लौटते देख उन्होंने अपनी तबियत भूल, उनकी खैरियत पूछी। संवेदनशील राजेन्द्र जी को जरूर वह दिन याद होगा।

एक शाम हमारे घर के सामने हम चारों खड़े थे। मैं, पापा, राजेन्द्र जी, मन्नू जी। हँसती-बोलती मैना जैसी मन्नू जी कुछ उखड़ी-उखड़ी लग रही थीं या मुझे ही ऐसा लगा। उन्हें हमेशा यह ख्याल रहता था कि उनके कारण किसी बैठक का रसभंग न हो। यकायक उन्होंने कहा, "ममता चलो हम तुम मिलकर कोई फ्लैट किराए पर ले लें और साथ रहें।"

मेरे पापा का तबादला मुम्बई हो गया था और वे कभी भी दिल्ली छोड़कर जा सकते थे।

राजेन्द्र जी सँभलकर बोले, "अच्छा रहेगा। मन्नू कई दिनों से कह रही है वह थोड़े दिन अलग रहना चाहती है।"

मैंने कहा, "ना बाबा, दो दिन में आप मियाँ-बीवी एक हो जाएँगे, फिर मैं कहाँ जाऊँगी।"

मन्नू जी ने कहा, "सुनो तो ममता, पक्की बात। बस हम तुम रहेंगे साथ।"

मैंने कहा, "मैं खलनायिका नहीं बननेवाली।"

बात आई गई हो गई। पापा के जाने के बाद मैं भारत चाचाजी के यहाँ जंगपुरा चली गई।

मन्नू जी की निजी उद्विग्नताओं का क्या समाधान हुआ, इसका कुछ अन्दाज नहीं लग सका। कारण यह कि मन्नू जी ने कभी निजी घटनाओं पर रचनाएँ नहीं लिखीं। न ही उन्होंने नियति प्रधान रचनाएँ लिखीं। मन्नू जी की रचनाओं में हमें सामाजिक न्याय की माँग और उसके लिए संघर्ष का उद्घोष मिला। आरम्भिक प्रेम कहानियों को छोड़ दें तो उनकी कहानियाँ, उपन्यास, नाटक, टी.वी. धारावाहिक, सब समय के प्रासंगिक सवाल उठाते हैं और समाज से उत्तर की माँग रखते हैं। मन्नू जी के उपन्यास 'महाभोज' में दलित चेतना और सामाजिक संघर्ष का जीवन्त चित्रण मन्नू जी ने 1979 में ही कर दिखाया। तब से अब तक महाभोज, विभिन्न विश्वविद्यालयों के पाठ्यक्रम में सम्मिलित किया जा चुका है। महाभोज पर आधारित नाट्य आलेख का भी जगह-जगह मंचन हुआ। इक्कीस साल से न्याय और संघर्ष की यह दास्तान जीवित है और वह भी लेखक की ओर से बिना किसी हथकण्डे के। न मन्नू जी ने कभी इसके प्रबन्धन की जिम्मेदारी उठाई न मार्केटिंग की। आज जिस बाजे-गाजे के साथ ये मुद्दे उठाए और उछाले जाते हैं, उससे यही लगता है कि लेखकों ने दलित प्रश्न को बिकाऊ माल समझ कर उठा लिया है।

सवाल इसका नहीं कि दो कलाकार दाम्पत्य की चारदीवारी से अलग क्यों हुए। मैं मानती हूँ कि अगर पति-पत्नी साथ रहकर भी संगी न बनें तो उनका अलग हो जाना ज्यादा स्वस्थ और स्वीकार्य है। राजेन्द्र जी ने कहा भी "हम लोग दोस्त तो बहुत अच्छे हो सकते हैं, पति-पत्नी नहीं।" क्या राजेन्द्र जी को नहीं पता कि उनकी बातें दोस्ती की परिधि से बाहर सीधे-सीधे दुश्मनी की बाउण्ड्री में गिरी हैं। यह खेल और मेल के सभी नियमों का उल्लंघन कर 'बेईमंटी' के खाते में जा रही हैं। पत्नी ने संघर्षों में साथ निभाया, पति ने जरा सी सफलता मिलते ही पाला बदल लिया। यह भी नहीं पहचान पाए कि आज जो उनके 'सोलमेट' बनने का दावा पेश कर रहे हैं, वे उन्हीं की कीमत पर अपनी गोटी लाल कर रहे हैं। हंस के पृष्ठों पर अपनी रचनाएँ पुजवाना विशुद्ध अवसरवादी मेल कहा जाएगा।

मूढ़ से मूढ़ पाठक भी यह तथ्य पहचानता है। फिर प्रखर, प्रतिभावान राजेन्द्र जी ही यह नहीं समझ रहे हैं क्या? असि-धार सरीखी उनकी बुद्धि आखिर किस दबाव में आकर इस सत्य को नकार रही है कि जिन लेखिकाओं की मैत्री का तुर्रा वह दिखा रहे हैं वे अपनी मल-मूत्र-मार्गी रचनाओं के लिए 'हंस' का इस्तेमाल 'सुलभ' इंटर वगैरह की तरह कर रही हैं। विद्यावान गुणी अति-चातुर राजेन्द्र जी क्या यह भी नहीं पहचानते कि कल वे अपने स्वास्थ्य के कारण यदि हंस से अवकाश ले लें तो ये सारी हंसिनियाँ उड़न-छू हो जाएँगी, अगले गगन में अगले राजेन्द्र यादव के लिए। रह जाएगी सिर्फ सच्ची दोस्ती।

मन्नू भण्डारी हंस के पहले भी उनके निकट थीं। हाँ यह जरूर है कि मन्नू जी की शख्सियत में चाटुकारिता का अंश बिलकुल नहीं है। मैंने आज तक उन्हें किसी की खुशामद करते नहीं देखा। न ही वे यह पसन्द करती हैं कि दूसरे उनकी खुशामद करें। यह कहा जा सकता है कि उनका प्रज्ञातत्त्व बहुत प्रबल है। सम्पादक-प्रकाशक पति को प्रतिदिन, प्रतिपल, प्रशंसा-अनुशंसा के इतने पत्र, फोन और प्रस्ताव आते हैं कि उसे स्वयं पता नहीं लगता कब उसका अहम् छह फुट से साठ फुट के कटआउट में पहुँच गया। महत्त्वाकांक्षी लेखिकाओं ने इस महाबलीपुरम में पहुँचने का चोर दरवाजा ढूँढ निकाला। जाहिर है कोई पत्नी अपने कामयाब पति की अभ्यर्थना में धूप-दीप-नैवेद्य सजाकर नहीं बैठती, यह काम अल्पकालिक भक्तिनियों का होता है।

याद आ रहा है 1964 का वर्ष जब अक्षर प्रकाशन की योजना बनी। राजेन्द्र जी पाँच-पाँच हजार के कई पार्टनर रखने का सुझाव दे रहे थे। उन्होंनें मुझसे भी कहा। मुझे यह सारी योजना सिरे से अव्यावहारिक लगी। दूसरे मैं पैसों का जोखिम लेने के हक में नहीं थी। तब मैं कालिया नहीं अग्रवाल थी; पैसे पैसे को दाँत से पकड़ने वाली। ऊपर से मन्नू जी भी जब-तब मुझे समझातीं, "देखो, कभी किसी लेखक-वेखक के चक्कर में मत पड़ जाना, वैसे तुम मुझे समझदार लड़की मालूम देती हो।" इतनी भर तारीफ से मैं फूली न समाती और मन ही मन सोचती कि लेखकों से बचकर रहना है। एक सवाल जो दिमाग में खलबली मचाता वह यह था कि मन्नू जी ने खुद तो इतना अच्छा लेखक-साथी ढूँढ लिया; उसके साथ मगन मन रह भी रही हैं, फिर मुझे क्यों बरज रही हैं। सोच-विचार के बाद मैं इस नतीजे पर पहुँची कि मन्नू जी ने परोक्ष रूप से मुझे राजेन्द्र जी से ही दूर रहने को कहा है।

लिखने को तो मैं 1960 से बराबर लिख रही थी पर वह ज्यादातर फुटकर लेखन था। कभी कविता लिख ली तो कभी कहानी। एक-दो बार एकांकी भी लिखे। ज्ञानोदय, सुप्रभात, लहर, धर्मयुग, साप्ताहिक हिन्दुस्तान उस वक्त की प्रख्यात पत्र-पत्रिकाएँ थीं। इनमें छपने पर रातोंरात लेखक की पहचान बन जाती थी। कभी

भारती जी का पत्र मिल जाता 'तुम्हारी कविता मिली। कम से कम पाँच या सात कविताएँ भेजो तो चयन में आसानी हो' या कभी शरद देवड़ा का पोस्टकार्ड आता, 'कहानी अच्छी लगी, बधाई।' मुझ जैसी नवोदित लेखिका का लेखन के प्रति उत्साह चौगुना हो जाता। दौलतराम कॉलेज की नौकरी के बाद के घण्टे ज्यादातर पढ़ने और लिखने में बीतते। इन दोनों कामों को पापा का भी बढ़ावा मिला हुआ था। मेरे जीवन में पापा का समर्थन बहुत महत्त्व रखता था।

उन्हीं दिनों राजेन्द्र जी का 'अनदेखे अनजान पुल' प्रकाशित हुआ था। मैंने पढ़ा। मुझे जितना वह पसन्द आया उतना ही प्रश्नाकुल भी कर गया। मैंने राजेन्द्र जी से चर्चा की। उन्होंने सुझाव दिया कि मैं ज्ञानोदय के लिए उसकी समीक्षा कर दूँ। मैंने अपनी समझ से उसका रेशा-रेशा विश्लेषण कर दिया। मुझे निन्नी का पराजय-बोध स्वीकार नहीं था। मुझे लगा था कि साधारण शक्ल-सूरत की लड़कियों का भी एक स्वाभिमान होता है, उसका शोध भी इस रचना में होना चाहिए था। राजेन्द्र जी ने समीक्षा की पाण्डुलिपि मुझसे ले ली कि वे इसे भिजवा देंगे। जब वह समीक्षा ज्ञानोदय में छपी तो मैं जैसे आसमान से गिरी। मैंने समीक्षा तृतीय पुरुष में लिखी थी पर यहाँ तो सारा आलेख प्रथम पुरुष में था। उससे यह पता चल रहा था कि खुद निन्नी (उपन्यास की नायिका) ने लेखक के नाम शिकायतनामा भेजा है। मुझे मित्रों, परिचितों के फोन पर फोन आने लगे। सबको अचम्भा था कि मेरे अन्दर इतनी कुण्ठाएँ कब पैदा हो गईं। डॉ. बिन्दु अग्रवाल ने कहा, "तुम्हारे अन्दर अपनी शक्ल-सूरत को लेकर इतना हीन-भाव है, हमें तो पता ही नहीं था।" मैं किस-किस को बताती कि 'वह' का 'मैं' मैंने नहीं किया था। हो सकता है राजेन्द्र जी को लगा हो कि मैं निन्नी जैसी नियति का पात्र बन सकती हूँ। यह भी मुमकिन है कि लुई पिरेनेलो की रचना 'सिक्स कैरेक्टर्स इन सर्च ऑफ एन ऑथर' (लेखक की तलाश में उसके छह पात्र) का असर राजेन्द्र जी पर रहा हो। कोई छुई-मुई लड़की होती तो इस आघात से वर्षों न उबर पाती। पर मुझे लगा यह मेरी समस्या नहीं है। ऊपरी मामूलीपन के बावजूद अन्दर ही अन्दर मैं अपने को काफी सुन्दर महसूस करती थी। अपनी विवाहित सहेलियों के बीच मैं कहा करती थी कि "जिस दिन यह हाथ मजाक में भी आगे बढ़ गया, अँगूठी पहनकर ही लौटेगा।"

पिछले पन्द्रह वर्षों से राजेन्द्र जी हंस में धमाकेदार सम्पादकीय लिखते रहे हैं। उनके तेवर और तर्क परम भड़काऊ रहते हैं। इतने ही वर्ष हो गए मुझे उनको एक नया नाम दिए हुए—ओशो। ओशो ही की तरह वे समाज के जड़ और जंग लगे हिस्सों को जगाने और माँजने का काम कर रहे हैं। पर अपनी समस्त आक्रामकता के बीच उनके अन्दर एक भोला भण्डारी बैठा हुआ है। अपने तर्क मनवाने के लिए वह कोई भी जोखिम मोल ले सकता है। अगर कुछ वर्षों बाद

यकायक वे खुद अपना ताजमहल गिराकर यह कह बैठें कि 'मैं गलत नहीं था पर मुझसे भूल हुई। दरअसल मेरा दुरुपयोग हो गया' तो मुझे बिलकुल ताज्जुब नहीं होगा। तब वे अपनी कलम से बहुतों का कच्चा चिट्ठा खोलकर रख देंगे।

अभी-अभी वर्तमान साहित्य का जनवरी अंक हाथ लगा है। उसमें राजेन्द्र यादव का लेख 'होना/सोना एक खूबसूरत दुश्मन के साथ' पढ़ना कई वोल्ट के झटकों से गुजरने समान है। लगता है उन्हें ओशो कहना भी बन्द करना पड़ेगा क्योंकि ओशो कभी इतने कठदिमाग नहीं हुए थे। प्रलाप शैली में ये महिला-विरोधी उद्‌गार राजेन्द्र जी के संचित-कोष के नमूने हैं अथवा कोई शैतान-शक्ति उन पर हावी है कहना मुश्किल है। सम्बन्धों की संवेदनशीलता पर स्याही पोत कर ये विचार सिर्फ स्त्री को नहीं, पुरुष को भी अपमानित करते हैं। प्रकट में नारी-मुक्ति के समर्थक समझे जानेवाले राजेन्द्र जी ने अपनी निजी लड़ाई का ग्राफ इतना नीचे उतार दिया है कि इस पर बहस करना बजबजाती नाली में लिथड़ने जैसा होगा। महिला रचनाकारों की चुप्पी का कारण सम्भवतः यही है। अगर और भी कोई कारण है जैसे छपास, छवि-निर्माण, तटस्थता तो उनकी तह में जाना भी कम दिलचस्प न होगा। वैसे राजेन्द्र जी की घाघरा पलटन में कमी आनी चाहिए।

पुनश्च 2009

लिखने बैठी थी चाव से। उस वक्त मन हो रहा था दिल्ली की सब घड़ियाँ पीछे घूम जाएँ। कैलेण्डर आगे की बजाय पीछे को मुड़ जाए। वे ही दिन लौट आएँ। 1964-65 के जब राजेन्द्र जी मन्नू जी शक्तिनगर में रहते थे। राजेन्द्र जी शरारतों, इरादों और ठहाकों से भरपूर, मन्नू जी छोटी-सी रुबाई की तरह, फुलझड़ी-सी हँसती आँखों वाली लड़की और कहीं से ध्यानसिंह (सेवक) नमूदार हो जाये, कॉफी के अन्तहीन प्याले बनाता, लगातार नन्हीं टिंकू को घर भर में दौड़ लगवाता।

उनके घर की बैठक थी मानो अनवरत आगन्तुक कक्ष। दोस्त आते हैं, घण्टों टिके रह जाते हैं, राजेन्द्र जी को कोई उलझन नहीं होती। मन्नू जी बराबर आवभगत में साथ देतीं बस रात दस बजे आवाज़ देतीं 'ध्यानसिंह तुम जाकर सो जाओ।'

मेरी आँखों के आगे राजेन्द्र-मन्नू दम्पती की यही तस्वीर हमेशा बनी रहती थी। मन्नू जी पर लिखते हुए भी थी। लिखने में बात बदल-बदल गई। राजेन्द्र जी के ओमा शर्मा को दिये साक्षात्कार और संस्मरण के विरुद्ध नया गुस्सा उसमें शामिल हो गया। उन्होंने मन्नू जी को खाँटी घरेलू औरत क्यों कहा। उन्होंने 'होना सोना' क्यों लिखा। उन्होंने स्त्री-विमर्श की गम्भीरता नष्ट कर उसे ब्ल्यू फिल्म में क्यों बदला।

उनका खास अन्दाज़ है यह।

गलत स्थापनाओं पर अड़ जाना। कई बार ऐसा वे महज़ खलबली मचाने के लिए किया करते हैं। दूसरे को इतना भड़का दो कि वह अनाप-शनाप बोले।

खुद कुर्सी पर बैठे हँसते रहो। हंस के सम्पादकीय भी वे इसी अन्दाज़ में लिखते हैं, आ बैल मुझे मार वाली हिमाकत के साथ।

नई कहानी की नामवर त्रयी—मोहन राकेश, कमलेश्वर और राजेन्द्र यादव में से पहले दो रचनाकारों ने ऐसा फिरंट तेवर कभी नहीं रखा। राकेश जी खुद पिनक जाते, दूसरे को पटखनी नहीं लगाते। कमलेश्वर जी थोड़ी देर चिढ़ाते मगर पीठ पीछे। सामने मिलने पर हमेशा प्यार से लबरेज़ रहते। शब्दों ही शब्दों में अपनी खूबसूरत आवाज़ और अन्दाज़ से ऐसी गर्मियाँ उँडेलते कि सब अन्तर्विरोध भरभरा कर ढह जाएँ।

राजेन्द्र जी के यहाँ ऐसा कोई दिलासा नहीं। वे नाराज़ हैं तो महीनों, वर्षों नाराज़ रहेंगे। तर्क नहीं सुनेंगे, तर्क नहीं करेंगे, सीधे तर्क-ए-ताल्लुकात करेंगे। चार समर्थ लेखकों से रूठकर राजेन्द्र जी आठ चिरकुट लेखकों की टुकड़ी निर्मित कर लेंगे। वे किसी पँचकौड़ी रचनाकार की रचना जमाने के लिए रात-रात जागकर उसकी पाण्डुलिपि दुरुस्त करेंगे। भले ही ऐसा करने में उनकी आँख का नम्बर माइनस 2 से बढ़कर माइनस 4 हो जाये। उनसे कोई पूछे, भलेमानस इतनी मेहनत कभी अपनी रचनाओं पर कर लिया करो तो कालजयी न बन जाओ पर नहीं वे अपनी ज़िन्दगी के पन्द्रह साल किसी फिसड्डी के उत्थान में गँवा देंगे।

आत्महंता केवल निराला नहीं थे।

जाने की हड़बड़ी थी : कमलेश्वर

6 जनवरी, 2007 की दोपहर तीन बजे जब रवि, मैं और फिल्मकार राजीव श्रीवास्तव सूरजकुण्ड में इरोज गार्डन पहुँचे, कमलेश्वर जी के पास पहले से कई लोग आए बैठे थे। कमलेश्वर जी प्रसन्न लग रहे थे। उनका जन्मदिन था। गायत्री जी ने हम सबके लिए छोले बना रखे थे साथ में खट्टी-मीठी चटनियाँ। हलवा भी था। रसोई में दो सेवक काम कर रहे थे। चाय लाने में देर लग रही थी। गायत्री जी शिकायत कर रही थीं 'काम कम करते हैं, शरारत ज्यादा।' कमलेश्वर जी को कोई तनाव नहीं था। वे सेवकों की दौड़-भाग देखकर लाड़ से मुस्कुरा रहे थे।

कमलेश्वर जी की आवाज से कमरा भरा-भरा लग रहा था। आवाज थोड़ी सी बदल गई थी पर जादू बरकरार था। यह जादू मुझे कई वर्ष पीछे ले जा रहा था जब दर्पण और कथा-सागर धारावाहिकों का आमुख-वाचन कमलेश्वर किया करते थे। पहले शब्द से ही वे श्रोता के दिल में उतर जाते थे।

कमलेश्वर रेडियो से आए रचनाकार और कलाकार थे। मैंने उन्हें सबसे पहले सन् 1961 में आकाशवाणी भवन दिल्ली में देखा था। किसी नाटक के आलेख पर कमलेश्वर, सत्येन्द्र शरत् और चिरंजीत में बातचीत हो रही थी। पापा आकाशवाणी में काम करते थे। काम के दौरान वे दो-एक बार स्टूडियो के चक्कर जरूर लगाते। वे बातों के रसिया थे। उन्हें यह लोभ रहता कि कोई परिचित लेखक दिख जाए तो दो-एक गप्प हो जाए।

कमलेश्वर रेडियो के लिए लिखते थे पर अपने को रेडियो से अलग मानते। पापा की बातों की झड़ी झेलने पर कहते, "रेडियो में रहकर आदमी रेडियो की तरह बजने लगता है।"

ध्यान वापस वर्तमान में लौटा। रवि 'नया ज्ञानोदय' में कमलेश्वर जी पर मील का पत्थर स्तम्भ केन्द्रित करना चाहते थे। कमलेश्वर जी ने कोई आपत्ति नहीं की। हमारे खजाने में उनके चित्र, कहानी, पहले से रखे थे। संस्करण लिखने का दायित्व कामतानाथ और मधुकर सिंह ने सँभाला।

यह देखकर अचम्भा हुआ कि इतनी देर में कमलेश्वर जी ने एक भी सिगरेट नहीं पी। न ही कमलेश्वर जी के लिए सिगरेट और संवाद पर्यायवाची थे। उस दिन उन्होंने चाय भी नहीं पी। स्वास्थ्य के प्रति उनकी यह छोटी-सी सावधानी और कुर्बानी अच्छी लगी। गायत्री जी बहुत कमजोर लग रही थीं। लम्बी बीमारी से उठी थीं। चेहरे पर बस आँखें ही आँखें नजर आ रही थीं। उन आँखों में व्यग्रता थी। अपने लिए नहीं। कमलेश्वर जी के लिए।

गायत्री जी बताने लगीं, "उस दिन इतने जोर का दर्द उठा उन्हें। उस वक्त कोई डॉक्टर नहीं मिला!"

पता चला यह उनके तीसरे हार्ट अटैक वाला दिन था, कुछ ही महीने पहले। गायत्री जी के जेहन में वह अनुभव इतना सजीव था जैसे अभी घटित हुआ हो। कमलेश्वर जी ने उन्हें नहीं टोका।

मैंने कहा, "आप आराम कीजिए, हमें अब चलना चाहिए।"

गायत्री जी ने कहा, "ये आराम कहाँ करते हैं। आज भी सुबह पाँच बजे उठकर दैनिक भास्कर के लिए कॉलम पूरा किया है।"

वाकई कमलेश्वर जी की ऊर्जा अद्भुत थी। वे एक साथ इतनी सारी विधाएँ सँभालते थे। लोग उनका नाम और काम दोनों इस्तेमाल करना चाहते थे। कमलेश्वर एक कुशल कलाकार की तरह किसी को निराश नहीं करते। ऊपर से उनके प्रेमियों का दायरा इतना बड़ा था यह थोड़ी देर उनके पास बैठकर आभास हो जाता। उनका मोबाइल बजता ही रहता। घर की कॉलबेल को भी चैन नहीं था। पहले के आगन्तुक अभी विदा नहीं हुए कि अगले आ जाते। बड़ी-सी बैठक भी छोटी पड़ जाती।

हमने कहा, "आपने इतनी दूर मकान लिया है। दिल्ली जाना दुष्कर होता होगा।" "दिल्ली जाने की जरूरत कभी-कभी पड़ती है। इस बस्ती में सब कुछ है।" कहकर कमलेश्वर जी मुस्कुराए, "अब रवीन को भी यहीं बुला लूँगा। मैं एक और मकान की तलाश में हूँ।"

मैं मन ही मन हिसाब लगाने लगी, अगर हम सूरजकुण्ड रहें तो पेट्रोल का खर्च कितना गुना बढ़ेगा।

तभी अनन्त आ गए, कमलेश्वर के नाती, मानो के बेटे। सुन्दर, स्वस्थ युवा। उसके चेहरे में दुष्यन्त दिखाई दे रहे थे। वह कहीं से लौटकर कहीं जा रहा था। नाना-नानी की बेचैनी जाहिर थी। उसके जाने की समुचित व्यवस्था से आश्वस्त होने के बाद ही बातचीत फिर जारी रही।

ऊपरी मंजिल में बच्चे रहते हैं। उनके यूनिवर्सिटी जाने और लौटने में घर की चहल-पहल चित्रित है। मानो की बिटिया इतिहास ऑनर्स कर रही है। दोनों बच्चे एक साथ शाइस्ता और शरारती दिख रहे हैं। बच्चों के बच्चों को देखने का आह्लाद निराला होता है। सन् 1965 या '66 में मानो ढाई-तीन साल की थी जब

उसे देखा था। आज उसके बच्चे यूनिवर्सिटी जाने लगे। मानो का नाम भी ममता है। जब कमलेश्वर जी हमारी पूरी पीढ़ी से खफा थे और नई कहानी व सातवें दशक की कहानी का युद्ध चल रहा था, मैंने एक दिन कमलेश्वर जी से कहा, "आपको लगता होगा मानो का नाम बदल दें।" कमलेश्वर जी ने कहा, "चाहो तो तुम अपना नाम बदल लो।" कमलेश्वर जी सम्प्रेषण की दुनिया के आदमी थे। वे कभी किसी से पूरा संवाद बन्द नहीं करते थे। एक न एक चैनल हमेशा खुला रहता। सातवें दशक की कहानी को खारिज करते हुए कुछ दिनों बाद उन्होंने इसका जवाब समान्तर कहानी आन्दोलन आरम्भ करके दिया। यह उन्हीं का करिश्मा था कि उन्होंने दूर-दराज के कस्बों-गाँवों में बैठे जनगढ़-अनगढ़ युवा रचनाकारों की एक मुक्तिवाहिनी बना डाली भले ही उनमें से अधिकांश खेत रहे।

कमलेश्वर जी के अन्दर, अपनी योजनाओं को लेकर कोई 'चिपको' आन्दोलन नहीं रहता था। अगला मुद्दा या रास्ता मिलने पर वह पिछला काम औरों के जिम्मे छोड़ आगे चल देते। जब वे दूरदर्शन में अतिरिक्त महानिदेशक की नियुक्ति पर आए तो पूरे जोर-शोर से दूरदर्शन की काया पलट में लग गए। सन् 1980 से 82 के बीच उन्होंने न जाने कितने लेखकों को आलेख-लेखक बनाया और जीविका अर्जित करने के नए रास्ते दिखाए। उस वक्त भी उनके जेहन में यह विचार था कि देवकीनन्दन खत्री की पुस्तक 'चन्द्रकान्ता' पर बेहतरीन धारावाहिक बन सकता है। एक बार मैं उनसे मिलने गई तो उन्होंने मेज की दराज से चन्द्रकान्ता की प्रति देते हुए मुझे समझाया, "इसे पढ़ जाओ, मुझे लगता है तुम इसकी स्क्रिप्ट लिख सकती हो।" मैंने उपन्यास पढ़ा भी पर मुझे यह काम फिजूल-सा लगा। एक फॉर्मूला पुस्तक पर मेहनत करना मुझे गवारा न था। दो दिन बाद मैंने 'चन्द्रकान्ता' उन्हें लौटा दी। सन् 1982 में ही कमलेश्वर जी के जोर देने पर मैंने दूरदर्शन के लिए एक नाटक लिखा 'आप न बदलेंगे' जिसे उन्होंने जालन्धर दूरदर्शन से तैयार करवा कर कई बार राष्ट्रीय प्रसारण में दिखाया। वे किसी न किसी बात से रचनाकार की ऊर्जा जगा देते और स्वयं भी रचना में संलग्न रहते। उन्होंने इतने धारावाहिक, फिल्में, पटकथाएँ, पुस्तकें, अखबारी लेख लिख डाले कि उनकी विपुलता और विविधता पर विस्मित रह जाना पड़ता है। कई बार उनकी फिल्मों में हमें वे लतीफे सुनने को मिल जाते हैं जो वे टी-हाउस में सुनाया करते थे। कभी मजाज वाला लतीफा संजीव कुमार की जुबान से निकलता है तो कभी टी-हाउस का जुमला धर्मेन्द्र के मुँह में है। फिल्म और दूरदर्शन में सम्प्रेषण की शक्ति का कमलेश्वर जी ने नए तरीके से अनुसन्धान किया और लोगों को उन्होंने अपना कायल बनाया। इसी तरह वे किसी भी महत्त्वपूर्ण अवसर पर जब मीडिया पर आँखों देखा हाल स्वयं प्रसारित करते, उस प्रसारण की गुणवत्ता उत्कृष्ट होती। ये बातें उनके अन्दर की सहज मानवीय ऊष्मा से निकलतीं और श्रोता के दिल से टकरातीं। कितने

ही शहरों, कस्बों में रहने पर भी कमलेश्वर जी के अन्दर मूलतः इलाहाबादी तेवर ही सर्वोपरि रहता। इसी तेवर ने उनकी शख्सियत में अलमस्ती, अक्खड़पन अदम्यता और आत्मीयता की कमान सँभाल रखी थी। जब कभी इलाहाबाद ने उन्हें याद किया वे दौड़े चले आए।

एक बार हमने अपने घर पर संगोष्ठी आयोजित की। अवसर था कमलेश्वर जी का इलाहाबाद में होना। रानी मंडी में हमारे प्रेस के ऑफिस से सटा हुआ एक बड़ा-सा कमरा था जिसमें संगीत, साहित्य और चर्चा के साथ-साथ गपशप के लिए भी बड़ा अच्छा माहौल था। उसका नाम नया कमरा था हालाँकि उसे बनवाए वर्षों हो चुके थे। कमलेश्वर जी के आने से पहले ही कमरा मेहमानों से ठसाठस भर गया। हिन्दी-उर्दू के मिले-जुले श्रोता थे। सबके मन में कमलेश्वर से मिलने की, उन्हें सुनने की ललक थी। हमारा बेटा अन्नू तब डेढ़ साल का था। वह इतना ऊधमी था कि हरदम मेरे काबू से बाहर रहता। रवि ने मुझसे कहा कि मैं अन्नू को, नीचे नए कमरे में न आने दूँ। वे तो चाय के लिए गिलास खरीदने निकल गए, अन्नू मुझे चकमा देकर नीचे पहुँच गया। ऑफिस और ड्योढ़ी तक में कमलेश्वर जी के प्रशंसक जमा हो गए थे। अन्नू लुढ़कता-पुढ़कता, चप्पल-जूतों से टकराता सीधे उस जगह पहुँच गया जहाँ कमलेश्वर जी के बैठने का इन्तजाम था। तभी कमलेश्वर जी आए। सबने अन्नू को आसन से हटाने की कोशिश की पर अन्नू क्यों हटे। कमलेश्वर जी ने हँसते-हँसते अन्नू को गोद में लिया और उस जगह बैठ गए। मैं चाय बनाने में उलझी थी, अपने ही घर में कमलेश्वर जी का व्याख्यान नहीं सुन पाई। उस शाम मुहल्ले का एक बच्चा रवि के स्कूटर की चपेट में आ गया। रवि उसकी मरहम-पट्टी में फँस गए.और दो घण्टे बाद नमूदार हुए। परेशान वे थे ही, ऊपर से उन्होंने देखा अन्नू सेंटर पीस बना कमलेश्वर जी की गोद में विराजमान है। रवि ने रसोई में आकर मुझे डाँटना शुरू कर दिया। बहरहाल चाय के दौरान मुझे यही सुनने को मिला कि गोष्ठी बहुत अच्छी रही। कमलेश्वर जी ने हिन्दी उर्दू की स्थिति पर प्रासंगिक विचार-विमर्श किया। सबसे बड़ी बात उनके व्याख्यान के दौरान अन्नू एकदम शान्त, अनुशासित बैठा रहा।

मुझे युवा रचनाकार बसु मालवीय का स्मरण आता है। मुम्बई में रहकर मीडिया के लिए काम करने की उसकी इच्छा का सम्मान करते हुए कमलेश्वर जी ने उसे ढेर-सा काम उपलब्ध कराया। दुर्भाग्य से मुम्बई पहुँचते हुए एक मार्ग-दुर्घटना में बसु का निधन हो गया। उस खबर ने बसु-परिवार के साथ-साथ शहर के हर मन को कैसा तोड़ा था। कमलेश्वर जी ने न केवल बसु के शव को इलाहाबाद पहुँचाने की व्यवस्था की वरन् खुद भी साथ आए। दुख और थकान के मारे उनसे बोला या बैठा भी नहीं जा रहा था पर वे श्मशान में घाट पर अन्त तक खड़े रहे।

इलाहाबाद में तेलियरगंज की मेंहदौरी कॉलोनी में हम कमलेश्वर जी के पड़ोसी थे। जब कभी कमलेश्वर जी घर आते कभी उनके घर तो कभी हमारे घर जमकर बैठक होती। एक शाम हम चारों को एक शादी में जाना था। हम पाँच बजे से ही कमलेश्वर जी के यहाँ गए। कई दौर चाय के चले। पुरस्कारों की राजनीति पर चर्चा होती रही। सात बजे गायत्री जी उठीं कि शादी में जाने के लिए तैयार हो जाएँ। कमलेश्वर जी ने कहा, "देखो थोड़ा सा तैयार हो जाओ, ज्यादा तैयार मत होना।" फिर उन्होंने हमारी तरफ देखकर, हँसी दबाते हुए कहा, "थोड़ी गुंजाइश दुल्हन के लिए भी छोड़नी चाहिए।"

हँसी-हँसी में वे बड़ी बात कह जाते थे। ऐसे कि बात सम्प्रेषित हो पर किसी को बुरा न लगे। अपनी रचनाओं में भी उनके सन्देश इसी तरह के होते हैं। उनकी हर बात में जिन्दगी की हरारत शामिल रहती थी। कमलेश्वर जी से कोई बात मनवानी हो तो उसका एक ही तरीका था कि बात उनकी भाभी के माध्यम से कही जाए। बस समझिए आपका काम हो गया। माँ के चले जाने के बाद कमलेश्वर जी ने भाभी को माँ का दर्जा दे रखा था। उनके आगे कमलेश्वर जी एक आज्ञाकारी बालक बन जाते।

कमलेश्वर जी ने कई नौकरियाँ कीं और छोड़ीं। उनके व्यवहार में इससे कोई फर्क नहीं आया। जाने कितने वर्ष धारावाहिक-लेखन में नष्ट करने के बाद फिर साहित्य में चले आए और अपने पत्रकारिता-जीवन के अनुभवों का रचनात्मक संकलन कर 'कितने पाकिस्तान' की रचना सम्भव की। साहित्य अकादमी सम्मान उन्हें 2003 में मिला यद्यपि उनकी बेहतरीन कहानियों के संग्रह इससे पूर्व आ चुके थे। कमलेश्वर जी ने कभी अपने नाम के साथ जातिनाम नहीं लिखा। पिछले वर्ष जब उन्हें पद्म-भूषण सम्मान घोषित हुआ तो एकबारगी हिन्दी-जगत को समझ ही नहीं आया कि ये अपने कमलेश्वर जी हैं। समाचार पट्टी पर लिखा था श्री कमलेश्वर प्रसाद सक्सेना को पद्मभूषण से अलंकृत किया गया। कमलेश्वर जी बड़े झुँझलाए। उन्होंने कहा, "मुझे लग रहा है यह मैं नहीं हूँ, किसी और को अलंकृत किया जा रहा है।"

रवि के साथ एक जिप्सी-जीवन जीते हुए मुझे इसमें कुछ भी अजीब नहीं लगता कि हम एक शाम इलाहाबाद छोड़ कर कलकत्ता जा बसें और एक सुबह कलकत्ता छोड़ दिल्ली के लिए उड़ान भर लें। दिल्ली जब पहुँचे, हमारे पास न छत थी न छप्पर। एक गेस्टहाउस में टिके। एक शाम रवि ने दफ्तर से लौटकर कमलेश्वर जी की एक चिट मुझे दी। चिट में लिखा था,

भाई रवीन्द्र,

अमरकान्त वाला आलेख साथ है।

घर कहाँ ले रहे हो? ममता को कुछ घरेलू जरूरतें हो तो बताना, शायद यहाँ

कोई ऐसी जरूरत पड़ ही जाए।

पढ़कर मन तरल हो आया। इतनी बड़ी नगरी में कोई है जिसे दो लेखकों की गृहस्थी की फिक्र है।

आज इतने दिन हो गए। मन से 27 जनवरी की कसक मिट ही नहीं रही। 27 जनवरी को इस बरस हम इलाहाबाद में थे। कई लोग बैठे हुए थे जब दोपहर 12:08 बजे कमलेश्वर जी का फोन आया। उन्होंने कहा, "रवीन अभी अंक मुझे मिला तो नहीं है पर बहुतों का फोन आया है कि नया ज्ञानोदय में आप छाए हुए हैं।" रवि ने कहा, "कमलेश्वर जी मैं इस वक्त इलाहाबाद में हूँ। कल आपसे सम्पर्क करूँगा।" इस 27 तारीख में उन्होंने उस दिन लम्बी बातचीत की। अर्थात् वे महफिल के बीचोबीच थे, जीवन की गर्मियाँ लेते और बाँटते जब कागझपट्टा की तरह काल उन्हें लपक कर ले उड़ा। 27 जनवरी की रात प्रयागराज एक्सप्रेस में नींद न आने पर मैंने अपना मोबाइल निकालकर समय देखना चाहा तो उसमें छोटे बेटे मन्नू का एस एम एस था 'कमलेश्वर जी नहीं रहे।' रात के समाचार में उसने सुना। तबियत भारी हो आई। बगल की सीट पर रवि सोए पड़े थे। मैंने सोचा उनके लिए यह खबर झेलनी मुश्किल होगी, सुबह बताऊँगी। खबर का बोझ मुझे सोने नहीं दे रहा था। सुबह चार बजे रवि ने करवट ली तो मैंने कहा, "एक मिनट भी आँख नहीं लगी मेरी।"

रवि बोले, "कमलेश्वर जी चले गए, मैं भी उन्हीं का ख्याल करता रहा।"

"तुम्हें कैसे पता?" मैं चौंकी।

"मेरे पास कई एस एम एस आ गए।"

28 जनवरी की सुबह निःशब्द बीती। हम एक दूसरे से भी बात करने में कतरा रहे थे। हमारे पास अपनी-अपनी यादें और अपने-अपने कमलेश्वर थे। रवि के ऊपर घाट जाने की जिम्मेदारी भी थी। वहाँ से और भी गुमसुम, गमगीन लौटे। तबियत पहले ही नाजुक थी, ठण्ड लगकर और खराब हो गई। 27 जनवरी का आह्लाद विषाद में बदल गया। बार-बार कह उठते, "जो पृष्ठ मैंने सराहना में छापे वे श्रद्धांजलि बन गए।"

आज एक महीने बाद इसी पते पर आना हुआ है, 5/116 लगभग वही समय है, दोपहर का। लेकिन कितनी उदासी है मन में। 6 फरवरी, 2007 तक में घर का आलम बदल गया। कमलेश्वर जी जिस जगह बैठते थे वहाँ उनकी तस्वीर बैठी है; हँस रही है पर खामोश है। घर में इतने सदस्य हैं पर किसी के चलने की पदचाप नहीं सुनाई पड़ रही। गायत्री जी अपनी ही छायाकृति बन गई हैं। मेरी हिम्मत नहीं कि उनसे पूछूँ 27 जनवरी को एकाएक क्या हुआ था। दिन में अच्छे-भले बतिया रहे थे। गायत्री जी का दुख कुरेदना घातक होगा। तभी प्रदीप मांडव आ जाते हैं। वे तीस साल से कमलेश्वर जी के मैन फ्राइडे बने रहे। अभी तक वे

कमलेश्वर जी के न रहने से हिले हुए हैं। वे उनकी यादों में उतर जाते हैं। वे एक-एक दिन याद करना चाहते हैं। फोन और दरवाजे की घंटियाँ अभी भी चैन नहीं ले रहीं। लेकिन आज उन्हें उत्तर देनेवाली गूँजती आवाज कमलेश्वर जी की नहीं है। उनके दामाद आलोक त्यागी बार-बार उठते हैं, हस्ताक्षर कर कूरियर पत्र लेते हैं और अन्दर कमरे में एक बड़े ढेर में रख आते हैं। कई पत्रों पर अभी भी कमलेश्वर जी का ही नाम लिखा होता है।

'नया ज्ञानोदय' का अंक अभी किसी ने नहीं देखा है। सुध आए तो देखें। मैं गायत्री जी से कहती हूँ, "आप कमलेश्वर जी की अधूरी रचनाओं को पूरा करने में अपना मन बाँधिए।" गायत्री जी यदा-कदा कहानियाँ लिखती रही हैं। उनकी साफगोई मुझे अच्छी लगती है। वे कहती हैं, "यह काम मैं बिलकुल नहीं करूँगी। कमलेश्वर जी की शैली और जुबान लिख पाना मेरे बस की बात नहीं।" उनका काम इतना विपुल है कि घर में पूरा का पूरा उपलब्ध भी नहीं। आलोक के शब्दों में "कमलेश्वर जी का लेखन पत्रकारिता और जनसंचार का समूचा पाठ्यक्रम ही है।"

आज दिनांक 9 फरवरी, 2007 को कोई कागज ढूँढते हुए, कमलेश्वर जी की खूबसूरत लिखावट वाली यह चिट हाथ आ गई। मन धक् से रह गया। इसे बार-बार पढ़ते हुए यही सोचती रही अब कौन है जो इतने सगेपन से पूछेगा तुम्हें घर में किसी चीज की जरूरत तो नहीं?

शहर को गाँव की चुनौती : कन्हैयालाल नन्दन

सबसे पहली बात कि नन्दन जी मेरे मित्र नहीं हैं। कभी भी नहीं थे। यह दर्जा उन्होंने हमेशा मेरे पति रवीन्द्र कालिया को दिया और देते हैं। यों तो शादी के बाद रवि के सभी मित्र मेरे मित्र बन गए और इस तरह मैं बहुत बड़ी आत्मीय बिरादरी में शामिल हो गई, पर नन्दन जी ने शुरू से अपनी बुजुर्गी का रौब मुझ पर कुछ ऐसे गालिब किया कि मैं उनके दबदबे में आ गई।

नन्दन जी को जानने की मेरी शुरुआत एक अदद झूठ से हुई जिसका एहसास अभी भी मुझे कभी-कभी उनके सामने जड़ बना देता है। हुआ यह कि हम दोनों के बीच एक अन्य गहरे मित्र थे, सुखदेव शुक्ल, जिनकी पत्नी उमा मेरी बहुत प्रिय सहेली थीं। वे न जाने कैसे नन्दन जी से खफा हो गईं। यह बात हम सबके लिए बहुत तकलीफदेह थी, क्योंकि शुक्ल जी, नन्दन जी तथा रवि की एक बड़ी अलमस्त तिकड़ी मानी जाती थी। जहाँ ये तीन इकट्ठे होते, वहाँ कुर्सी समेत ठहाके, ऐसे-ऐसे लतीफे गढ़े जाते कि सुनकर लगता, बस चमत्कार अब हुआ, अब हुआ। मित्र पत्नी नन्दन जी को तब तक अपना 'लक्ष्मण-देवर' कहा करती थीं और वही मित्र-पत्नी उनसे नाराज हो गईं। वे मेरे बहुत करीब थीं। हम दोनों एक-दूसरे से अपनी सब परेशानियाँ बता दिया करते थे। उस दिन जब वे घर आईं, उन्होंने अपनी शिकायतें सुनाईं। अगले दिन शाम यकायक नन्दन जी हमारी चाल में चले आए। उन्होंने सीधे मुझसे पूछा, "मिसेज शुक्ल आई थीं?" मैंने अपने निहायत बेवकूफ तरीके से सोचा, मैं अपनी मित्र को किसी संकट में न डालूँ और न ही नन्दन जी को क्लेश पहुँचाऊँ। मैंने कह दिया, "नहीं", नन्दन जी आहत। मुझे पता ही नहीं था कि नन्दन जी के सुमित्र रवीन्द्र कालिया उन्हें पहले ही बता चुके थे मिसेज शुक्ल आई थीं। रवि कभी, किसी भी स्थिति में, किसी भी मसले पर मेरे साथ नोट्स मिलाने की तकलीफ नहीं उठाते। मैं मूर्ख की तरह कहती रह गई कि मिसेज शुक्ल नहीं आई थीं और नन्दन जी लगातार हैरानी से कभी रवि की ओर और कभी मेरी ओर देखते रह गए। फिर मुझसे बोले, "बार-बार बोलने पर भी झूठ, झूठ ही रहता है, सच नहीं।" मुझे बहुत ग्लानि हुई। यह बात आज

भी जब-तब मेरे अन्दर चक्कर काटती रहती है। मेरे साथ मुश्किल यही है कि जिन्दगी में दो-चार बार पाक इरादे से झूठ बोला भी है तो फौरन पकड़ी गई हूँ।

ये वे दिन थे, जब नन्दन जी दफ्तर में काफी परेशान रहते थे। दफ्तर कुर्सी का कुरुक्षेत्र बना हुआ था और नन्दन जी भीष्म पितामह। उन दिनों रवि दफ्तर में राजा बेटे माने जाते थे। लेकिन जैसा रवि का स्वभाव है, उनकी समस्त संवेदना, सहानुभूति और स्नेह सही और उचित के प्रति होता है, अतः वे नन्दन जी के साथ थे। जैसे-जैसे दफ्तर की असलियत उनकी पकड़ में आती गई, उन्हें इस तन्त्र से विरक्ति होती गई, जिसका उत्कर्ष उनके त्यागपत्र में हुआ। नन्दन जी में अधिक जिद और सहनशक्ति थी। वे रवि से कहते 'तुम बाहर रहकर संघर्ष करो, मैं अन्दर से संघर्ष करूँगा।' वे जुटे रहे और एक दिन सच को विजयी बनाकर अपनी योग्यता का पुरस्कार पा निकल गए।

मुझे याद है, उन दिनों नन्दन जी और रवि लुक-छिपकर मिला करते थे। मुम्बई से दूर-दराज उडिपी भोजनालयों में, खटारा थियेटरों में, उपनगरीय सिनेमागृहों व सुनसान सड़कों पर। जान-बूझकर नन्दन जी ये खतरे क्यों मोल लेते थे? इन मुलाकातों से नन्दन जी को भावात्मक बल के अलावा और क्या हासिल होता था, कहना मुश्किल है।

पर यही नन्दन जी के व्यक्तित्व का सबसे सशक्त पक्ष है। सम्बन्धों की भावात्मक सम्पन्नता नन्दन जी को एक असीम आह्लाद से भर देती है। सम्बन्धों के चालू रस्मो-रिवाज की भीड़ में नन्दन जी के स्वभाव की यह भावुकता मुझे हमेशा चकित और चमत्कृत करती रही है। इसके तहत मैंने नन्दन जी को हिन्दुस्तान के एक कोने से दूसरे कोने तक सफर करते देखा है, रेल में भी और जीवन में भी। किसी दोस्त की याद आ जाए या चिट्ठी, फिर नन्दन जी रुक नहीं सकते। पहले उनका तार आएगा, फिर फोन और फिर धड़धड़ाते हुए स्वयं नन्दन जी। अगर दोस्त दिल्ली का ही हुआ तो नन्दन जी उसके लिए सुख-चैन और नींद ही नहीं, वरन् कई लिटर पेट्रोल भी खर्च कर डालेंगे। दरअसल ये चन्द दोस्त उनके जीवन की असली कमाई हैं। ये ही चन्द दोस्त हैं, जिनकी वे इतनी परवाह करते हैं कि कई बार मुझे अफसोस होता है, मैं रवि क्यों न हुई।

अभी पिछले माह रवि को मकान की मरम्मत और पुताई की धुन सवार हो गई। मैं इन कामों से घबराती हूँ। मुझे लगता है पड़े-पड़े घर के सामान में भी एक प्राणतत्त्व उत्पन्न हो जाता है जो उखाड़-पछाड़ से आहत होता है। लेकिन मेरी चलती कहाँ है। रवि ने कहा, तुम कुछ मत करो, बस किताब-कागज सँभाल लो।

शायद यही सबसे जानलेवा काम होता है। क्या रखें, क्या फेंके। सबसे पहले चिट्ठियों के अम्बार खखोरे गए। एक भी चिट्ठी फेंकने के काबिल नहीं लगी।

उनमें पुराने सम्बन्धों की महक थी, उनमें वे लम्हे थे जो साथ गुजारे गए, उनमें गर्मियाँ थीं। उनमें वे पत्र भी थे जो शादी से पूर्व हम दोनों ने एक-दूसरे को लिखे। मैंने पाया जितने पत्र रवि ने मुझे या मैंने रवि को लिखे, नन्दन जी ने उससे कम पत्र रवि को नहीं लिखे। सन् 1961 से 75 तक नन्दन जी ने रवि को उन पत्रों के सहारे ही वह जीवन-शक्ति प्रदान की जो 1969 से पूर्व वे मुम्बई में अपनी उपस्थिति से देते रहे थे। रवि 'धर्मयुग' से उखड़कर इलाहाबाद में अपने पैर और प्रेस जमाने में लगे थे, दोनों ही काम आसान नहीं थे। छोड़ी गई नौकरी की तलखियाँ और स्वतन्त्र व्यवसाय की चुनौतियाँ उन्हें कई बार उदास और हताश कर जातीं। ऐसे में नन्दन जी के पत्र संजीवनी का काम करते। नन्दन जी तब भी 'धर्मयुग' में थे। उनके खत खतरा न बन जाएँ इसलिए इन दोनों ने अपने नए नाम रख लिए थे लार्सन और टूबरो। नन्दन जी लार्सन थे। लार्सन हजारों मील दूर से इलाहाबाद प्रेस की कार्यनीति निर्धारित करते, इलाहाबाद जैसे लस्त-पस्त नगर में व्यवसाय चलाने के गुर समझाते और तब भी गुजर न होती तो कहीं से धन का इन्तजाम करते। टूबरो उनकी हर बात को गाँठ बाँधकर रखते, उनकी हिम्मत लौटती और वे मशीनों से भिड़ जाते।

नन्दन जी में यह खासियत अभी तक है। किसी के कामयाब दिनों में वे साथ दें न दें, संघर्ष के समय नन्दन जी से अच्छा साथ मिलना असम्भव है। मैं जब शुरू-शुरू में रवि के जीवन में आई, मैंने जान लिया कि रवि के लिए नन्दन जी पितु, मातु, सहायक, स्वामि, सखा सब कुछ हैं। उसी तर्ज पर मैंने नन्दन जी को हमेशा एक ऊँचे पायदान पर रखा। कोई बात नागवार गुजरती तो नन्दन जी मुझे बाकायदा डाँट भी लेते। कभी-कभी डाँट रवि को पड़ती। लेकिन उनकी आँखें हमेशा आत्मीयता से लबालब भरी रहतीं। नन्दन जी से नजदीक का यह रिश्ता हमारे बच्चों में ज्यों का त्यों उतरा है। आज भी वे देश के किसी कोने में नन्दन जी को दूरदर्शन पर देख लेते हैं या उनकी आवाज सुन लेते हैं तो तुरन्त फोन करते हैं, "पापा, नन्दन अंकल हमारे कमरे में आए थे।"

हर सफल व्यक्ति का एक शत्रु-वर्ग होता है। नन्दन जी के शत्रु-वर्ग का कहना है कि दिल्ली जाकर नन्दन जी दुनियादार हो गए, चालू और चाईं। किसी भी कामयाब आदमी को अपने लिए ये विशेषण सुनने ही पड़ते हैं, क्योंकि हमारे यहाँ हर गुण की अपने अतिरेक में ही शिनाख्त होती है। जो सीधे-सादे हैं, भोले-भाले हैं, वे बेचारे भी होंगे, यह सरल निष्कर्ष माना जाता है। सुख, सफलता, समझदारी को उनसे परहेज रखना चाहिए। पर व्यक्तित्व कभी निष्कर्षों के अनुसार विकसित नहीं होते। नन्दन जी सरल होते हुए भी इतने सरल नहीं हैं जैसे कि मनमोहन सरल। वे जानते हैं कि इस्तेमाल होना उतना ही बुरा होता है जितना इस्तेमाल

करना।

परसदेपुर की धूल भरी पगडण्डी से चलकर नन्दन जी आज जहाँ तक पहुँचे हैं, बहुत कुछ उनसे पीछे छूट गया है, यहाँ तक कि खून के रिश्ते भी। जीवन के कई सन्दर्भों में नन्दन जी सनाथ होते हुए भी अनाथ और अनाथ होते हुए भी सनाथ हैं। संघर्षों से अनवरत साक्षात्कार के सिलसिले में कई बार मुझे शंका हुई है कि नन्दन जी कहीं टूट न जाएँ, पर नन्दन जी ने हर बार, हर वार सँवार लिया है।

इन सारी बातों से यह कतई न समझा जाए कि नन्दन जी में विलक्षण प्रतिभा है। लम्बे संघर्ष के बाद इतनी कामयाबी कई व्यक्ति पा ही जाते हैं। उन व्यक्तियों के संघर्ष का लक्ष्य एवं तर्क यहीं तक होता है। नन्दन जी की प्रतिभा का स्वरूप विलक्षण न होकर बहुमुखी है। वे थोड़े-थोड़े सब कुछ हैं—कवि, कथाकार, व्यंग्यकार, नेता, अभिनेता, विक्रेता। कई बार मुझे कोफ्त होती है कि वे अपनी प्रतिभ किसी एक दिशा में क्यों नहीं लगाते, पर नन्दन जी का सारा जोर एकाग्रता पर नहीं, विविधता पर है। दरअसल बड़ी कच्ची उम्र में ही आत्मनिर्भर होने के कारण नन्दन जी में किसी बात को बहुत जल्द ग्रहण करने की एक सूझबूझ सहज ही आ गई है। भावुकता और समझदारी, इन दो विरोधी तत्त्वों से निर्मित नन्दन जी लगातार शहर को गाँव की चुनौती है।

लेकिन इन दोनों गुणों से ऊपर एक गुण है, जो नन्दन जी में तब सर्वोपरि होता है जब वे अपने लिए यकीन पैदा कर लेते हैं। सम्प्रेषण का संकट उनके सामने आता ही नहीं है। तीन से लेकर तिरसठ साल तक के प्राणी से वे बड़े आराम से संवाद स्थापित कर लेते हैं। इस दृष्टि से वे न केवल एक कामयाब जनसम्पर्क अधिकारी, वरन् मन-सम्पर्क अधिकारी भी कहे जा सकते हैं। अजनबी से अजनबी इन्सान को 'साइजअप' करने के लिए कोई फीता है जो उनके गले में हर वक्त पड़ा रहता है। अजनबी को खबर भी नहीं लगती और उसका माप ले लिया जाता है। अपने बड़े-बड़े दाँतों की एक उन्मुक्त हँसी, किसी भूली-बिसरी कविता की चन्द सतरें, गर्दन की एक जुम्बिश या महज़ लाड़ भरी एक नजर से नन्दन जी बड़े-बड़े फासले तय कर डालते हैं। एक बार हम सब दिल्ली से जालन्धर जा रहे थे। रिजर्वेशन सिर्फ एक का था और सवारियाँ थीं पाँच। गाड़ी में गजब की भीड़ थी। कंडक्टर के सामने घिघियाते लोगों का हुजूम था। भीड़ छँटने के बाद नन्दन जी ने कंडक्टर के यूनिफार्म पर लगा उसके नाम का बिल्ला देखा और सरसरी तौर पर बोले, "कहिए परदेसी जी, आपको भी शेर-ओ-शायरी का शौक है।" एक लम्हे में यह शख्स कंडक्टर से कवि बन गया, जिसने बड़े चाव से छात्र जीवन में अपना तखल्लुस 'परदेसी' रखा था और जो दाग़ और ग़ालिब पर फिदा था।

उसने बिना रिश्वत हमें चार बर्थ यों थमा दीं जैसे ये हमारे लिए ही रखी हुई थीं।

नन्दन जी अपनी इसी खासियत से दुनिया के किसी भी कोने में अपने लिए जगह निकाल सकते हैं। सरल, स्पष्ट, सुसंस्कृत हिन्दी के अलावा नन्दन जी को उल्टी-सीधी पंजाबी, मराठी, गुजराती बोलने में भी कोई परहेज नहीं। दिल्ली दरबार में जहाँ एक से एक अंग्रेजी दा एक से एक नखरे से गिटर-पिटर करते हैं, हमारे नन्दन जी अपनी कच्ची-पक्की अंग्रेजी से बड़े-बड़े काम निकाल लेते हैं। अपने ही नहीं, अपने दोस्तों के भी। इन दोस्तों से पूछिए कि नन्दन जी क्या हैं? जवाब मिलेगा—एक बहुत अच्छे दोस्त।

कॉमरेड : ज्ञानरंजन

अभी कल ही की बात है, अगर आप इस शहर की गली लोकनाथ में एक मँझोले कद के, गहन दाढ़ी बढ़ाए, नीली कमीज की आस्तीनों को कुहनियों तक चढ़ाए, साँवले लेकिन सौम्य, अक्खड़ लेकिन अलमस्त से आदमी को एक जेब से गजक, दूसरी से मीठे परवल निकालकर खाते-खाते, नुक्कड़ के कुल्फीवाले की ओर टकटकी लगाकर निहारते देखते, तो निश्चित ही वह ज्ञानरंजन होते। इलाहाबाद मिठाइयों का शहर है और ज्ञान मिठाई के पैदाइशी शौकीन! रेवड़ी से लेकर रबड़ी तक, ज्ञान इस शहर का तमाम स्वाद जानते-पहचानते हैं। जिस तरह ज्ञान चैत का गुलाब, लौकी की लतर और अमरूद का फूल चीन्हने में चूक नहीं करते उसी तरह वे इस शहर की कोई भी गन्ध, रूप, रंग, रस चीन्हने में चूक नहीं करते। उनकी कहानियाँ इस शहर की एकान्तिकता से ही निकलती हैं। ज्ञान अपने शहर को लेकर उसी तरह, उतनी ही तीव्रता से हर समय महसूस करते हैं जितनी तीव्रता से कोई अपनी प्रेमिका के बारे में शुरू दिनों में महसूस करता है। यह शहर ज्ञान की धमनियों में रक्त बनकर दौड़ता है। ज्ञान इसके रेशे-रेशे से परिचित हैं, ज्ञान इसकी रग-रग से प्यार करते हैं। यह शायद इसलिए है क्योंकि ज्ञान के लिए यह शहर, शहर नहीं, एक निहायत निजी रहस्यमयी दुनिया है जिससे जुड़ा उनका बचपन है, किशोरावस्था है, प्रेम-प्रसंग है, मोहभंग है, चन्द अजीज हैं और कुछ निहायत नालायक किस्म के दुश्मन। इस शहर को लेकर एक जमाने में धर्मवीर भारती इसी तरह संवेदित होते थे जैसे ज्ञान होते हैं। उन्हें महानगर ने खरीद लिया। ज्ञान को जबलपुर खरीद नहीं पाया। इलाहाबाद ज्ञान का 'देस' है, जबलपुर ज्ञान का 'परदेस' है। जीविका की तलाश में जिस दिन ज्ञान जबलपुर चले गए उसी दिन से उनकी कहानियों में एक मौन उदासी अनिवार्य रूप में शामिल हो गई। 'सपना नहीं' के प्रथम खण्ड की कहानियों में यह उदासी भावुकता के अर्थ में व्यक्त हुई है, "होटलों के लॉन में लगे रंगीन छातों की छाया मेरी आँखों में अक्सर उभरी है। हमारा अमरूद का पेड़, एक हरा छाता, एक डंगरा-सा फलता-फूलता पेड़ जिसमें अनुपातहीन डंगाल नहीं बल्कि एक सँवरापन! जब घर जाने की पहली छुट्टी मिली,

मन बेहद आतुर हो आया। सुख तन-मन पर एक वहशत की तरह सवार था।" 'अमरूद का पेड़' जिसमें से उक्त पंक्तियाँ मैंने ली हैं, ज्ञान की आरम्भिक कहानियों में से है लेकिन ज्ञान के रचना-संसार का समस्त संक्रमण उसमें व्यक्त हुआ है। पेड़ का कट जाना, जीवन के निजीपन के विघटन का प्रतीक बन जाता है। यही विघटन ज्ञान की अनेक कहानियों में प्रतिध्वनित हुआ है। आश्चर्य नहीं कि ज्ञान का कथानायक दो गोलार्द्ध में जीने का अभ्यस्त है। एक में धँसी आँखों वाली कृशकाय माँ है, फूफा-फूफी हैं, शरत-नायिका सी मिन्नो है, शान्ति है, शकुन है; दूसरे में कचहरी है, पत्नी है, चिल्लू है, कुन्दन सरकार है। यह दूसरा गोलार्द्ध ज्ञान की मथुरा है, पहला गोलार्द्ध उनका गोकुल। रेल ईजाद हो जाने के बाद इलाहाबाद और जबलपुर में गोकुल-मथुरा का ही रिश्ता बनता है।

ज्ञान की कहानियों का एक जमाना रहा है। सहूलियत के लिए उसे सन् साठ का समय कहा जाता है। उस वक्त कहानी को आन्दोलनों की गिरफ्त से जिन लोगों ने निकाला, उनमें ज्ञान का नाम उल्लेखनीय है। अपने समकालीनों में सबसे अधिक सहज, स्वाभाविक, ज्ञान की कहानियाँ अपनी रोचकता, रवानगी और असर में भी बेजोड़ रही हैं। ज्ञानरंजन के पास मूलतः एक कवि का हृदय, निबन्धकार की शैली, नाटककार की संक्रमण-चेतना और उपन्यासकार का ठहराव है। लेकिन इन सबसे ऊपर है ज्ञानरंजन की सशक्त भाषा जिसे वह मुक्के की तरह इस्तेमाल करते हैं या मुस्कान की तरह। जैसे "जहाँ तक हम लोगों का प्रश्न है, हमारी नागरिकता एक दुबले हाड़ की तरह किसी प्रकार बची हुई है।"—'घण्टा'

"एक शाम जब आकाश में हल्दी का रंग चढ़ आया था, अन्तरंग की एक-एक पाँखुरी चैत के गुलाब की तरह खुल रही थी और मैं हर साँस में वेदना और द्वन्द्व को अनन्तकाल-सा झेल रहा था, तो मैंने कविता न लिखकर सुमन को देने के लिए कविता का एक छोटा-सा टुकड़ा लिखा।"

ज्ञान की भाषा कभी अपने पौरुष से तो कभी अपने नारीत्व से पाठक को हिला जाती है। उनकी प्रारम्भिक कहानी 'याद और याद' तक में यह झलक मिल जाती है, "हवा के पश्मीन आँचलों ने बदन के खुले हिस्सों को छूकर मजा लिया पर रोंगटे बेअसर रहे, टन्नाए नहीं।"

लेकिन ज्ञान की यही सामर्थ्य उनकी सीमा है। ज्ञान की कहानियाँ अपनी पठनीयता, प्रेषणीयता और सहजता के बावजूद एक अपूर्ण और अपर्याप्त प्रभाव छोड़ती हैं। ज्ञान किसी बिन्दु पर ठहरते नहीं, उसे जल्दी से छूकर गुजर जाते हैं। अगर ऐसा करने से उनका उद्देश्य फलक का फैलाव समेटना होता तो हम उसे पचा सकते थे। लेकिन उनका दृष्टि फलक भी उतना ही सँकरा है जितना कि उसका ट्रीटमेंट, 'सम्बन्ध' के कथा-नायक सा, "ज्यादातर मेरा स्वभाव है, मैं सड़क, भीड़, बगीचे, चायघर, दूकान, घर या इमारत आदि सभी जगहों में अपनी दृष्टि को

एक छोटे से इर्द-गिर्द में ही रखता हूँ।" शायद इसीलिए ज्ञान को आत्मपरक शैली में लिखना सबसे सुविधाजनक लगता है, उनका 'मैं' सीमाओं की तार्किकता सुविधानुसार ढूँढता जाता है। बावजूद अपनी सहजता, स्वाभाविकता, संवेदनशीलता के ज्ञानरंजन की मानसिकता अपने समकालीन पुरुष-कथाकारों की अपेक्षा महिला कथाकारों के ज्यादा समीप पड़ती है—मालती जोशी, मंजुल भगत और मेहरुन्निसा परवेज। जीवन के अहम सवालों के प्रति लापरवाही, परिवेश की व्यापकता के प्रति बेरुखी, सामाजिक सार्थकताओं का सायास अस्वीकार ज्ञान के समस्त लेखन के आगे प्रश्नचिह्न सा खड़ा हो जाता है। जहाँ कहीं ज्ञान अपना चश्मा बदलने की कोशिश करते हैं, वहाँ वह प्रयत्न इतने किशोर ढंग से करते हैं कि अभीष्ट प्रभाव पैदा नहीं होता जैसे 'अनुभव' के कथा-नायक का अनायास अपने शहर की विरूपता, विवशता से साक्षात्कार के क्षण में सिसक-सिसक कर रो पड़ना और अपने गालों पर तमाचा मारना 'थू है तुम्हारी जिन्दगी को। तुम पत्थर हो गए हो। ये देखो, ये असली शहर है, असली हिन्दुस्तान, इनके लिए तुम्हारा दिल हमेशा क्यों नहीं रोता है।" इस स्तर की मानवीय चिन्ता बहुत बनावटी लगती है, प्रगतिशीलता के आवरण में एक तरह का प्रतिक्रियावाद। ऐसे स्थलों पर ज्ञानरंजन अतिरंजन हो जाते हैं। हो सकता है ज्ञान ने यह कहानी प्रगतिशील दृष्टि पा जाने के बाद लिखी हो लेकिन 'कॉमरेड' प्रगतिशील ऐसे नहीं बना करते कि साहित्य की ऐसी-तैसी कर दें। इससे न जीवन दृष्टि की कोई पहचान सामने आती है न साहित्य की कोई शक्ल। कॉमरेड ज्ञान से मैं पूछना चाहती हूँ कि उन्होंने अपनी अन्तिम अच्छी रचना कब लिखी थी।

शहर ज्ञान का प्रिय विषय है और ज्ञान इस विषय की गिट्टी-मिट्टी से भली-भाँति परिचित हैं। 'अनुभव' का नायक कहता है, "शहर के बारे में मेरा मामला असन्तुलित है। शहर, शहर, शहर, अनन्त बार शहर की चर्चा से मेरे अलावा किसी का भी बौखला जाना या वीतराग हो जाना मुमकिन है लेकिन शहर के बारे में यह चर्चा किसी प्रकार से उर्दू गजल नहीं है।" शुक्र है कि जहाँ ये पंक्तियाँ ज्ञान के सम्पूर्ण सोच को रेखांकित करती हैं, इनसे जुड़ी अगली पंक्ति ज्ञान की मानसिकता को रेखांकित नहीं करती हैं, मसलन, "एक सीमा तक यह उसी तरह की स्थिति है जैसी सामन्तों में अपनी हवेली और अपनी बन्दूक के प्रति हुआ करती थी।"

इस शहर में ज्ञान ने बेतहाशा मस्ती और पस्ती भरे दिन बिताए हैं। माँ का कमजोर स्वास्थ्य, पिता का समझौताहीन अड़ियल स्वभाव, परिवार का गाँधीवादी कट्टरपन, किशोरावस्था के असफल प्रेमप्रसंग—इन सब और ऐसे ही अन्य तत्त्वों के विरुद्ध ज्ञान की सृजनात्मक मानसिकता विद्रोह के स्तर पर निर्मित हुई है। इस पृष्ठभूमि में वे सब सम्भावनाएँ छुपी हैं जिनसे कि एक गोर्की या एक चेखव

पैदा होता है। लेकिन ज्ञान की संवेदनशीलता पर ज्ञान का पारिवारिक वातावरण एक गीले लबादे की तरह पसरा पड़ा है, इसीलिए उनकी कहानियाँ बस उनके अगल-बगल की कहानियाँ हैं—घर-गृहस्थी की कहानियाँ—जिनमें भैया हैं, चाचा है, दीदियाँ हैं, चंट या मूर्ख प्रेमिकाएँ हैं, कुण्ठित अधेड़ पड़ोसिनें हैं, और हैं नीरव तरु, सुनसान सड़कें और पलाश के पेड़। इससे आगे ज्ञान की दृष्टि नहीं जाती, जाती भी है तो फेन्स के इधर और उधर से लौट आती है।

हाँ, ज्ञान अपने सीमित संसार को बखूबी पहचानते हैं, इसमें वे जेन ऑस्टेन की तरह पारंगत हैं। मौसम की कोई महक, पेड़ पर बैठा कोई परिन्दा, प्रेमिका की कोई चंटई उनकी तेज आँखों से बचकर नहीं निकल सकती। 'खलनायिका और बारूद के फूल', 'हास्यरस', 'दाम्पत्य', 'रचना-प्रक्रिया' और ऐसी अन्य अनेक कहानियों में ज्ञान प्रेम-व्यापार की समस्त चालाकियों को झोंटा पकड़कर उजागर कर देते हैं।

इधर कुछ वर्षों से ज्ञान 'पहल' शीर्षक से एक लघु पत्रिका के सम्पादन में व्यस्त हैं। जहाँ इससे उन्हें अपनी नई आचार-संहिता प्रचारित करने के लिए सुलभ भूमि मिली है, वहीं वे रचना-धर्मिता के मौलिक दायित्व से कटते जा रहे हैं। रचना के क्षेत्र में ज्ञान आजकल गुप्तज्ञान हो रहे हैं। मैंने कहा था न कि अभी कल ही की बात है उनकी एक जेब में गजक, दूसरी जेब में मीठे परवल भरे रहते थे। लेकिन आज ज्ञान वयस्क हो गए हैं। आज उनकी जेबें टटोलें तो शायद एक में झण्डा और दूसरी में घोषणा-पत्र मिले।

पुनश्च :

ज्ञान जी पर यह संस्मरण मैंने वर्षों पहले लिखा था जब सतीश जमाली की त्रैमासिक पत्रिका 'नई कहानी' का विशेषांक ज्ञानरंजन पर प्रकाशित हुआ था। उस वक्त संस्मरण आज की तरह राजसिंहासन पर बैठी हुई विधा नहीं थी। 'मेरा हमदम मेरा दोस्त' की परम्परा में संस्मरण की प्रकृति एकदम अनौपचारिक और मित्रवत् थी। जब मुझसे ज्ञान जी पर लिखने के लिए कहा गया, मेरा पहला जवाब था अरे, उनसे तो हमारा रोज़ का मिलना है, उन पर कैसे, क्या लिखें। फिर इलाहाबाद का जो तेवर है उसके अन्तर्गत जमाली और सत्यप्रकाश दोनों ने मेरे दुस्साहस को बढ़ावा दिया, 'तभी तो आप लिख सकती हैं। जो मन में पहले पहल आए लिख डालिए, सोचिए मत। उस समय हिमाकत की हिम्मत ऐसी थी कि उकसाये जाने पर मैं तड़ से लिख डालती थी बिना यह सोचे कि बाद में पढ़ने पर कैसा लगेगा।

आज इतने वर्ष बाद यह संस्मरण पढ़कर मैं संकोच से नतशिर हो रही हूँ। इसमें बहुत सी ऐसी बातें हैं जो मैंने मात्र दुस्साहस के खाते में लिखी हैं। ज्ञान जी का साहित्यिक अवदान कहीं ज़्यादा गम्भीर विचारपरकता की माँग करता है।

लेकिन मुझे विस्मय इस बात पर है कि जब मैंने यह लेख लिखा, ज्ञान जी ने एक भी बार इस पर कोई टिप्पणी मुझसे या मित्र-समाज से नहीं की। उन्होंने इसके प्रतिकार में कुछ नहीं लिखा जैसा अश्क जी किया करते थे। ज्ञान जी ने मुझसे संवाद भी बन्द नहीं किया। कहीं आजकल का समय होता तो इस एक अकेले संस्मरण से दो-चार मुकदमे मुझ पर ठुक जाते। आज किसी जीवित रचनाकार पर संस्मरण लिखते ही जो धरना-धमकी, कोर्ट-कचहरी और अखबारबाजी शुरू होती है उससे यही लगता है कि लेखक अपने दिल-दिमाग को स्मृतिविहीन कर दे तभी अच्छा है। अन्यथा हर लेखक अपनी स्मृति में अपनी कल्पना और रोमांस मिलाकर ऐसा रसायन तैयार करेगा कि यादों में दर्ज लेखक की एक अतिरंजित तस्वीर निर्मित होगी। लिखनेवाला भी लेखक ही है चाहे वह कितना ही अनाम, अज्ञात कुलशील क्यों न हो। साहित्य की बहुत-सी विधाओं का हमने काटपीट, कूटपीट कर ऐसा कीमा कर दिया है कि वे अपने पैरों खड़ी भी नहीं हो पातीं। संस्मरण विधा के साथ ऐसा न हो, यह एहतियात हमको रखनी होगी।

अब एक युद्धविराम : सतीश जमाली

साथी रचनाकारों को याद करने में सबसे बड़ा फायदा यह है कि उनसे पहले उनकी रचनाएँ हमें याद आने लगती हैं। उन दिनों की बात है, सतीश जमाली की कविता 'एक और नंगा आदमी' छपकर चर्चित हो चुकी थी। प्रिन्स सतीश के नाम से उनकी कुछ ख़ूबसूरत तस्वीरें इधर-उधर की पत्रिकाओं में छपी थीं। उनकी एक कविता का अंग्रेज़ी अनुवाद भी कुछ इस तरह सामने आ रहा था कि उसके उन्हें एक अमेरिकन पत्रिका से न जाने कितने सौ डॉलर मिले हैं। इस कविता का इतालवी और फ्रेन्च भाषा में भी अनुवाद हुआ। जमाली सन् 1970 में एक शाम हमारे रानी मंडी वाले घर में अपनी सुन्दर सलोनी पत्नी, प्रमिला के साथ प्रकट हुए। पहली मुलाक़ात से ही दोस्ती पनप गयी। हमें गप्पबाज़ी के लिए साहित्य का सहारा नहीं लेना पड़ा। ये बड़े ख़ुशनुमा दिन थे। मैं नयी-नयी इलाहाबाद आयी थी। रवि ने बताया, सतीश जमाली की शादी में उनके रिश्तेदार पठानकोट से नहीं आ पाये थे। बड़े भाई की भूमिका रवि ने अदा की थी। हमारे रिश्ते में इस तथ्य की स्मृति ने एक जीवन्त भूमिका हमेशा अदा की। रवि और जमाली में कुछ बातें कॉमन थीं। दोनों की मातृभाषा पंजाबी थी। दोनों की पत्नियाँ उत्तर प्रदेश की थीं। दोनों पंजाब से उखड़कर उत्तर प्रदेश में जमने का जज़्बा लेकर आये थे। यह कोई आसान काम नहीं था। इलाहाबाद उस वक़्त प्रगतिशील लेखक संघ के दिग्गजों और परिमल के बचे-खुचे पराक्रमियों के पंजों में छटपटा रहा था। युवा पीढ़ी इनके प्रभाव में मिमिया रही थी। गोष्ठियों में भैरवप्रसाद गुप्त सरेआम किसी को भी धमकाकर धकेल देते या विजयदेव नारायण साही अपनी ठण्डी हँसी से नवागन्तुक को ऐसी पटखनी देते कि वह हफ़्तों कॉफी हाउस की शक़्ल तक न देखता। उन दिनों सतीश जमाली श्रीपतराय की पत्रिका 'कहानी' में सहायक सम्पादक थे। उनका कार्यालय सिविल लाइंस के चौराहे पर था। हालाँकि 'कहानी' पत्रिका की पहले वाली साख़ खत्म हो चुकी थी, नये लेखक अब भी उसमें छपने के इच्छुक रहते। श्रीपत जी ने पाँच सौ रुपये का एक वार्षिक पुरस्कार घोषित कर रखा था जो 'कहानी' पत्रिका के बारह अंकों में छपी किसी एक श्रेष्ठ कहानी को दिया जाता। चयन

श्रीपत जी का होता पर माध्यम तो जमाली थे। जमाली के कार्यालय में लेखकों की बैठकबाज़ी चलती। दफ़्तर का समय पूरा होने के बाद जमाली अपनी मण्डली के साथ कुछ देर सिविल लाइन्स की हवा खाते और फिर साइकिल पर अलोपीबाग चल देते।

सतीश जमाली कविता का दामन छोड़ कहानी के मैदान में उतर आये। उनकी कुछ कहानियाँ चर्चित हुईं जैसे 'ठाकुर संवाद', 'प्रथम पुरुष', 'बच्चे' और उपन्यास 'छप्पर टोला'। इन रचनाओं में एक मूलभूत समझदारी के तहत सर्वहारा की पक्षधरता और पूँजीवाद के विनाश की संकल्पना साफ़ दिखाई देती।

आठवें दशक के जमाली केवल किताबी तौर पर बाग़ी नहीं वरन् हक़ीक़ी तौर पर बाग़ी थे। उन्होंने उपेन्द्र नाथ 'अश्क' का साक्षात्कार लिया लेकिन उन्हें खटका लगा कि इस बातचीत में अश्क जी अपनी मनमर्जी फेर-बदल कर लेंगे। बस एक सुबह वे साइकिल पर चल दिये 5, खुसरोबाग रोड, जहाँ अश्क जी रहते थे और अश्क जी के सहायक को खिलौना पिस्तोल से धमकाकर वे साक्षात्कार की फाइल उड़ा ले भागे। इस क़ामयाबी की ख़बर जमाली ने सबको कर दी। लिहाज़ा, श्री नरेश मेहता कॉफ़ी हाउस में यह कहते पाये गये कि सुना है, इतवार की सुबह अश्क जी के घर से 'स्वर्णाभूषणों' की चोरी हो गयी मगर अश्क जी हैं कि पुलिस में प्रथम सूचना रपट दर्ज ही नहीं कर रहे। सारांश यह कि शहर में लेखकों के बीच हो रही कई शरारतों और हिमाक़तों में जमाली का हाथ होता। न होता तो भी उनके नाम जड़ दिया जाता। वे भी अफ़वाह का खण्डन नहीं करते बस, थोड़ा-सा हँस देते।

दरअसल सतीश जमाली घरेलू स्तर पर एक सुखी जीवन जी रहे थे। उनकी पत्नी प्रमिला गुणों की खान थी। जैसी लड़कियाँ शादी के विज्ञापनों में बताई जाती हैं, बिलकुल वैसी—सुन्दर, सुशील, गृहकार्य में दक्ष, एक आदर्श जीवनसाथी। वह खाना इतना स्वादिष्ट बनाती कि लगभग हर शाम जमाली के घर में लेखक-मित्रों का जमघट लगता। भैरव प्रसाद गुप्त, मार्कण्डेय, शेखर जोशी, सत्यप्रकाश मिश्र, शैलेश मटियानी, दूधनाथ सिंह, बटरोही, अमर गोस्वामी, दयाशंकर, विद्याधर शुक्ल वग़ैरह। जमकर क़िस्से बनाये और सुनाये जाते, लतीफ़े गढ़े जाते, रसरंजन किया जाता और प्रमिला के हाथ का बना देसी घी का मटन मसाला, गरम फ़ुलकों के साथ खाया जाता। कभी-कभी हम भी वहाँ होते। प्रमिला का बनाया सरसों का साग और हरे चने की सब्ज़ी रवि को इतनी पसन्द थी कि वे मुझे कहते, जाओ जमाली के घर से सीख कर आओ।

मेज़बानी जितनी बड़ी कला है, उतनी ही बड़ी कला मेहमानी भी। अक्सर जो लोग बहुत अच्छे मेज़बान होते हैं, उन्हें मेहमान बनना नहीं आता या भाता।

जमाली भी जितने अच्छे मेज़बान हैं, उतने अच्छे मेहमान नहीं। अपने घर

का सुस्वादु भोजन करने के बाद उन्हें किसी के घर का खाना क़बूल नहीं। अव्वल तो जमाली किसी के यहाँ जाते नहीं हैं, अगर बहुत इसरार पर आ गये तो अपनी ख़ातिरदारी की हर पेशकश ठुकरा देंगे। जब उनका मेज़बान पूरी तरह हताश हो जाएगा, जमाली बिलकुल 'अश्क' अन्दाज़ में कहेंगे, "मैं एक कप चाय और एक बिस्किट ले सकता हूँ।" जब तक चाय आएगी जमाली की तबीयत बदल जाएगी। वे आधा बिस्किट तोड़ेंगे, आधी चाय छोड़ेंगे, गप्पों में जमेंगे नहीं और यकायक उठ खड़े होंगे 'यार चलता हूँ, तुम ज़रूर आना कभी।' यह अनमनापन जमाली का कवच और कुण्डल है।

उनके दो बच्चे हैं। दोनों बेटे—मिट्टू (आशीष) और टीटू (सुमित)। जिन दिनों हमारे बेटे अन्नू ने नया-नया नर्सरी स्कूल जाना शुरू किया था उसने बताया हमारी क्लास में सुमित स्याल नाम का बच्चा बहुत रोता है। मुझे यह पता नहीं था कि जमाली के बच्चे का स्कूली नाम सुमित है और वह स्याल सरनेम लिखता है। वह तो स्कूल में शनिवार की पी.टी.ए. मीटिंग में हम टकरा गये तब पता चला हमारे बच्चे आपस में दोस्त हैं। वैसे टीटू ने ठीक यही बयान अन्नू के बारे में दिया था कि अन्नू स्कूल में बहुत रोता है।

एक दिन 'कहानी' पत्रिका बन्द हो गयी। जमाली ने अपना स्वतन्त्र प्रकाशन खोला और अपनी लघु पत्रिका 'नयी कहानी' स्थापित की। कुछ वर्ष सब कुछ बढ़िया चला। बढ़िया वाले वर्षों में जमाली ने भविष्य नामक भ्रामक समय के लिए कुछ ख़ास बचाकर नहीं रखा। स्वास्थ्य भी दग़ा देता गया। पति-पत्नी के एक-एक कर कई ऑपरेशन हुए। कुछ असाध्य रोग देह में घर बनाते गये। लेकिन जमाली की अकड़ और अक्खड़पन में कोई कमी नहीं आयी।

जिस समय सतीश जमाली किसी बैठक में चुपचाप बैठे हों, समझ लीजिए किसी पर करारी चोट होने ही वाली है। एक बार अश्क जी और उनके बेटे नीलाभ हमारे रानी मण्डी वाले घर में आये। वे फोन पर वक्त तय करके आये थे हालाँकि हमारे घर में ऐसी तकल्लुफ की ज़रूरत नहीं थी। उसी समय सतीश जमाली कहीं से घूमते-फिरते हमारे यहाँ आ गये। हमें कोई असुविधा नहीं हुई। तीनों हमारे दोस्त थे।

अश्क जी और नीलाभ, मन ही मन, जमाली से नाराज़ थे। पिता-पुत्र को फाइल की उठाईगीरी का प्रसंग भूला नहीं था बल्कि जमाली को देखकर वह ताज़ा हो गया होगा। चाय पीते हुए अश्क जी ने बातचीत को लेखन की ओर मोड़ते हुए कहा, 'भई, मैं तुम लोगों से कहता हूँ तुम्हें और लिखना चाहिए। कालिया तुम लिखने की बजाय इधर-उधर की बातों में वक्त खराब करते रहते हो।'

जमाली ने धीरे-से कहा, "कुछ लोग लिखकर वक्त खराब करते रहते हैं।"

अश्क जी पर सीधा वार था। अश्क जी तिलमिला गये। नीलाभ अपने पैर से जूता उतारने लगे कि पुराना हिसाब-किताब इसी वक्त चुकता कर लिया जाए।

कालिया दोनों के बीच चीन की दीवार बनकर खड़े हो गये, 'अश्क जी, छोड़िए, जमाली नादान है, बच्चा है। आपका बड़प्पन इसी में है कि ऐसी बातों पर ध्यान न दें।'

अश्क जी बोले, 'हम वक्त लेकर आए हैं। यह यों ही आ टपका है।'

कालिया ने कहा, 'मेरे घर, कोई कभी भी आ सकता है। मैं फोन और अपॉयंटमेण्ट में यकीन नहीं करता।' नीलाभ ने तमतमाकर जमाली से कहा, "तुम नाली के कीड़े हो, तुम खटमल हो, तुम पिस्सू हो।"

हम लोगों ने बड़ी मुश्किल से सतीश जमाली की रक्षा की। इस घटना से अश्क जी काफी दिनों के लिए हमसे खिंच गये लेकिन जमाली को कोई फर्क नहीं पड़ा। ऐसा भी नहीं कि उसके मन में हमारे प्रति कोई कृतज्ञता पैदा हुई हो। वह तो ततैये की तरह काटने के बाद फुर्र हो गया।

एक और दिन का वाकया है। सतीश जमाली हमारे घर आये। मैं कुछ लिखने में लगी हुई थी। रवि ऊपर की मंज़िल पर कोई पत्रिका ढूँढने में उलझे हुए थे।

जमाली यदा-कदा ही अपने घर से निकलते हैं। उन दिनों वे गोविन्दपुर में रहते थे और हम तेलियरगंज में। हमारे मोहल्ले बहुत दूर नहीं थे पर मिलना कम हो पाता था। फोन से ही काम चलता रहता।

मैंने दरवाजा खोला।

मेज़ पर मेरे काग़ज़ फैले हुए थे।

जमाली ने बड़े प्रेम से पूछा, 'ममता जी, क्या कर रही थीं?'

'कहानी पूरी कर रही हूँ' मैंने कहा।

'एक बात पूछूँ आपसे? आप इतना क्यों लिखती हैं?' जमाली मीठी मुस्कान से बोले, 'कोई नहीं पढ़ता। आगे भी कोई नहीं पढ़ेगा। मुझसे लिखवा कर रख लें। आपके बाद दीमकें पढ़ेंगी ये सारी किताबें और कहानियाँ।' उन्होंने कमरे में लगे बुकरैकों की तरफ़ इशारा किया।

एक क्षण मुझे विश्वास ही नहीं हुआ ये जमाली बोल रहे हैं और मुझी से मुखातिब हैं।

मैंने हँसकर डायरी बन्द की और चाय बनाने चल दी। इलाहाबाद ने हम लेखकों को शॉकप्रूफ़ भी बनाया है। हम जानते हैं यहाँ ऐसे ही ज़ालिम दोस्त हैं हमारे—एक जुमले में जान निकालने वाले; अपनी एक हँसी से हफ्तों के लिए हमारा आत्मविश्वास लूट लेने वाले। जो नहीं लिखते, वे लिखने वालों पर हावी रहते हैं। वे न लिखकर भी लेखक हैं, हम लिखते हुए भी, सिफर!

जमाली का यही रुख कामकाज के बारे में है। जब भी किसी ने उन्हें कोई

नौकरी दिलाने का प्रयास किया, जमाली ने ऐसी अकल्पनीय शर्तें रखीं और मुआवज़ा माँगा कि बात नहीं बनी। इस तरह जमाली अपनी सम्पूर्ण स्वाधीनता तो अर्जित करते रहे लेकिन परिवार को असिधार पर भी चढ़ाते गये। साहसी की जगह जमाली सनकी होते गये। प्रमिला मधुमेह और उच्च रक्तचाप से लड़ते-लड़ते इस वर्ष मई में चल बसी। शेष बची गृहस्थी को बच्चों की सूझ-बूझ और उद्यमशीलता ने बचाए रखा। दोनों बेटे अपना-अपना स्वतन्त्र कार्य करते हैं।

जमाली का जीवन वृत्त मुझे सामरसेट मॉम की कहानी 'द लोटस ईटर' का ध्यान दिलाता है जिसका नायक यूरोप में भूमध्य-सागर के तट पर सूर्यास्त का मनोरम दृश्य देखकर इतना विभोर जो जाता है कि अपनी नौकरी, गृहस्थी और समस्त ज़िम्मेदारियाँ छोड़कर सागरतट पर आ बसता है। उसने सोचा है कि वह शेष जीवन केवल सूर्यास्त देखते हुए बिता देगा। उसका जीवन उसके साधनों से लम्बा निकलता है। प्रकृति-प्रेम की यह दारुण परिणति पाठक की चेतना को झकझोर देती है।

सुकून की बात यह है कि जमाली इधर कुछ सँभल रहे हैं। 'इलाहाबाद की डायरी' शीर्षक से वे अपने चालीस वर्षों के संस्मरणों की पुस्तक पूरी करने वाले हैं जिसमें कई साहित्यिक विवाद, प्रवाद तो होंगे ही, साथ में रहस्योद्‌घाटन भी कम न होंगे। पिछले दिनों उनकी तीस कहानियों का संकलन 'जंग जारी' छप चुका है। पाँच-छह कहानियाँ और उनके बस्ते में हैं। इससे ज्यादा लिखने में तो वे यक़ीन भी नहीं करते।

रविकथा अनन्ता : रवीन्द्र कालिया

यों तो मेरी छोटी सी दुनिया में बहुत कुछ था, एक अच्छी पक्की नौकरी, पढ़ने के लिए अपना कमरा, असंख्य पुस्तकों वाला घर और समझदार माता-पिता। लेकिन नौकरी के साल भर में ही मुझे एकाकीपन खटकने लगा। कॉलेज में आए दिन किसी न किसी सहकर्मी की शादी का निमन्त्रण मिलता रहता। यूनिवर्सिटी की साथिनों में भी कभी किसी का रिश्ता पक्का होने की खबर मिलती तो कभी किसी के प्रेम प्रसंग की। दिल्ली की सड़कों पर हाथ में हाथ डाले प्रेमीजन कहीं न कहीं दिख जाते। रेस्तरां में मेज के नीचे पैर से पैर सटाकर बैठने वाले, सिनेमा हॉल में एक दूसरे से चिपक कर फिल्म देखने वाले और बसों में एक दूसरे के ऊपर झुक-झुक जाने वाले आशिक, इश्क की दुनिया की खुली किताब थे। मुझे लगता मैं उतनी अकेली नहीं हूँ जितनी कि दूसरों की तल्लीनता मुझे अकेला महसूस करवा रही है। एक बार नौ नम्बर की बस के कंडक्टर ने कहा, "जिन्दगी भर साथ रहना है इन्हें पर पाँच मिनट बस में अलग बैठना गवारा नहीं।" एक नवविवाहित जोड़ा बस में अलग-अलग सीट पर बैठा था और कंडक्टर की ओर बड़ी शिकायत से देख रहा था।

एक बार किसी सभा में से पापा मम्मी पहले ही उठ दिए कि मैं अपने आप बस पकड़कर आ जाऊँगी। तभी भारत जी ने बताया कि यहाँ से हमें नगर के उपराज्यपाल ए.एन. झा के यहाँ कवि गोष्ठी में आमन्त्रित किया गया है। गोष्ठी अज्ञेय जी की अध्यक्षता में होनी थी। हम सब कवि अज्ञेय जी, रघुवीर सहाय, श्रीकान्त वर्मा, कैलाश वाजपेयी, भारत जी, रमानाथ अवस्थी, रमा सिंह और मैं वहाँ पहुँचे। कवि गोष्ठी खूब जमी। झा साहब ने पूरी गोष्ठी को रिकॉर्ड करवाया। अन्त में उन्होंने संस्कृत काव्य के अंश सुनाए। इसके बाद उन्होंने हमें रात्रि भोज के लिए रोक लिया। शानदार दावत थी। उनके परिवार के सदस्य स्वयं आग्रह कर खिला रहे थे और एक-एक अतिथि का ध्यान रख रहे थे। उनके बेटे की तभी शादी हुई थी। उसकी परिणीता एकदम छोटे से कद की दुबली, गोरी, गोल चेहरे वाली लड़की थी जो दो इंच एड़ी वाली चप्पलें पहनकर भी नाटी लग रही थी।

झा साहब के अनुरूप ही उनका बेटा लम्बा, सुन्दर और पर्वत की तरह विशाल था। खाना खाते हुए मैंने गौर किया कि उस छुईमुई सी लड़की ने अपने पति की तरफ आँखों का एक मौन संकेत किया। अगले ही पल दोनों महफिल से गैरहाजिर हो गए। बात नितान्त सहज और संगत थी पर मेरा मन कविता-वविता की बहस में उचट गया। मुझे लगा कविता के नाम पर नए पुरानों को काटने दौड़ना सिरफिरे लोगों का टाइमपास है, असली कविता तो वहाँ कमरे में कैद है। इसी तरह अकेलापन कभी भी डंक मार जाता कभी रास्ता चलते, पड़ोस के फ्लैट की खिड़की से दिखते दृश्य से, कभी किस्से-कहानी में छुपे प्रसंग के अदृश्य से, कभी किसी बज्म में, कभी किसी नज्म में।

कहने को बहुत लड़के थे आसपास। पर मुझे तो एक ऐसा दोस्त चाहिए था जो न सिर्फ अविवाहित हो वरन् कुँवारा भी। मेरी तरह। जिसके जीवन में किताबों की सम्पदा हो, कलम की पूँजी। जिसे मैं साँवली नहीं सलोनी नजर आऊँ, जो मुझे ऐसे चाहे जैसे राँझा ने हीर को, मजनूँ ने लैला को और महिवाल ने सोहनी को चाहा। बल्कि उससे भी ज्यादा। जिसके लिए मैं इतने वर्षों का संचित सूनापन खुशी-खुशी समर्पित कर दूँ। मेरे पास पात्र नहीं था, मैं प्रेम के भाव से ही प्रेम कर रही थी। उन वक्तों में दिल्ली बड़ी दिलजली थी। सातवें दशक के मध्य में लोग जिस रफ्तार से प्रेम कर रहे थे, उसी रफ्तार से प्रेम में एल बी डब्ल्यू हो रहे थे। बुद्धिजीवी वर्ग में धड़ाधड़ शादियाँ टूट रही थीं। सम्बन्धों में निरर्थकता बोध का बोलबाला था। काफ्का, कामू और सार्त्र युवा पीढ़ी को निर्वासन, निस्संगता और संत्रास का ऐसा इंजेक्शन लगा चुके थे कि प्रेम में पड़ने का चलन मिटता जा रहा था।

सन् 1964 के ऐसे ही प्रेम विरोधी मौसम में एक दिन जगदीश चतुर्वेदी के साथ एक बेहद लम्बे लड़के ने 25/39 शक्तिनगर की पहले माले की सीढ़ियाँ चढ़ीं और हमारे घर में दाखिल हुआ। यह आगन्तुक रवीन्द्र कालिया था। बोलने का काम पापा और जगदीश चतुर्वेदी करते रहे। रवीन्द्र बहुत कम बोले, उनसे ज्यादा उनकी सिगरेट का धुआँ बोला। मैंने उस दिन बाल शैम्पू किए थे। खुले बालों और प्रसाधनविहीन चेहरे से मैं आगन्तुकों को चाय पिलाती रही। जगदीश हमारे पुराने पारिवारिक मित्र थे, मध्य प्रदेश के 'शलभ काल' के, लेकिन वह सिगरेट पीने वाला लड़का एकदम नया और अजनबी था। उस दिन मुझे यह जरूर महसूस हुआ कि जो नहीं बोलता वह अपने पीछे कितने अनुमान छोड़ जाता है। (बाद के दिनों में जब रवि मुझसे कहते कि वे एक बार हमारे घर शक्तिनगर आए थे, मैं कहती मुझे याद नहीं। वे मेरे झूठ पर चकरा जाते। एक दिन उन्होंने कह दिया—"तुम्हें याद है पर तुम स्वीकार करना नहीं चाहतीं कि तुम्हें याद है।" मेरे अन्दर पकड़े जाने का ऐसा आतंक उपस्थित हुआ जो आज तक कायम है और

इसके बाद मैंने रवि से कभी झूठ बोलने की कोशिश नहीं की। भीरुता ने कई मरहलों पर मेरी जिन्दगी आसान बनाई।) उस रात यह लम्बा लड़का मेरे सपनों में भी थोड़ी देर के लिए आया। लेकिन मैंने अपने सपनों को ज्यादा लिफ्ट नहीं दी क्योंकि रवीन्द्र की कहानी 'नौ साल छोटी पत्नी' छप चुकी थी जिसे पढ़कर लगता था कि लेखक जरूर विवाहित है। मैं पचड़ेवादी प्रेम में कतई नहीं पड़ना चाहती थी, इतना चौकन्नापन मेरे अन्दर था।

दिन बीतते रहे। 1964 यों ही बीत गया। कुछ निष्फल मित्रताएँ, शत्रुताएँ और विचित्रताएँ लिये हुए। हितैषियों ने कहना शुरू कर दिया 'ममता हमारे बच्चे को अपना नॉमिनी बना लो, आखिर अकेली कैसे गुजारोगी जिन्दगी?' मुझे हितैषी नागवार मालूम दिए। मेरी उम्र सिर्फ साढ़े तेईस साल थी और घर से लेकर मित्र हितैषी सोच रहे थे कि मेरा शेष जीवन एक रेगिस्तान है। एक हितैषी ने कहा—"तुम्हारे लिए कलकत्ते में एक रिश्ता ढूँढा है। लड़का मारवाड़ी है, पैर से थोड़ा लँगड़ाता है, चरित्र का थोड़ा ढीला है पर पैसे की कमी नहीं, उसे घर चलाने वाली घेरलू लड़की चाहिए, बोलो शादी करोगी। उसके पास लाल रंग की प्रीमियर पद्मिनी कार भी है।" मैंने हितैषी से कहा—"उस कार वाले के लिए एक अच्छी नौकरानी ढूँढ दो, मुझे माफ करो।" एक और हितैषी ने बताया—"अपना नाम लाजपतनगर के एक आश्रम में लिखवा दो। पन्द्रह साल बाद जब वहाँ जगह खाली हो, चली जाना, माँ-बाप हमेशा साथ नहीं रहते।"

ऐसे कठिन वक्तों में अध्ययन और लेखन की प्रवृत्तियों ने मुझे बहुत सहारा दिया, माँ-बाप से भी ज्यादा। किसी भी बेहूदगी को सहने में लिखना-पढ़ना कवच और कुण्डल का काम करते थे। घर में अपने को लड़का साबित करते-करते, हालत यह हो गई थी कि अब मम्मी और पापा मुझे लड़का ही मान रहे थे। हर मुश्किल काम मेरे जिम्मे था।

ऐसे दुष्कर दिनों में पुस्तकों को प्रेम किया और उनसे प्रेम पाया। सन् 1964 में निर्मल वर्मा की दो पुस्तकें—'वे दिन' और 'जलती झाड़ी', कई-कई बार पढ़ीं। कण्ठस्थ हो गईं। जिस किसी की सालगिरह होती मैं ये दो किताबें खरीदकर भेंट कर देती। सागर पार दोस्तों को भी मुझसे यही तोहफा मिलता। निर्मल वर्मा मेरे प्रिय रचनाकार बनते गए। उनकी कहानियों को मैंने कविताओं की तरह याद किया, उनके उपन्यास से मैंने अपनी मुहब्बत के प्रतिमान बुने।

उन दिनों मुझे, सुबह जगाने का काम समाचारवाचक देवकीनन्दन पाण्डेय किया करते थे। मैं रात में लिख-पढ़कर देर से सोती। सुबह पापा उस वक्त रेडियो का वॉल्यूम थोड़ा बढ़ा देते जब देवकीनन्दन पाण्डेय अपनी गनगनाती आवाज में कहते—"सवेरे के आठ बजे हैं अब आप देवकीनन्दन पाण्डेय से हिन्दी में समाचार सुनिए।" मैं बिस्तर से उठकर तैयार होने लग जाती। ऐसी ही एक सुबह, सन्

1965 में एक तार मिला। पंजाब यूनिवर्सिटी, चंडीगढ़ में 30 जनवरी को 'कहानी सवेरा' शीर्षक से एक गोष्ठी का निमन्त्रण था। भेजने वाले का नाम आचार्य हजारी प्रसाद द्विवेदी। रोम-रोम आह्लाद और अविश्वास से काँप उठा। आचार्य जी को मंच से बोलते सुना था, उनके लेख पढ़े थे। दिल्ली शहर की एक गुमनाम लेखिका को वे अपनी गोष्ठी के लिए बुलाएँगे, यह तो कभी सोचा तक नहीं था।

पापा ने देखकर अपने खास अन्दाज में कहा—"वेरी गुड, जरूर जाओ।"

'आज की कहानी का प्रामाणिक यथार्थ' विषय पर आलेख तैयार करना था। कहानियाँ मैंने बहुत पढ़ रखी थीं। मैंने छठे और सातवें दशक में यथार्थ के परिवर्तित, तुलनात्मक रूप पर जोर देते हुए अपना आलेख तैयार किया। 29 जनवरी की शाम जब मेरी बस चंडीगढ़ पहुँची, बस अड्डे पर डॉ. इन्द्रनाथ मदान, रवीन्द्र कालिया और विमल आए हुए थे। गजब की ठण्ड थी। मुझे एक छोटी सी अटैची लेकर उतरते हुए देखकर मदान साहब बोले, "शी हैज कम लाइक ए मेम्बर आफ द फैमिली, इनके लिए बिस्तर का इन्तजाम करना पड़ेगा।" मुझे डॉ. इन्दु बाली के घर पर ठहराया गया। वे बेहद खूबसूरत, रौबीली और स्मार्ट लेखिका थीं। उन्होंने मुझे रात में अपने साथ सुलाया। सुबह जब मैं उठी, वे नहा-धोकर तैयार हो चुकी थीं। उनके घर में कुछ रिश्तेदार भी टिके हुए थे जिन्हें वे आलू के पराठे सेंक कर खिला रही थीं। रसोई में गुँधे हुए आटे की विशाल परात देखकर लग रहा था वे सारे शहर को नाश्ता खिलाएँगी। डाइनिंग टेबिल पर एक बहुत बड़े डोंगे में, घर से निकला कच्चा मक्खन और दही रखा था। उनके हाथ के एक पराठे ने दिन भर पेट का साथ दिया।

यों तो पूरा चंडीगढ़ खूबसूरत था, यूनिवर्सिटी परिसर तो एकदम नगीना था। करीने से लगी गुलाब की कतारें, हर रंग का गुलाब। बहुत दिनों के बाद चंडीगढ़ में नारंगी, कत्थई, दुरंगा और काला गुलाब देखने को मिला। गुलाब जितनी ही खूबसूरत अनीता राकेश वहाँ मिलीं और अनामिका विमल। बहुत से शीर्ष रचनाकारों, आलोचकों से मंच सजा था। नई कहानी के दो दिग्गज अपने महाबली आलोचक सहित विराजमान थे। मोहन राकेश, कमलेश्वर, आचार्य हज़ारीप्रसाद द्विवेदी, इन्द्रनाथ मदान, नामवर सिंह के साथ रवीन्द्र कालिया, गंगा प्रसाद विमल, अनीता राकेश और मैं मंच पर बैठे थे। नामवर जी ने मंच से मेरे आलेख की सराहना की थी। मेरे लिए वह ऐतिहासिक दिन था।

ऐतिहासिक तो वह दिन और भी कई कारणों से रहा।

उस दिन राकेश और कमलेश्वर की उठापटक, जुमलेबाजी को रूबरू जाना, मदान साहब का प्यार भरा आतिथ्य पाया, राकेश जी की आँखों में फिदा-ए-अनीता चमक देखी, नामवर जी का नायकत्व महसूस किया। एक व्यक्ति जिसने मुझसे

नहीं के बराबर वार्तालाप किया, वह था रवीन्द्र कालिया। मोहन राकेश, कमलेश्वर और रवि जैसे सिगरेट की बाजी लगा रहे थे, तीनों जैसे एक तरन्नुम में फोर स्क्वैयर, चारमीनार और विल्ज फिल्टर के इश्तेहार बने हुए थे। राकेश जी के सिर में दर्द होने लगा। अनीता अपने पर्स में गोली ढूँढने लगी। मैंने अपने पर्स से निकाल कर दवा की गोली दी। राकेश जी दर्द में भी शरारत से मुस्कराए, "अनीता मेरे लिए दवा रखती है, आप किसके लिए रखती हैं?"

क्या बताती। कोई अपना मरीज, कोई हमदर्द था ही नहीं।

मैंने कहा—"आज ही दिल्ली वापस जाना होगा। मैं छुट्टी लेकर नहीं आई और कल कॉलेज है।" मदान साहब ने कहा—"एक दिन रुक जाइए, आपको सुखना झील दिखाएँगे।"

पर मैं उठ खड़ी हुई।

ताज्जुब!

मेरे साथ रवीन्द्र कालिया भी उठ खड़े हुए।

राकेश और कमलेश्वर ने रवि को अलग ले जाकर समझाया—"इन्हें जाने दो, बस में बैठाकर आ जाना। शाम को रंग जमेगा।"

रवि कुछ नहीं बोले। विल्ज फिल्टर के धुएँ ने जो कहा हो सो कहा हो।

चंडीगढ़ के सभी मित्र छोड़ने आए। कमलेश्वर अन्त तक कोशिश करते रहे कि रवि न जाएँ। वे अवश्यम्भावी की आहट पहचान रहे थे।

रवि मेरे साथ दिल्ली चल दिए।

मुझे लग रहा था, इस लड़के की हिमाकत तो देखो। हाल न पूछा, बात नहीं की, पर चल रहे हैं छोड़ने जैसे मुझे बस में सफर करना नहीं आता।

बहुत देर तक दोनों के बीच दही जमा रहा। आखिर में रवि ने मेरी प्रिय पुस्तकों के बारे में पूछा। मैंने जैनेन्द्र, अज्ञेय और निर्मल वर्मा गिना दिए। यह भी बताया कैसे मैं अपने समस्त दोस्तों को निर्मल वर्मा पढ़ा चुकी हूँ।

अब रवि से बर्दाश्त नहीं हुआ।

उन्होंने एक-एक कर जैनेन्द्र, अज्ञेय और निर्मल की सीमाओं, संकुचित सरोकारों और अवास्तविक कथानकों पर प्रहार करना आरम्भ किया। अर्थात् मेरा अब तक का संचित साहित्य कोष वे नकार रहे थे, धिक्कार रहे थे। वे मुझसे मेरे सारे नायक छीन रहे थे। वे मेरे नायक मिट्टी में मिला रहे थे। किस मिट्टी का बना है यह आदमी। अपने पूर्ववर्ती रचनाकारों से इसे जरा भी मोह नहीं।

रवि का मोह केवल एक के प्रति था। वह मैंने महसूस किया। मोहन राकेश के प्रति। वे पूजा की हद तक मानते थे उन्हें। उनका कहा ब्रह्मवाक्य। उनका सिखाया दीक्षान्त कथन। उनका लिखा सर्वोपरि।

लेकिन उनकी मर्जी के खिलाफ वे बस में सवार हुए और मेरे साथ चल दिए।

यकायक करनाल पर बस खराब हो गई। ड्राइवर, कंडक्टर ने बारी बारी से बस के नीचे प्राणायाम की मुद्रा में लेट कर निरीक्षण किया। उनमें थोड़ा मतभेद हुआ कि खराबी पहिये में है या इंजन में। फिर इस बात पर समझौता हो गया कि खराबी इंजन में है। ठण्ड बला की। मेरा स्वेटर और रवि का कोट, दोनों करनाल की ठण्ड से मार खा रहे थे। चाय मँगाई। चाय के बहाने फिर सिगरेट। अब तक मेरे जेहन में रवीन्द्र कालिया और सिगरेट एकाकार हो चुके थे। धुआँ अच्छा लग रहा था। नागवार बातें भी गवारा करने की तबियत हो रही थी। यह शख्स मेरे सारे नायकों को परास्त कर मुझे एक नया नायक देने में बहुत दूर नहीं था।

सबसे बड़ी बात, अभी तक उसने अपने घर-परिवार, नौकरी और आर्थिक संघर्षों का कोई पुलिन्दा नहीं खोला था। लड़कियों को भावुक और विगलित करने के लिए जिस बाजीगरी का सहारा लोग लेते हैं, वह यहाँ सिरे से गायब था।

रवि ने मुझे कुछ अच्छी कहानियों के बारे में बताया। उन्होंने अपने प्रिय रचनाकार हेमिंग्वे पर बात की। ऐसा लग रहा था उस रात वे एक कवि को कथाकार बनाकर ही दम लेंगे। हमारी बस, मौत के कुएँ में चलती मोटरबाइक की तरह, शोर कर ठण्डी हो जा रही थी। उनके शब्द बस की आवाज से दबते, फिर उभर आते जैसे खराब ट्रांजिस्टर में शॉर्ट वेव स्टेशन।

आखिरकार बस चल दी। तीखी हवा से कुछ राहत मिली। दिल्ली पहुँचते-पहुँचते दस बज गए। रात, ठण्ड और ठिठुरन आपस में होड़ ले रही थीं। यह दिल्ली की जमीन का असर था कि हम दोनों अलग दिशा में वाहन ढूँढने लगे। रवि के हाथ में कोई सामान नहीं था। मैं अटैची थामे हर स्कूटर वाले से पूछती रही—"शक्तिनगर चलोगे?" सबने मना कर दिया। टैक्सी वालों ने भी मेरी बात पर कोई ध्यान नहीं दिया।

अब क्या हो?

स्कूटर टैक्सी वालों की सामूहिक न के बाद भी मुझे उम्मीद थी अभी कोई चौथा वाहन आएगा और मैं शक्तिनगर जा सकूँगी। रवि तब तक गए नहीं थे।

पास आकर बोले—"लगता है रात सड़क पर काटनी पड़ेगी।"

यह पता नहीं चला कि यह भविष्यवाणी उन्होंने अपने लिए की थी या मेरे लिए।

"आपके मम्मी-पापा परेशान हो रहे होंगे।"

"उनकी परेशानी सुबह शुरू होगी। मैंने कहा था मैं सोमवार तक आऊँगी।"

"फिर वहाँ से क्यों चल दीं?"

"मुझे लेक्चर तैयार करना था।"

रवि ने दो-एक स्कूटर वालों से बात की। उनके इलाके सन्तनगर, करोलबाग

सब जाने को तैयार थे।

रवि ने तकल्लुफ निभाया–"एक बार नामवर सिंह हमारे कमरे पर रुक गए थे। हम लोगों ने एडजस्ट कर लिया था। उन्हें कोई तकलीफ नहीं हुई थी। आप वहाँ भी चल सकती हैं। या हम लोग वापस चंडीगढ़ की बस में बैठ जाएँ?"

'प्यार शब्द घिसते घिसते चपटा हो गया है
अब हमारी समझ में
सहवास आता है'

ऐसी अकविता लिखने के बावजूद व्यावहारिक स्तर पर मैं बड़ी डरपोक किस्म की खरगोश लड़की थी। रात के बारह बजे एक लगभग अपरिचित लड़के के घर जाकर नामावरी हासिल करने का मेरे अन्दर कतई हौसला नहीं था। उससे बेहतर था कि हम बन्द 'खैबर' की सीढ़ियों पर बैठ निर्मल वर्मा की 'परिन्दे' की समीक्षा करते।

कई युक्तियाँ सोची गईं।

धर्मशाला?

होटल?

रेलवे स्टेशन का वेटिंग रूम?

पर कहीं भी जाने को कोई भी वाहन उपलब्ध नहीं था।

हम एक खाली ऑटोरिक्शे में बैठ गए जो बस अड्डे पर खड़ा था। उसका मालिक ठण्ड से घबरा कर कहीं दुबका हुआ होगा।

हम बहुत थक चुके थे।

ऑटो, बर्फ का इग्लू बना हुआ था। उसकी छत पर थोड़ी-थोड़ी देर में कोहरा टपक रहा था। बाहर के अँधेरे में पिल्लों की पें पें और सन्नाटे का मिश्रण एक अलग रसायन तैयार कर रहा था।

हम दोनों के बीच, मेरी पुरानी अटैची चीन की दीवार की तरह स्थापित थी जिस पर सिर रखकर एक झपकी ली जा सकती थी।

तभी।

कहीं से ऑटो का मालिक झल्लाता हुआ आया और सीधे बिगड़ने लगा।

रवि फौरन नीचे उतरे।

इस आड़े वक्त, पंजाबी भाषा बड़ी काम आई।

जल्द ही शान्त होकर उसने कहा–"घण्टा एक होर निकाल लो जी, फिर मैंने भी जाणा है।"

कौल का पक्का वह घण्टे भर बाद आया। ठण्डे पड़े ऑटो को उसने किक मारकर जगाया और खड़ खड़ खड़ चल पड़ा।

अँधेरे में रास्ता क्या, शहर भी अपरिचित लग रहा था।

मैंने अपने को ऐसी बस्ती में पाया जहाँ सड़क के दोनों ओर मकानों की कतारें थीं लेकिन कहीं रोशनी या जीवन का कोई चिह्न नहीं था।

ऑटो ड्राइवर पैसे लेकर चला गया।

रवि ने मेरी अटैची थाम रखी थी। एक दरवाजे पर काफी देर खटखटाने पर किसी ने खोला जो हमारे आगे-आगे सीढ़ी चढ़ गया।

यह हमदम था, रवि का चित्रकार दोस्त और रूम पार्टनर। उसने एक चिट्ठी रवि के हाथ में रख दी।

चिट्ठी इनकी छोटी बहन कमलेश की थी—इन्दर तुम चिट्ठी नहीं लिखते, न हमारी चिट्ठियों का जवाब देते हो। झाई जी को बेहद फिकर हो रही थी इसलिए आज हम यहाँ आए। तुम बिना बताए चंडीगढ़ चले गए हो। हम सबको बेआराम किया तुमने—कमलेश।

रवि चिट्ठी से थोड़ा विचलित हुए, फिर प्रकृतिस्थ हो गए।

हमदम ने अपनी रजाई समेटी और बगल के कमरे में चला गया।

रवि ने तुरन्त बिस्तर की चादर ठीक से बिछाई, रजाई पैताने रखी और बताया—"बाथरूम बाहर बालकनी में है।"

बाथरूम में न रोशनी थी न पानी। अतः जैसी गई वैसी ही लौट आई।

तब तक रवि जमीन पर खेस बिछाकर लेट गए थे।

थकान और नींद ने समस्त चेतना सुन्न कर रखी थी।

मैं बिस्तर पर लेटते ही सो गई, गहरी, स्वप्नविहीन नींद।

बहुत रात गए ऐसा महसूस हुआ कोई मेरे बालों को छू रहा है।

मेरे होठ कह रहे थे—"तुम्हें ठण्ड लग रही होगी।"

पता चला हम दोनों काँप रहे थे।

सिर्फ ठण्ड से नहीं।

रात के उन थोड़े से घण्टों में हम एक दूसरे के कोलम्बस हुए। उस वक्त हमने नए देश देशान्तर नहीं ढूँढे किन्तु तटबन्ध पहचान लिए।

दिल्ली जैसे दिलजले और दागदार शहर में, जिन्दगी की भागदौड़ और भड़भड़, नौकरियों की नकचढ़ी कुड़कुड़ के बीच दिल-दिमाग के दरवाजे मुहब्बत के इन्तजार में खुले हुए थे, यह हमें अब पता चला।

हमने अब तक किताबों में पढ़ा हुआ प्रेम जाना था। यह सोलहवीं शताब्दी का, यह उन्नीसवीं शताब्दी का, यह 1940 का, यह 1950 का, यह नौकुछियाताल का, यह भोपाल का, वह प्राग का, वह प्रयाग का प्रेम है।

इन सबमें कुछ खाली जगहें थीं जो हमें अपनी तरह से भरनी थीं।

यह एहसास हो रहा था कि अकहानी ने कहानी की स्पेस खत्म नहीं की

है और अकविता ने कविता को बेदखल नहीं किया है।

एक ही दिन के परिचय ने मेरे अन्दर इतनी ऊर्जा, ऊष्मा और उमंग भर दी कि मैं एड़ी से चोटी तक हरी हो गई। दिल्ली के खरदिमाग ऑटोचालकों के प्रति मन कृतज्ञ हो आया। अगर वे सीधे से मुझे शक्तिनगर पहुँचा आए होते तो कहाँ आता जीवन में प्रेम। पड़ी रहती किसी मनहूस महिला कॉलेज में, लड़कियों की कॉपियाँ जाँचती। उम्र चौबीस से चौंतीस होती जाती, रेगिस्तान रोज नजदीक आता। कॉलेज में ऐसी सहकर्मियों की कमी नहीं थी जो लाल मिर्च की तरह तेज, पतली और रूखी दिखाई देतीं। वे अकेली मिकाडो में बैठी चाउमी खातीं, ओडियन में फिल्म देख लेतीं और गर्मी की छुट्टियों में अकेली मसूरी घूमने चली जातीं। मेंहदी उनके हाथों की जगह बालों में लगती जाती और अपनी लाल केशराशि से वे अलग पहचान में आतीं। कॉमेडी पढ़ाते हुए भी उनकी मुखमुद्रा ट्रेजिक बनी रहती। इनके विपरीत विवाहित प्राध्यापिकाएँ ज्यादा सुगम्य और सन्तुलित थीं। किंचित् मृदुल, किंचित् पृथुल, ये एक आन्तरिक लय से अपना काम सम्पादित करतीं। इन्हें क्लास में जाने की कोई जल्दी न होती। अलबत्ता घर पहुँचने की बेकली जरूर दिखाई देती। कॉलेज में ये दोनों प्रजातियाँ प्रतिपक्षी सैन्यदलों की तरह रहतीं। अन्तस्थ क्षेत्र में हम जैसी नव नियुक्त लेक्चरर थीं जिनके पास अभी सम्भावनाओं का समूचा आसमान था। प्रिंसिपल हम पर काम का बोझ लाद देती फिर भी हम हँसने का, कैण्टीन में बैठने का, कनॉट प्लेस घूमने का समय निकाल लेतीं। हमें खबर लगती हैंडलूम हाउस में साड़ियों का नया स्टॉक आया है, हम कॉलेज से ही ग्रुप बनाकर निकल पड़तीं। कभी हम पर गॉगल्स खरीदने की धुन सवार हो जाती। कभी हम शंकर मार्केट में नया दर्जी तलाश करने में घण्टों बिता देतीं। जनपथ के मुकाबले शंकर मार्केट ज्यादा टिकाऊ किस्म का बाजार था जिसके नुक्कड़ का चाटवाला हमारी मनपसन्द आलू टिक्की बनाता। अंग्रेजी विभाग की लक्ष्मी मेनन और मैं कनॉट प्लेस के सभी रेस्तराँ में जा चुकी थीं सिवाय टी हाउस के। टी हाउस की संस्कृति में लड़कियों के प्रवेश का निषेध नहीं पर स्वागत भी नहीं था। वहाँ महिलाएँ पुरुषों के संग तो कभी-कभी दिख जातीं, अलग से अकेले टी हाउस जाने का रिवाज नहीं था। लक्ष्मी को हिन्दी साहित्य की सीमित जानकारी तक नहीं थी इसलिए टी हाउस का उसके लिए कोई उपयोग नहीं था। मैं अपने को इतना लेखक नहीं समझती थी कि टी हाउस में जाना अनिवार्य लगे।

रवि का मामला अलग था। वे न सिर्फ लेखन को गम्भीरता से लेते थे, उनकी संगत भी लेखकीय थी। वे दफ्तर खत्म कर सीधे टी हाउस आ जाते। उनमें अड्डेबाजी के बहुत से गुण थे। यारों के यार तो वे थे ही, अपने वरिष्ठ रचनाकारों के साथ भी वे मित्र भाव रखते थे। इसलिए उनकी टोली हमेशा बड़ी ही रही। इन सबका दरबार टी हाउस था।

यह मित्र भाव लेखिकाओं के बीच न तब था न अब है। उन वर्षों में युवा महिला रचनाकारों की खासी अच्छी संख्या दिल्ली में थी—मन्नू भण्डारी, इन्दु जैन, स्नेहमयी चौधरी, कीर्ति चौधरी, निर्मला जैन जैसे प्रसिद्ध हस्ताक्षरों के साथ अनीता औलक, कान्ता भारती, मणिका मोहिनी, मोना गुलाटी, मीरा महादेवन और प्रभा दीक्षित जैसे नए चेहरे भी थे। सभी की कोई न कोई रचना लोगों का ध्यान खींच चुकी थी। लेकिन इनमें से कुछ अपने दाम्पत्य के दायित्व में तो कुछ प्रेम प्रसंगों के लालित्य में फँसी हुई लेखिकाएँ थीं। इनमें से किसी के भी लिए लेखन पूर्णकालिक काम नहीं था। सातवें दशक में स्त्री वर्ग के लिए लेखन कोई प्रदर्शनीय कला नहीं थी। कहानी-कविताएँ लिखकर आलमारी में साड़ियों की तहों में छुपाकर रख ली जातीं और कभी धीरे से किसी पत्रिका में सम्पादक के नाम बुक पोस्ट कर दी जातीं। इससे अधिक लोकोन्मुखता अपचर्चा का बायस बनती। सम्पादक के नाम न कोई पत्र न फोन। लेकिन यह एक यथास्थिति थी जिसे उलांकने की तड़प मेरे मन में रही होगी। तभी रवि की दोस्ती ने मेरे जगत के न सिर्फ ताले तोड़े बल्कि आत्मविश्वास का आकाश भी दिया। उसने मुझे प्यार करना सिखाया। सिर्फ उससे नहीं, मुझे अपने आपसे प्यार करना सिखाया। जब उसकी निगाह से मैंने अपने आपको देखा मैं एक नई लड़की बन गई। कितनी सहजता से उसने अपने जीवन में मुझे मिला लिया। उसने मेरी जिन्दगी का तापमान कई डिग्री बढ़ा दिया। वह मेरे लिए सुबह का अखबार बन गया। वह मेरा हर दिन का त्यौहार बन गया। वह मेरा प्रतिपल पुरस्कार बन गया। अब मैं पहले वाली वह लड़की न रही, सूखा बदन, रूखी त्वचा और चुभने वाली हड्डियों से भरी काया। मेरी देह में लावण्य उतरने लगा। आँखों में सजलता के साथ सलज्जता आती गई। मैं जो अपना गाँधी आश्रम छाप हुलिया बनाकर घूमने में अपनी सादगी को अपनी विशिष्टता समझती थी, अब चुपके-चुपके जनपथ की दुकानों में गुलाबी रंग की लिपस्टिक तलाशने लगी। साड़ी पहनने के बाद दो बार देखती, पीछे से किनारा पलट तो नहीं रहा है। ब्लाउज के नए नमूने आजमाने की इच्छा जागने लगी। मुझे अपनी समस्त अविवाहित दोस्त मनहूस दिखाई देने लगीं। वे मम्मी-पापा जिनके साथ मेरा शाश्वत तिगड्डा बनता था अब मुझे बोर लगने लगे। अपने पते 25/39 शक्तिनगर की जगह 5055 सन्तनगर मेरी चेतना में समा गया। वहाँ रवि रहता था। कॉलेज से लौटते हुए कहीं रुककर, भरी दोपहर मैं राजकमल प्रकाशन को फोन घुमा देती, यह सोचकर कि रवि वहाँ शायद हों। राजकमल प्रकाशन से 'नई कहानियाँ' मासिक पत्र निकलता। रवि का दफ्तर भी दरियागंज में ही था। कभी-कभी वहाँ दोपहर में अड्डा लगता। कभी कमलेश्वर तो कभी जवाहर चौधरी मेरी आवाज सुनकर हँसते हुए जवाब देते, "नहीं कालिया यहाँ नहीं आया।"

मैं संकोच से गड़ जाती। कॉलेज से पैदल वापस चल पड़ती। मन में स्मृतियों

का अलबम खुला होता। हर आवाज जलतरंग जैसी मधुर सुनाई देती। कई बार एकदम पास से, लगभग छूते हुए बस या ऑटो रिक्शा गुजर जाता। मन में गुलेरी जी की कहानी 'उसने कहा था' की चेतावनी सुनाई देने लगती 'हट जा जीणे जोगिये, हट जा करमवालिये' मैं हर तस्वीर में अपनी कल्पना मिलाकर उसे और सजीव बना डालती। घर पहुँचने की कोई जल्दी भी न होती। घर की आवाजें मेरा रवि-इन्द्रजाल तोड़ने लगतीं।

उन वर्षों में दिल्ली में किसी को फोन करना इतना आसान नहीं था। आज की तरह न जगह-जगह पी सी ओ थे न मोबाइल। दिल्ली के सरकारी अफसरों को भी फोन लम्बी प्रतीक्षा सूची में इन्तजार करने के बाद मिलता। तब तक, कई बार फिर तबादले का फरमान आ जाता। जिनके घर फोन होता वे फोन बेडरूम में नजर से बचाकर रखते। ज्यादा समझदार लोग उसके ऊपर एक कफन भी डाल देते। 'कैसे हो? क्या कर रहे हो' जैसी कैजुअल बातों के लिए फोन का इस्तेमाल नहीं किया जाता। प्रायः फोन करने के लिए एक्सचेंज जाना पड़ता। वहाँ एक सरकारी आदमी सरकारी आवाज में आपसे नम्बर पूछता और सरकारी गति से नम्बर मिलाकर फोन का काला, भद्दा, भोंडा चोगा आपकी तरफ बढ़ा देता। आपकी आधी तरलता, सरलता और स्निग्धता पर इस माहौल में राख पड़ जाती। आपकी संवेदना आधी पीली आधी हरी हो जाती। तब तथ्य के सिवा और कुछ भी न फूटता जुबान से।

1965 की शुरुआत में ऐसे ही होता था प्रेम। भौतिक सुविधाओं की कमी को दिल-दिमाग के अहसास, ख्याल और ख्वाब से पूरा कर लिया जाता। बल्कि ये उपकरण प्यार के स्वप्न को कुछ ऐसे पूरा करते कि कल्पना और यथार्थ के बीच जोड़ नजर ही न आता।

कभी मैं कॉलेज से निकलती तो देखती रवि फाटक पर खड़े हैं इन्तजार में। मैं पूछती, "आज तुम्हारी छुट्टी थी क्या?"

रवि हँस देते, "हाँ थी, कोर्टशिप लीव।"

हम घूमने निकल जाते। घूमते-घूमते हमें देर हो जाती। घड़ी की सुइयाँ मुँह चिढ़ातीं। मैं कहती मुझे वापस जाना है। रवि बुरा मान जाते। कहते, रोज तो घर जाती हो। न जाओ एक दिन।

मैं कहती—पापा और मुड़ देती।

घण्टा भर घड़ी पीछे कर घर में घुसती तो मम्मी का तना हुआ चेहरा और चुभती टिप्पणियाँ मेरा मन छलनी कर डालतीं। मन होता वापस रवि के पास चली जाऊँ। मैं कपड़े बदलती, हाथ-मुँह धोती, डाक देखती; मम्मी की भुन भुन मच्छर की तरह मेरा पीछा न छोड़ती—"कहाँ गई थी। इत्ती देर कैसे हो गई। तेरे में और बड़ी वाली में फर्क क्या रह गया। ऐसे ही वह करती थी। आने दे आज तेरे पापा

को। अभी बात पक्की है न कच्ची लेकिन घूमना जरूरी है।"

मेरे अच्छे दोस्त पापा भी गलत रपट के चलते थानेदार की भूमिका में आ जाते। वे कहते, "नो नो मुन्नी दिस इज नॉट टु बी टॉलरेटेड। दीज हिन्दीवालाज आर वेरी रैकलैस। यू शुड बी बैक बाय सिक्स।" (नहीं नहीं मुन्नी, यह तो बर्दाश्त बाहर है। ये हिन्दी वाले बड़े लापरवाह होते हैं। तुम्हें छह बजे तक वापस आना ही आना है।)

मेरा मुँह बन जाता। रवि का दफ्तर पाँच बजे तक का था। अगर हम कनॉट प्लेस तक भी जाते तो हमारे पास बात करने को सिर्फ बीस मिनट बचते। जिस तरह पापा आकाशवाणी में प्रोग्रामों के चन्क (टुकड़े) मिनट के हिसाब से तय करते, ऐसे हमारा जीवन भी तय करने का जिम्मा लेते। यह हक हम दोनों में से कोई किसी और को नहीं देना जानता था। भले हों पापा। फिर जिस शब्द से मेरे अन्दर उनके लिए खिलाफत आन्दोलन भड़क उठता वह था हिन्दीवाले। जाहिर है पापा अपने आपको अंग्रेजीवाला समझकर फतवे जारी कर रहे थे। जबकि मैं इतने ही दिनों में सिर से पैर तक हिन्दीवाली हो गई थी। इंग्लिश मेरे लिए सिर्फ नौकरी की भाषा रह गई। मैं ढूँढ-ढूँढकर हिन्दी की पुस्तकें पढ़ती। रवि ने मुझे सर्वेश्वर की एक कविता सुनाई—"इधर आओ चाँदनी का स्कार्फ तुम्हारे चेहरे पर बाँध दूँ।" बावली होकर मैं सर्वेश्वर का समस्त साहित्य पढ़ गई। रवि को मोहन राकेश के नाटक 'आषाढ़ का एक दिन' की कई पंक्तियाँ कण्ठस्थ थीं जिन्हें वे अक्सर दुहराया करते—'लगता है तुमने अपनी आँखों से इन कोरे पृष्ठों पर बहुत कुछ लिखा है। ये पृष्ठ अब कोरे कहाँ हैं मल्लिका? इन पर एक महाकाव्य की रचना हो चुकी है। अनन्त सर्गों के एक महाकाव्य की!' मैं राकेश साहित्य का पारायण कर डालती।

रवि सिर्फ हिन्दी तक सीमित नहीं थे। हेमिंग्वे उनके प्रिय लेखक थे। मैंने भी हेमिंग्वे पढ़ रखा था। हम किसी कहानी की शामिल याद कर सिहर उठते या हँस पड़ते : नाइदर निक नॉर निक्स बिग हैंड लिसिन्ड टु हर (उसका कहना न निक न उसके विशाल हाथ ने माना)।

हम 'ला बोहीम' में जा बैठते। वहाँ मुख्य हॉल के साथ एक और छोटा हॉल था 'गुफा'। गुफा अपने नाम की सार्थकता में इतनी अँधेरी जगह थी कि वहाँ बिल दिखाने के लिए वेटर को टॉर्च जलानी पड़ती। दिल्ली के बेताब जोड़े वहीं मिलते। इससे पहले मैं कभी ला बोहीम नहीं गई थी। इससे पहले मैंने अँधेरा नहीं देखा था, इससे पहले मैंने नहीं जाना था विल्ज फिल्टर का धुआँ इतना मनमोहक होता है। वहाँ हम तरह-तरह की कॉफी पीते। लेकिन कैदियों की तरह हमारी मिल्लत का वक्त बहुत जल्द पूरा हो जाता। मैं सिर्फ एक लफ्ज बोलती 'पापा' और उठ देती। समूची सिम्फनी उखड़ जाती। रवि कहते, "हाय यह प्रतिदिन पराजय दिन ढले के बाद।"

टी हाउस में रवि की गैरहाजिरी बराबर खटक रही थी। कहाँ तो वह वहाँ साल में तीन सौ पैंसठ दिन बैठा दिखता था। कहाँ वह जा ही नहीं रहा था।

मैं कहती, "मुझे छोड़ने के बाद टी हाउस चले जाया करो।"

रवि नहीं मानता। वह अपने आपको ज्यादा जानता था।

कभी-कभी टी हाउस की दुनिया के मित्र कनॉट प्लेस में टकरा जाते।

एक दिन नामवर जी दिखे। रवि को उनसे जरूरी बातें करनी थीं। रवि ने साग्रह कहा, "नामवर जी आप सात बजे लाबोहीम आ जाइएगा।"

उस शाम हम सात की जगह साढ़े सात तक इन्तजार करते रहे, नामवर जी नहीं आए।

बाहर निकलकर हम टी हाउस की तरफ मुड़े। संयोग से वहीं नामवर जी दिख गए।

रवि ने कहा, "नामवर जी आप आए नहीं?"

नामवर जी ने कहा, "मैं तो आया था, तुम दिखे ही नहीं।"

"हम वहीं थे, अन्दर गुफा में।"

नामवर जी हँस दिए, "भई मैं जनरल वार्ड में घूमकर लौट गया।"

समकालीन साहित्य और नए विचारों के सम्पर्क में आकर जाने-अनजाने मैं शिक्षित हो रही थी और दीक्षित भी। पुरानी दिल्ली से रोज नयी दिल्ली के सफर में हर रोज मैं थोड़ी नयी हो रही थी। मेरे अन्दर नए सवाल और कौतूहल जन्म ले रहे थे। जीवन के प्रति नया विस्मय और आह्लाद मेरी रगों में दौड़ने लगा था।

माता-पिता इन परिवर्तनों से अनभिज्ञ थे या रहना चाहते थे, यह स्पष्ट नहीं था। विशेषकर माँओं को लीक पर चलनेवाली लड़कियाँ बहुत अच्छी लगती हैं। वे उनसे किसी बदले नजरिये की माँग नहीं करतीं। वे उनकी बताई दुकानों से कपड़े खरीदतीं, उनके ढूँढे दर्जी से कपड़े सिलवातीं और उनकी तरह से अचार डालती हैं। परम्परा के प्रतिपादन का सुख ऐसी ही सन्तानों से प्राप्त होता है। इस लिहाज से मम्मी इन दिनों मुझसे खुश नहीं थीं। पापा मौलिकता की कद्र करते थे। मुझ पर विश्वास भी करते। लेकिन रोज-रोज की क्रान्तिकारिता उन्हें ग्राह्य नहीं थी। उन्हें यह भी यकीन नहीं था कि हमारी दोस्ती दाम्पत्य की दहलीज तक पहुँचेगी।

हमारे मन में कोई संशय नहीं था। रवि कहते, "वैसे पापा एक नोबेल आत्मा हैं लेकिन वे समाज भीरु हैं। अगर उनमें साहस न हो और तुम्हें रोकें तो तुम पहनना अपनी स्लिपर्स और चली आना सीधे 5055।"

रवि के कहने के साथ ही मैं गई गई हो जाती। रवि ने अपनी दुनिया में मुझे सगर्व प्रविष्ट करवाया। उसने दुनिया से कहा, "देखो ये ममता है, मेरी पसन्द।" मानो दुनिया को पता है ममता क्या है, कौन है। कभी किसी को यह कहने का

मौका न दिया कि यह भी क्या पसन्द है तुम्हारी। इसी दिल्ली में एक से एक धूप धुली लड़कियाँ उसे दिल देने को तैयार बैठी थीं। पंजाब में रवि की माता जी ने उसके कद की टक्कर की साढ़े पाँच और पौने छह फुट लम्बी लड़कियाँ ढूँढ रखी थीं। पर रवि कहता मुझे कोई नहीं देखनी। उनकी तस्वीर भी मत दिखाओ।

माँ कहतीं, "कैसी है तेरी ममता?"

रवि कहता, "आप सवेरे-सवेरे जो गाती हैं, 'ममता तू न गई मेरे मन से', बस वैसी।"

माँ समझ गईं उनके बेटे को लगन की अगन लग गई है। उन्होंने कहा, "मुझे दिखाएगा?"

माँ दिल्ली आईं। मुझे बिड़ला मन्दिर में बुलवाया।

मेरी मम्मी ने मुझे चिढ़ाकर कहा, "हर लड़की बिड़ला मन्दिर में ही दिखाई जाती है। पड़ गई न तू बहन जी वाले ढर्रे में। जा तो रही है, अगर वे कुछ दें तो ले मत लेना। हमारी नाक कटेगी, कैसी नदीदी लड़की है। उनके सामने, बेवकूफों की तरह पूरा मुँह फाड़कर हँसना मत। अभी हमारी तैयारी नहीं है। जब होगी तब उन्हें बाकायदा घर बुलाएँगे।"

वह तैयारी हमारे घर कभी भी न हुई। क्यों न हुई यह पता नहीं चला। पापा तो दफ्तर के बाद किताबों की दुनिया में खोए हुए इन्सान थे पर मम्मी तो बुद्धिजीवी नहीं थीं। शायद आगामी जिम्मेदारियों से नकार का नजरिया रहा हो उनका। एक-एक कर सभी सम्बन्ध मम्मी-पापा ने ऐसे ही कतर दिए, कभी हमारी पढ़ाई, तो कभी अपने दफ्तर की व्यस्तता के बहाने।

वसन्त के दिन बहुत जल्द बीत गए। मौसम बदलने के साथ ही रवि को धर्मयुग में उपसम्पादक के पद पर बुला लिया गया। यह एक बिलकुल नयी परिस्थिति थी। वापस अपने एकान्त में लौटना हम दोनों की मजबूरी थी। जिस दिन रवि की रेलगाड़ी दिल्ली स्टेशन से रवाना हुई मेरी आँखों में आँसू नहीं थे पर गहरी उदासी और असुरक्षाबोध तो था ही जिसे मैं उनके दोस्तों की नजरों से चश्मे के पीछे छिपा गई। हाथ में अब सिर्फ प्लेटफॉर्म की टिकट शेष थी।

यह शहर से महज एक दोस्त का जाना नहीं था, जीवन के स्फूर्ति-स्पर्श का छिन जाना था। अब मेरे पास था बेमजा कामों का अन्तहीन सिलसिला। शहर की लम्बाई-चौड़ाई रातोंरात घट गई। शहर में मौजूद पंछियों की 450 किस्मों में से 449 उड़ गए, बस कौवे रह गए काँव-काँव करते। काँव-काँव तो कॉलेज में भी थी। इससे पहले उस पर ध्यान ही नहीं दिया था। विभाग में दीपाली चन्द्रा और मिसेज आनन्द के बीच युद्ध छिड़ा रहता। मिसेज नेटार की गर्दन गुरूर में और ज्यादा तनी रहती। लक्ष्मी मेनन अपनी सगाई टूटने के बाद से डिप्रेशन में रहती और हमारे बाद नियुक्त हुई लड़कियाँ हमें बुजुर्ग मानकर अपना अलग ग्रुप

बनातीं। कॉलेज के मैनेजर के जातिवाद के चलते प्राचार्य मिस कौसुकुट्टी परेशान थीं। उनका दोष सिर्फ यह था कि वे ईसाई धर्म अपना चुकी थीं। उन दिनों दिल्ली में बहुत धूल उड़ी एकदम पीली और मैली। सुबह उड़नी शुरू होती और शाम तक उड़ती रहती। लोग घरों के खिड़की, दरवाजे बन्द कर लेते फिर भी सन्दों से धूल घरों में घुस जाती और हर चीज को किसकिसा बना जाती। मन कहीं नहीं लगता न कॉलेज में न घर में। जीवन के घेरे में मॉरिसनगर, बंगलोरोड, कमलानगर, रूपनगर और शक्तिनगर के बस स्टॉप रह गए, शेष भारत मेरे लिए एक बड़ा सा लेटर बॉक्स बन गया। मैं दिन में कई-कई बार फाटक तक जाकर लौट आती। घर का लेटर बॉक्स खाली पड़ा रहता। नए शहर में रवि नई चुनौतियों से घिरे थे। उन्हें मेरे खतों का इन्तजार रहता पर खुद खत तभी लिखते जब अरब सागर में ज्वार आता।

हम सब नए रचनाकार नयी कहानी से हटकर कहानी लिख रहे थे। हमारी भिन्नता के बिन्दु थे—कथा वस्तु, शिल्प, भाषा शैली और समस्त विन्यास। नई कहानी के पुरोधाओं को हमारे प्रयोग रास नहीं आ रहे थे। हमारे मन में उनके प्रति कोई वैमनस्य नहीं था, केवल हमें नई कहानी, पुरानी लगने लगी थी। कहानी क्योंकि संक्षिप्त विधा है, परिवर्तन इसका प्राण है। मेरी नजर अब कविता की बजाय कहानी में प्रयोगधर्मिता और प्रामाणिकता ढूँढती। युवा पीढ़ी का एक बहुत बड़ा हिस्सा कहानी के माध्यम से यथार्थ के पुनर्अन्वेषण में लगा हुआ था—दूधनाथ सिंह, गिरिराज किशोर, ज्ञानरंजन, रवीन्द्र कालिया, विमल, अवधनारायण सिंह, प्रबोधकुमार, महेन्द्र भल्ला, काशीनाथ सिंह, अशोक सेकसरिया, राजकमल चौधरी, परेश, रवीन्द्र वर्मा, जितेन्द्र भाटिया, सुधा अरोड़ा और अन्य अनेक। कथा जगत के परिदृश्य पर हलचल मची हुई थी। दृष्टि और संवेदना के धरातल पर कहानीकार अपने परिवेश, परिवार और समाज को ज्यादा निहंग और निस्संग होकर देख रहा था। इससे पहले कभी किसी ने माँ, बाप, मित्र, शत्रु, अधिकारी, सहकर्मी, आशिक, रकीब को बदले हुए फोकस में नहीं देखा था। इस कहानी में यथार्थ के स्तर पर जीवन की पकड़ थी, बदले समय की सामाजिकता थी और नई कथा भाषा थी। छठे दशक की कहानी अपने ओढ़े हुए दायित्व के बोझ तले खुद ही दब गई और नुस्खों की शिकार हो गई। हर कहानीकार ने अपने ढंग को ढर्रा बना लिया और उसे छाँटता-तराशता रहा। दरअसल जिनके हाथों कहानी को देश की स्वाधीनता के बाद जिन्दगी मिली थी, उन्हीं के हाथों में उसका दम घुटने लगा। नए कहानीकार अपने को दोहराने में लगे थे या फिर परस्पर पूजापरक संस्मरण लिखने में। उनके हाथ में हिन्दी की पत्रिकाएँ भी थीं। उस माहौल में कहीं किसी लघु पत्रिका में भी यदि भिन्न किस्म की कहानी स्थान और ध्यान पा जाती तो नई कहानी के कोटले में तूफान बरपा हो जाता। पहले टी हाउस में चौकोर मेज बैठक होती, फिर मोर्चेबन्दी होती और

अन्त में रणनीति बनती। दो पीढ़ियों के बीच इतना तीखा विभाजन इससे पूर्व अनुभव नहीं किया गया था। साहित्य के शोधार्थी के लिए यह बात भले ही काम की हो, कहानी विधा के लिए यह त्रासदी से कम नहीं था कि एक कथा दशक दूसरे कथा दशक से दंगल शुरू कर दे, यद्यपि दोनों अपनी तरह से यथार्थ की पहचान कर रहे हों। नई कहानी में गढ़ाव का मोह, चटपटी घटनाओं की भरमार और सनसनीखेज क्लाइमेक्स की जिद के साथ नाटकीय भूमिका लेखन, आत्म वक्तव्य और आत्मस्वीकृति का तामझाम न होता तो साठोत्तरी पीढ़ी के लिए कहानी विधा का सततीकरण ज्यादा ग्राह्य और स्वीकार्य होता। दोनों ही पीढ़ी में कुछ रचनाकार केवल शिल्पकार बन कर रह गए और उनके हाथों में कहानी कला केवल हस्तकला हो गई। नामवर सिंह ने इस खतरे को पहचान कर लिखा, "इसे समझने के लिए पूरे दो युगों की सम्पूर्ण संयोजित चेतना का उपयोग करना पड़ेगा।" धनंजय वर्मा ने नए कहानीकारों को आगाह किया कि "कहानी कहीं 'हवा' होकर न रह जाए जैसा कि कुछ शिल्पवादियों के साथ हुआ भी।"

हालाँकि मैं तो तब एकदम नवोदित लेखिका थी और मुश्किल से मेरी सात-आठ कहानियाँ छपी थीं, अक्सर मेरे पास भी परिचर्चा में भाग लेने के लिए प्रश्नावली आती जिसमें इस किस्म के प्रश्न अवश्य होते—"कथावस्तु व शिल्प का बहिष्कार कर आप कहानी के नाम पर पाठकों को क्या देना चाहते हैं?" दरअसल लोगों का विरोध बदली हुई कहानी से न होकर कहानी पढ़ने की अपनी आदत से था। सातवें दशक की कहानी को वे रूढ़ियाँ स्वीकार्य नहीं थीं जो कहानी को कहानी कम और किस्सा ज्यादा बनाती थीं। सातवें दशक के कथा संघर्ष से इतना लाभ जरूर हुआ कि इसने कहानी विधा को साहित्य के केन्द्र में ला दिया। यह गौरव अब तक कविता को मिला हुआ था। कवियों को सबसे अच्छी प्रेमिकाएँ और नौकरियाँ मिलतीं। उनकी पुस्तकें विशेष सज-धज के साथ निकलतीं। कवियों को समाज में नायक समझा जाता। यह पहली बार हुआ कि कहानीकारों का महत्त्व पहचान कर उन्हें प्रमुख पत्रिकाओं में सम्पादन के लिए आमन्त्रित किया। चूँकि छठे दशक के कहानीकारों ने बड़ी सावधानी से अपना छवि प्रबन्धन किया, उत्कृष्ट निमन्त्रण भी उन्हें ही मिले। मोहन राकेश 'सारिका' के सम्पादक हो गए और 'नई कहानियाँ' कमलेश्वर को मिली। राजेन्द्र यादव को नौकरी करना कभी ज्यादा दिन गवारा नहीं हुआ। कितनी ही बार उन्होंने अपने आप नौकरी छोड़ दी और दिल्ली आने के बाद पूर्णकालिक लेखन को समर्पित हो गए। कवि कथाकार धर्मवीर भारती पहले से ही 'धर्मयुग' की कमान सँभाले हुए थे। दिल्ली से मुम्बई तक माहौल कहानी के पक्ष में था।

बहुत जल्द पापा का तबादला फिर से मुम्बई हो गया। पापा खुश ही हुए। मुम्बई

आकाशवाणी उनकी देखीभाली थी।

मुम्बई में रवि का आवास हमारे नए मकान के इतना करीब होगा यह किसी ने नहीं सोचा था। लेकिन उसकी जीवनशैली अजब-गजब थी। रवि शिवाजी पार्क के एक बड़े अपार्टमेंट के सागरमुखी फ्लैट में एस.एस. ओबेरॉय का पेइंग गेस्ट था। ओबेरॉय अपनी विज्ञापन एजेंसी आर्ट कमर्शिया का मालिक था। उसका कार्यालय लेमिंग्टन रोड पर था। दिनभर वह औद्योगिक कम्पनियों में विज्ञापन अनुबन्ध पाने के लिए दाँव-पेच खेलता लेकिन शाम को एरिस्टोक्रेट की बोतल खोलने के बाद खुद छोटे-मोटे उद्योगपति की तरह व्यवहार करने लगता। वह बहुत ज्यादा शिक्षित नहीं था। उसकी पढ़ाई का क्षेत्र मुम्बई की हवा, पानी और मिजाज रहा था। उसकी प्रेमिका सुनन्दा उसे प्यार से ओबी कहती। अगर घर लौटने में उसे बहुत ज्यादा देर हो जाती तो वह वहीं ओबी के बिस्तर पर सो जाती। उसी बड़े से हॉलनुमा कमरे में एक बिस्तर पर रवि सोया होता। किसी हाईस्कूल फेल लड़के की तरह, रवि ओबी की नकली चकाचौंध, उथली आधुनिकता और 'ऋण लो घी पियो' सिद्धान्त की चपेट में फँसता जा रहा था। दिल्ली का सर्वहारा फक्कड़पन उसे भूल गया था। उसकी हर शाम ओबी के अजीबोगरीब साथियों के संग गुजरती। जीवन की वास्तविकताओं को ताक पर रख ओबी शाम के चार घण्टे गुजारता। सब एक से बढ़कर एक गप्प हाँकते, शेखचिल्ली सपने देखते, एक दूसरे की हौसलाअफजाई करते और अन्त में लुढ़कते-पुढ़कते अपने घर को रवाना हो जाते। कभी-कभी ओबी मुझे भी पार्टी में शरीक करता। मेरी सूरत पर चिपका एतराज उसकी पैनी नजरों से छुपा न रहता। नतीजा यह था कि हम दोनों एक दूसरे को 'फ्रॉड' पुकारने लगे। उसकी प्रेमिका उससे असहमत होने का कतई जोखिम मोल नहीं लेती जबकि मैं अपनी असहमति बार-बार जताती, इतनी कि रवि नाराज हो जाता।

उन्हीं दिनों ओबी की विज्ञापन फिल्म में काम करने के लिए लीना चन्दावरकर और उसके पिता आकर ओबी के फ्लैट में रहने लगे। लीना के पास सौन्दर्य था पर हिन्दी का ज्ञान नहीं था। वह मराठी लहजे में टूटी-फूटी हिन्दी बोल लेती थी। जमीन पर बिस्तर बिछाकर, वह लेटी हुई सारी दोपहर रवि की कहानियाँ पढ़ती रहती ताकि उसकी भाषा सुधरे। शाम को दफ्तर से लौटकर रवि, सुनन्दा और लीना दोनों को हिन्दी का उच्चारण सिखाता 'बोलो, मुझे।' दोनों मराठी भाषी लड़कियाँ कहतीं 'मुजे'। जब तक ओबी रसोई में चिकन भूनता, हिन्दी कक्षा चलती रहती। रवि के रिहायशी माहौल को देखकर मैं इतनी फिक्रमन्द हो गई कि बीमार पड़ गई। अस्पताल में दाखिल होना पड़ा। उस संकटकाल में माँ-बाप से ज्यादा रवि ने देखभाल की। भूल गई उसे शामों की रंगरेलियाँ, हिन्दी कक्षाएँ और पार्टियाँ। जब तक मैं स्वस्थ होकर दिल्ली वापस जाने लायक नहीं हुई, रवि ने मेरा साथ

नहीं छोड़ा। वह ठीक पाँच बजे ऑफिस से सेंट ज्यॉर्ज हॉस्पिटल आ जाता और तभी घर जाता जब आखिरी बस जाने को होती।

अक्टूबर, नवम्बर बहुत नागवार गुजरे। मेरे पास नौकरी थी पर घर-ठिकाना कोई नहीं था। मैं भारत जी के यहाँ जंगपुरे में रहती जहाँ तीन बच्चों के परिवार में चौथे बच्चे की हैसियत से मुझे भी एक कोना दरकार था। पापा की तरह भारत जी बेहद अनुशासनप्रिय थे लेकिन मेरी चाची बिन्दु जी बेहद निर्मल, निश्छल स्वभाव की थीं। जंगपुरे से मॉरिसनगर जाना आसान नहीं था। सुबह साढ़े आठ बजे की 'युनिव स्पेशल' न पकड़ो तो दस बजे के लेक्चर के लिए देर से पहुँचो। यह स्पेशल बस खचाखच भरी होती। अक्सर खड़े-खड़े बस का सफर तय करने के बाद मैं इतनी थक जाती कि पहले पीरियड के बाद ही मुझे कँपकँपी छूटने लगती। बीमारी के बाद मेरा वजन सैंतीस किलो रह गया था। दिल्ली की दौड़भाग, भोजन का अनियमित समय और एंटीबायटिक दवाओं के असर से देह एकदम जर्जर हो रही थी। दीपावली की छुट्टी में जब मैं मुम्बई पहुँची रवि ने तुरन्त तय किया कि अब मुझे नौकरी पर वापस नहीं जाना है। अपनी स्थायी नौकरी छोड़ने के सुझाव से मुझे जरा भी अफसोस नहीं हुआ। उल्टे खुशी हुई कि अब जॉन बनयान का 'पिलग्रिम्स प्रोग्रेस' पढ़ाने से छुट्टी मिलेगी। माता-पिता नहीं चाहते थे कि दिल्ली विश्वविद्यालय की स्थायी नौकरी सिर्फ स्वास्थ्य के कारण छोड़ दी जाए। हमारे परिवार में स्वास्थ्य कभी विचारणीय विषय नहीं रहा जबकि रवि के परिवार में स्वास्थ्य का स्थान सर्वोपरि था। उनके परिवार में सुदूर कनाडा तक के उनके बड़े भाई का विचार था कि मुझे दिल्ली जाकर नौकरी करने की गलती नहीं करनी चाहिए।

मुम्बई के परिदृश्य पर साहित्य के साथ कला और संस्कृति भी गहरे प्रभाव डाल रही थी। रवि के जिम्मे धर्मयुग के कला साहित्य और संस्कृति के पृष्ठ थे जिनके कारण इन गतिविधियों की सूचना मिल जाती। काला घोड़ा पर जहाँगीर आर्ट गैलरी में प्रदर्शनी होती रहती, कभी एकल तो कभी बहुल। पण्डोले आर्ट गैलरी में भी कलाकृतियाँ देखने को मिलतीं। इन्हीं जगहों में जे. स्वामीनाथन, मकबूल फिदा हुसैन, सैयद हैदर रजा, पी. मनसाराम रामकुमार, हेब्बार, तैयब मेहता और गायतोण्डे आदि के न केवल अद्भुत चित्र देखने को मिले, इन कलाकारों को साक्षात् भी देखा। कभी-कभी इनसे संवाद भी हुआ।

जहाँगीर आर्ट गैलरी के अन्दर एक कैफेटेरिया था 'समोवार'। दरअसल वह एक लम्बा-सा बरामदा था जिसमें बेंत का फर्नीचर कलात्मक ढंग से लम्बाई में लगा था। चित्र वीथी के समानान्तर यह चाय वीथी हमारे बैठने की प्रिय जगह थी। कई बार ऐसा हुआ कि हम वहाँ हैं और हुसैन साहब आ रहे हैं तीन-चार युवा कला मित्रों के साथ। बड़ी शान से नंगे पाँव चलते हुए वे हमसे अगली मेज पर जा बैठे। रवि को पहचान कर वे अपना हाथ ऊपर लहराकर मुस्कुरा देते। उनका

हाथ भी उनकी रंग रेखाओं की तरह विलक्षण था, लम्बा, नुकीला और बेचैन। उससे भी विलक्षण थी उनकी फियेट कार। मुम्बई में जहाँ कहीं वह कार खड़ी दिखती, फौरन पहचान में आ जाता कि हुसैन यहीं कहीं आए हुए हैं। बात यह थी कि हुसैन ने अपनी कार पर पेंटिंग कर रखी थी। एक तरफ अपने प्रिय घोड़े बना रखे थे। एक घोड़ा बोनट पर भी बना हुआ था। दरवाजों पर कृष्ण और गोपियाँ चित्रित थीं। हम देर तक उनकी कार को देखते रहते। कृष्ण और गोपियों से अधिक उनके घोड़े सजीव जान पड़ते जैसे अभी वे कार से उतर कर कोलाबा में दौड़ पड़ेंगे। उनके हर स्ट्रोक में घोड़े की ऊर्जा और फड़कन दर्ज होती। तभी मुझे पता चला कि किसी भी चित्रकार के लिए घोड़ा पेंट करना चुनौती भरा कार्य है। उसकी एक-एक मांसपेशी, हरकत, हौसला, रफ्तार और बेचैनी को रंगों में पकड़ना आसान नहीं होता।

कभी हम तेजपाल ऑडिटोरियम की तरफ निकल जाते। सार्त्र का नाटक 'नो एग्जिट' 'बन्द दरवाजे' शीर्षक से सत्यदेव दुबे द्वारा वहीं सबसे पहले मंचित हुआ। उसमें सत्यदेव दुबे और सुलभा देशपांडे का बड़ा सधा हुआ अभिनय देखने को मिला। मेरा ख्याल है पहलेपहल अमरीशपुरी को भी उसी नाटक में देखा था। उनकी वह फटकारती हुई आवाज काफी देर तक उस छोटे से सभागार में गूँज उठती। वैसे अमरीशपुरी का सबसे यादगार अभिनय मोहन राकेश के नाटक 'आधे अधूरे' में था। यह प्रस्तुति भी तेजपाल में हुई थी। नाटक के शो में उस दिन धर्मवीर भारती भी आए थे। रवि ने मेरा परिचय करवाया तो भारती जी ने हँसकर कहा, "एन एडिशन टु बॉम्बे।" बड़ा अच्छा लगा। देर तक अच्छा लगता रहा। भारती जी में 'गुनाहों का देवता' के नायक चन्दर की झलक मिली।

इन सभी कार्यक्रमों में घर लौटने में देर हो जाती। मम्मी-पापा मुँह बना लेते। इसलिए दिसम्बर आने पर उन्होंने चैन की साँस ली। शादी दिल्ली से होनी थी। भारत सरकार पापा के हरदम काम आई, कुछ इस तरह कि दिसम्बर में ही पापा को एक माह के विशेष प्रशिक्षण कार्यक्रम के लिए दिल्ली भेजा जाना तय हुआ। इससे दिल्ली में मकान लेना और सुविधाएँ जुटाना उनके लिए आसान हुआ।

अब तक की हमारी दोस्ती में बराबरी थी और बेफिक्री। कभी आनेवाले दिनों की मैं चिन्ता करती तो रवि उसे खारिज कर देते कि मुझे तो कुछ नहीं चाहिए सिवाय ममता के। शायद रवि की इच्छाओं का सम्मान करते हुए ही मम्मी-पापा ने कभी उन्हें कोई उपहार देने का प्रयत्न नहीं किया। हमारे बीच माता-पिता के दो सैट थे लेकिन हमारे जीवन में उनकी कोई भूमिका नहीं थी। न हम उन्हें कोई जिम्मेदारी दे रहे थे न वे कोई जिम्मेदारी ले रहे थे। बल्कि मेरे एक हितैषी हमारी शादी के आयोजन में मेहमानों को मेरी एक कविता पढ़वा रहे थे जो उसी दिन उन्हें क ख ग पत्रिका के मुखपृष्ठ पर छपी हुई दिख गई थी—'प्यार शब्द घिसते

घिसते चपटा हो गया है।' साथ ही उनकी भविष्यवाणी थी कि यह शादी नहीं कॉन्ट्रेक्ट है साल-छह महीने में अपने आप समाप्त हो जाएगा। रवि के एक हितैषी ने उनसे कहा, "इससे तो अच्छा था तू इसकी माँ से शादी कर लेता।" ऐसे हर आशीर्वचन से हमारी दोस्ती और पक्की होती गई, संकल्प दृढ़ होता गया। सिर्फ एक जमात ऐसी थी जो हमारी खुशी में खुश थी और बिना किसी टीका-टिप्पणी के शादी में शरीक हुई, हमारे साहित्यिक मित्र व रचना अग्रज। कहानी अकहानी का समस्त द्वन्द्व ताक पर रख दिल्ली के समस्त निवासी व प्रवासी रचनाकार उस शाम मॉडल टाउन पहुँचे। उन्होंने अपनी जिन्दादिली से, ठहाकों और छेड़खानियों से, मजाक और जुमलेबाजी से उस सर्द शाम का तापमान कई डिग्री चढ़ा दिया। जैनेन्द्र कुमार, मोहन राकेश, कमलेश्वर, राजेन्द्र यादव, भीष्म साहनी, नामवर सिंह, देवी शंकर अवस्थी, अजित कुमार, दूधनाथ सिंह, अशोक वाजपेयी, तारा तिक्कू, गंगा प्रसाद विमल, स्नेहमयी चौधरी, मन्नू भण्डारी, कृष्णा सोबती, प्रभाकर माचवे और जाने कितने प्रसिद्ध चेहरे जिन्हें मैं संकोचवश देख भी नहीं पाई क्योंकि दुल्हन की नजरें झुकी हुई थीं। इन सबने इतनी प्रसन्नता से उत्सव में हिस्सा लिया कि कुछ देर पहले हुई अपने-अपने रिश्तेदारों की मिर्ची छाप तल्खियाँ हमें एकदम भूल गईं। साहित्य की दुनिया का यह बड़प्पन, यह दरियादिली आज भी अभिभूत करती है कि नए से नए लिखने वाले का भी यहाँ गर्मजोशी से स्वागत किया जाता है। यह खासियत दुनिया के हर कोने के साहित्यकार में होती होगी पर अपने हिन्दी जगत में यह अद्‌भुत औदार्य है।

इस उत्सव की अगली सुबह घर के साथ-साथ नगर का भी स्थानान्तरण होना था। सम्भावित परिवर्तन से मन बेचैन रहा। एक बार लगा रवि का कहना मानकर कचहरी में शादी कर ली होती तो बेहतर था। उस सम्बन्ध में कम जकड़न होती और हम अपनी अनिवार्यताएँ खुद तय करते। परिवार और परम्परा के बन्धनों में मैंने खुद अपनी गर्दन फँसाई थी। न जाने कैसे मेरे मन में कचहरी का मतलब तलाक दर्ज था। मैंने यह कल्पना नहीं की थी कि पारम्परिक और प्रेम विवाह को एक सी गलियों से होकर गुजरना पड़ता है। प्रेम और विवाह के पहले मेरे पास आजादी थी, कर्तव्यमुक्त दिनचर्या थी, निर्भय आत्मनिर्भरता थी। किन्तु वह नायकविहीन जीवन था। प्रेम और विवाह ने जीवन को नायक और नवरंग दिया लेकिन नागवार चौखटे भी दिए। हमारा विवाह महज दो कलाकारों का सम्बन्ध नहीं दो संस्कृतियों का भी संक्रान्ति बिन्दु था।

जब नए रिश्तेदारों से घिरी मैं जालन्धर पहुँची तब रवि के प्यार के सिवा मेरे हाथ के सारे पत्ते कच्चे थे। न पंजाबी बोलनी आती थी न समझनी। खाना बनाना, कपड़े धोना मेरे लिए अपरिचित काम थे। और तो और ठीक से चरण स्पर्श करना भी नहीं आता था।

मैंने गौर किया कि स्टेशन पर शहर का नाम साफ लिखा था जालन्धर लेकिन बोलचाल में शहर को सब कह रहे थे जलन्धर। रेल गोधूलि बेला में जालन्धर पहुँची जब स्टेशन की शहतीरों से झुण्ड के झुण्ड पंछी उड़कर अपने घोंसलों को जा रहे थे। हमारा रिक्शा भी कोट लखपत जा रहा था। रिक्शे की गति बेहद तेज थी, सड़क सँकरी और उखड़ी हुई। रवि रह-रहकर बताते, "यह रास्ता माई हीरागेट को जाता है वहाँ किताबों की दुकानें हैं। वह उधर पार्वती जैन स्कूल है। इधर साईंदास स्कूल है यहाँ से मैंने हाईस्कूल किया था।" बड़ा सा चौराहा पटेल चौक आया जिससे जरा आगे मोड़ की गली थी कोट लखपत। बहुत बड़े प्लॉट पर विस्तृत बना था यह मकान जहाँ पहुँचते ही सबकी कार्यकुशलता से परिचय होता गया। माँ ने मिनटों में अँगीठी बाल कर आलू-गोभी बना ली और आटा गूँध कर हमें आवाज दी कि चौके में आकर खाना खा लें। बहन ने हर कमरे में बिस्तर लगा दिए। पापा जी ने पानी भर दिया। ऊपर छत पर दो बड़े कमरे थे। एक में आलू, प्याज और गेहूँ की भरी बोरियाँ रखी थीं। दूसरा कमरा रवि का था। सारे घर से अलग, इस कमरे का परिवेश भी अलग था। कमरे में किताबें ही किताबें थीं, पत्रिकाओं के ढेर, मेज पर रवि के लड़कपन की फोटो जिसमें उनके हाथ में प्रेमचन्द की बड़ी सी तस्वीर दिख रही थी। लगता था बाकी घर के शासनतन्त्र का इस कमरे में कोई स्पर्श नहीं है। छत पर एक तरफ छत विहीन शौचालय बना हुआ था।

जालन्धर शहर के लोगों की नागरिक चेतना मुहल्लों और उप मुहल्लों के आधार पर विकसित हुई भावना थी। लोग अपने मकान के साथ-साथ गली को भी स्वच्छ रखना अपनी हाईजीन का हिस्सा समझते। गली की नालियों तक में पोचा लगाया जाता। पंजाब की घनघोर ठण्ड को धता बताते हुए, सूर्योदय में विलम्ब की परवाह न करते हुए घरों की स्त्रियाँ सुबह के दो घण्टे झाड़ू झाड़न पोचे से फारिग होकर थपाथप कपड़े धोने का अभियान चलातीं। नींद हैंडपम्प की आवाज से खुलती। बाहर झाँकने पर छत की हर रस्सी और मुंडेर पर धुले कपड़ों की कतार नजर आती। स्नान के बाद चाय बनती जो चाय कम, पौष्टिक आहार ज्यादा होती। गाढ़े मलाईदार दूध में चाय की पत्तियाँ उबाल ली जातीं। विशाल मग में मिली यह चाय पीने पर तीन-चार घण्टे खाने की जरूरत न रहती।

घर के दरबार में माँ की चौधराहट चलती। पापा जी वरिष्ठ प्रिंसिपल थे पर घर में उन्हें कनिष्ठता मंजूर थी। रौब माँ का ऐसा था कि स्कूल के चपरासी आकर उन्हें प्रणाम करते, दाइयाँ उनका बदन दबातीं और मुहल्ले के समस्त बच्चे बड़े सवेरे उनके चरण स्पर्श से अपना दिनारम्भ करते। सफेद रंग की समस्त गरिमा और वैभव माँ के परिधान में साकार होती जब वे बेड़े (आँगन) के तख़्तपोश पर बैठ परिवार की गतिविधियों का संचालन करतीं। सुबह की ठण्ड में मन होता रजाई

ओढ़कर फिर सो जाएँ लेकिन घर सुबह की ध्वनियों से गूँज उठता, पापा जी टेप रिकॉर्डर पर विष्णुसहस्रनाम लगा देते। ऊपर के कमरे का लोकतन्त्र छोड़कर मुझे नीचे के राजतन्त्र में शामिल होना ही पड़ता। रवि मेरी मुश्किलें पहचान रहे थे परन्तु पारिवारिक स्वीकृति के सन्ताप से गुजरना जरूरी भी था। हम दोनों के लिए प्रेम पलायनवादी फार्मूला नहीं था। इस पारिवारिकता में आनन्द भी था व नव्यता भी।

शाम को हम कॉफी हाउस चले जाते। सिविल लाइन्स में पहली मंजिल पर इस बड़े से कॉफी हाउस में कई लेखकों, कलाकारों का जमावड़ा होता। रवि के पहुँचने से रौनक आ जाती। कपिल मल्होत्रा गमगीन रहनेवाले कहानीकार थे लेकिन रवि के साथ चहकने लगते। वहाँ सुरेश सेठ होते, हमदम और सुदर्शन फाकिर। जगजीत सिंह सिर्फ एक बार दिखे क्योंकि वे भी जालन्धर छोड़कर मुम्बई में संघर्ष कर रहे थे। वे कभी-कभी अपने शहर आते।

कपिल के साथ हम सिविल लाइन्स की सड़कें नापते। उसे पता चला मुझे गोलगप्पे पसन्द हैं। वह रोज गोलगप्पे की दुकान पर ले चलता। कभी-कभी रवि से वह अपनी परेशानियों की बात करता। सौतेली माँ और संवेदनहीन पिता के बीच पिसता यह खूबसूरत नौजवान लेखक नींद की गोलियों का शिकार हो जीवन से हाथ धो बैठा, हम सबको ताउम्र इस अफसोस में डालकर कि हम चाहते तो इसे बचा सकते थे। जालन्धर के घरेलू हालात से हटाकर इसे कहीं भी ले जाते तो यह जी जाता। परिवार ने उसका मनोविज्ञान नष्ट कर डाला। सुदर्शन फाकिर भी जटिल मानसिकता का था। उसके कमरे में एक बड़ी सी दरी बिछी थी, दरी पर फाकिर था और बस। कमरे में कोई ऐशट्रे नहीं थी। उसके सब दोस्त और वह खुद लगातार सिगरेट पीते और कमरे को एशट्रे समझते। कमरे की दरी कई जगह से जली हुई थी। उसने रवि से पूछा, “तुमने अपने पुराने प्रेम प्रसंगों के बारे में ममता को बता दिया?” उसकी स्मार्टनेस पहचानकर मैंने कहा, “मैंने भी अभी अपने पुराने प्रेमपत्र जलाए नहीं हैं, जलाने हैं।”

हिसाब बराबर हो गया। दोस्ती कायम रही। कुछ देर वहाँ बैठकर फाकिर हमें अपनी बहन के घर ले गया जो कहीं पास ही रहती थी। जैसा विरोधाभास फिल्मों में दिखाया जाता है, भाई-बहन की जीवन शैली में वैसा अन्तर था। बहन के घर में कीमती तामझाम, एस्प्रेसो मशीन, बार, वर्दीधारी नौकर और समृद्धि की सक्रियता थी। फाकिर इस समस्त वैभव के बीच कमल पत्र पर पड़ी ओस की बूँद समान बैठा था, असम्पृक्त, असंग। रवि के सभी दोस्तों में यह शानदार फकीरी देखने को मिली। साथ ही अड़ियलपन।

हमें जाना था कथा समारोह में कलकत्ते। परिवार अभी इसी बात से समझौता

नहीं कर पाया था कि हम दिल्ली छोड़कर मुम्बई में डेरा डालें। कलकत्ते के नाम से उन्हें और भी ज्यादा परदेसीपन लगा। जितनी बार हम सब इकट्ठे बैठते, हमें समझाया जाता, अच्छे और आज्ञाकारी बच्चे बनने की शिक्षा दी जाती पर हम पर कहानी का भूत सवार था और हम नए देश-देशान्तर देखना चाहते थे। राजेन्द्र यादव जी के पास हमारी टिकटें थीं जिनमें राजेन्द्र जी की बेटी टिंकू की टिकट पर मैंने रेलयात्रा की।

कलकत्ते में दोहरा उत्सव था। नहीं तिहरा। एक तो नया शहर। फिर मेरी दीदी और नरेन्द्र भैया ने वहीं घर बसा रखा था। उन्होंने तीन-चार दिन हमें खूब सैर कराई। उस वक्त हसरत जयपुरी कलकत्ते आए हुए थे। हमारे कॉमन दोस्त रेवतीलाल शाह ने उनसे मुलाकात करवाई। शिक्षायतन कॉलेज के सभागार में, कहानी में पीढ़ियों का संघर्ष अपनी जगह जोरों से चलता रहा किन्तु रोज नए साथियों से मिलना, छात्रों के बीच समय बिताना और क्रिसमस की रौनक से रोशन शहर देखना इस संघर्ष का कटखनापन कम करता रहा। वहीं पहली बार फूलछड़ी सी सुधा अरोड़ा और उसकी छोटी बहन इन्दु अरोड़ा मिलीं। उन दिनों ज्ञानोदय पत्रिका कलकत्ते से निकलती थी। कलकत्ते के कितने ही आत्मीय बन्धुओं ने हमें प्यार दिया, कृष्णाचार्य, मनमोहन ठाकौर, श्यामानन्द जालान, प्रतिभा अग्रवाल। मजा यह कि ये सब अग्रज नई कहानी के महात्रिकोण के भी अभिन्न सखा थे।

लड़कपन में देखा शहर युवाकाल में बस इतना सहारा देता है कि हम वहाँ रास्ता नहीं भूलते अन्यथा उसके ब्यौरे तो धूमिल होकर सपनों का संजाल रचते हैं। चौथे दिन हम कलकत्ते से चल दिए मुम्बई के लिए। वहाँ पहुँचते ही रवि को कथा समारोह की विस्तृत रपट 'धर्मयुग' के लिए लिखनी थी और मुझे गाड़ी से उतरते ही एस.एन.डी.टी. यूनिवर्सिटी जाकर लेक्चररशिप की इण्टरव्यू का सामना करना था। ट्रेन में ही तैयार होने के क्रम में मैंने अपने बाल शैम्पू किए कि साबुन भरी उँगली से मेरी नयी अँगूठी वॉशबेसिन के छेद से फिसलकर नीचे जा गिरी। मैं गीले बालों से कूपे में आकर रवि को यह दुर्घटना बताने लगी कि फिल्मी अन्दाज में गाड़ी तभी रुक गई। रवि गाड़ी से उतरे और अगले ही मिनट सुपरमैन अन्दाज में मेरी अँगूठी लाकर दे दी। मुझे बड़ी खुशी हुई क्योंकि मन में एक घिसी-पिटी आशंका पटपटा रही थी कि सोना खोना अशुभ होता है जबकि मुझे नौकरी का इंटरव्यू देना था। तभी गाड़ी चल पड़ी। रवि ने कहा, "पहियों के बीच हाथ डालकर जब मैंने पटरी से अँगूठी उठाई, मैं सोच रहा था कि अगर गाड़ी चल पड़े तो कहीं अँगूठी के साथ-साथ मेरा हाथ भी वहीं न रह जाए।" बड़ा डर लगा, अपने पर गुस्सा आया और ताज्जुब भी हुआ कि मुझे यह खतरा क्यों नहीं महसूस हुआ।

किसी भी सवाल में उलझने का समय नहीं था। गाड़ी मुम्बई प्लेटफॉर्म में

दाखिल हो रही थी जहाँ माहिम उपनगर में एक नहीं एक बटे दो कमरे का फ्लैट हमारा इन्तजार कर रहा था। शीतला देवी मन्दिर रोड पर एक बदरंग इमारत की तीसरी मंजिल पर हमें ग्यारह महीने के अनुबन्ध पर यह घर मिला था। कमरे में साज-सज्जा के नाम पर एक जम्बो पलंग पड़ा था, वह भी इसलिए क्योंकि मकान मालकिन के पास उसे रखने के लिए जगह नहीं थी। कमरे से सटा एक सँकरा दरवाजा गुसलखाने में खुलता था। रसोई नहीं थी। पता चला पिछला किरायेदार खाना नहीं पकाता था, वह सर रतनजी टाटा इंस्टीट्यूट से अपना डब्बा मँगवाता था। मकान मालकिन ने बताया कि उसके और हमारे कमरे के बीच चालू पैसेज में खाना बन सकता है। पुकारने की गरज से मैंने उसका नाम पूछा तो उसने पापड़ की प्लेट मेरे आगे रखकर कहा, "वरी मीरां की माँ बोलो नी, मीरां मेरी लड़की का नाम होता।"

शहर, नौकरी, घर और प्रेम में मौलिकता का अतिरेक प्रतिक्षण हमारी परीक्षा ले रहा था। सुबह और शाम में अभी कोई समन्वय नहीं था। सुबह हम अपना समय टुकड़ा-टुकड़ा करना सीख रहे थे, कटपीस समय जिसमें किसी भी सूरत में रवि को 9.11 की और मुझे 9.40 की लोकल ट्रेन पकड़नी ही होती अन्यथा हमें काम पर देर हो जाती। रवि को भेजने के बाद काम समेट कर तैयार होकर निकलने में कई बार मेरी 9.40 छूट जाती जिसके बाद धीमी गाड़ी में बैठना पड़ता। चर्चगेट स्टेशन से भागमभाग सड़क क्रॉस कर मरीन लाइन्स स्थित अपनी यूनिवर्सिटी पहुँचने में पाँच मिनट और लग जाते। प्रोबेशन पीरियड अभी चल रहा था। एक ऐसे ही दिन जब समय दस से ऊपर हो गया था, मैं लिफ्ट में छठे माले की ओर जा रही थी। लिफ्ट में हमारे अंग्रेजी विभाग के अध्यक्ष डॉ. मनियार भी थे। उन्होंने लिफ्टमैन की परवाह न करते हुए मुझसे कह दिया, "यू आर वेरी किसेबिल। हाउ मैनी टाइम्स यौर हजबैंड मेक्स लव टु यू इन ए डे?"

"नो सर, डोंट टॉक लाइक दैट" कहती हुई मैं अपनी मंजिल पर बाहर निकल क्लास में चली गई लेकिन मेरा दिल-दिमाग थर्राता रहा। लगा जैसे उनके शब्द मेरे जिस्म से पिलच गए हैं। अगले पीरियड में भी मैंने पाया पार्टिशन के पीछे से उनकी भूरी आँखें मेरा पीछा कर रही हैं।

मैं बेहद घबरा गई। मैंने पेरिन दारूवाला और नीता रमैया, अपनी सहकर्मियों को समस्या बताने की कोशिश की। मिसेज दारूवाला ने सरसरी तौर पर कहा, "खाली मुँह से बोला ना, इसका क्या वरी करने का।" नीता रमैया बोली, "उनकी पुरानी आदत है, नयी टीचर्स को ऐसे ही छेड़ते हैं।"

मुझे कोई राहत नहीं मिली।

वापसी के सफर में, घर पहुँचकर भी मुझे लगता रहा जैसे डॉ. मनियार के शब्द मुझे प्रदूषित कर रहे हैं। मैंने रगड़-रगड़कर मुँह धोया। रवि के दफ्तर से लौटते

ही वारदात बयान की। उसने सिर्फ एक बात कही, "अगर तुम समय से काम पर पहुँचतीं तो यह वारदात न हुई होती।"

उपदेश और भी नागवार लगा। रवि को क्या नहीं मालूम कितने बेढब कामों के बीच मैं नौकरी के लिए निकलती हूँ। बहुत देर तक हम सुस्त, चिन्तित पड़े रहे। उसके बाद निकला रवि का ऐलान, "तुम प्रिंसिपल से शिकायत करो। वह कुछ न करे तो वाइस चांसलर के पास जाओ।"

हिम्मत आ गई। मोर्चा खुल गया। प्रिंसिपल फाटक ने हमदर्दी जताई लेकिन बोले, "मौखिक शब्दों पर मैं क्या कार्रवाई करूँ। इनका कोई साक्ष्य भी नहीं है। डॉ. मनियार यूनिवर्सिटी के बहुत वरिष्ठ प्रोफेसर हैं।"

कोई समाधान नहीं निकला। डॉ. मनियार की ताकाझाँकी चलती रही। महिला सहकर्मी मुझे समझाती रहीं, "इतना तुनकमिजाज होने से सर्विस कैसे चलेगा। याद रखो तुम अभी प्रोबेशनर हो!"

कहीं से कोई हल न निकलते देख मैं वाइस चांसलर लेडी ठाकरसी के पास चली गई। उन्होंने रजिस्ट्रार के साथ मिलकर मेरी समस्या सुनी और मेरा तबादला उसी परिसर में अपने गृह विज्ञान कॉलेज में कर दिया।

लगभग विजय भाव से मैंने नए कॉलेज में काम शुरू किया। यहाँ साहित्य पढ़ाने का सुख नहीं था। बी.एससी. छात्राओं को केवल सामान्य अंग्रेजी पढ़ानी थी। लेकिन उस अधेड़ लोलुपता से सुरक्षा तो थी।

शायद मैं गलत थी। एक ही विश्वविद्यालय के कॉलेजों में सिर्फ मंजिलों का फर्क था। मैं चौथी मंजिल से उतरकर पहली मंजिल पर पहुँच गई और अपने को महफूज मानने लगी।

मेरे तबादले से डॉ. मनियार के ऊपर कुछ न कुछ संकट आया तो होगा ही तभी उन्होंने विभाग की सभी महिला कर्मियों से इस आशय का संयुक्त बयान हासिल किया कि उन्हें डॉ. मनियार के आचरण से कोई शिकायत न रही, न है। लेकिन घायल शेर ने मेरे नए कॉलेज की नई प्रिंसिपल के साथ मिलकर जो पलटवार किया उसमें नौकरी तो मेरी ही गई।

कितनी अजीब बात है। मुम्बई में कुछ लोग समुद्र से कोई बड़प्पन नहीं सीखते। इस महानगर की तुलना विदेश के नगरों से की जाती लेकिन यहाँ कभी भी कुन्दजहनी नजर आने लगती। अचानक मराठी और दक्षिण भारतीय लोगों में भिड़न्त शुरू हो जाती। रातोंरात सिन्धी मकान मालिक अपने यूपी के किरायेदारों पर मुकदमा ठोक देता—जाओ बाबा अपने देस जाओ। खाली पीली मुम्बई में काय का वास्ते आता तुम लोग। एक तरफ यहाँ आदमी आदमी के बीच ऐसी उदासीनता थी कि कोई किसी का हाल न पूछे। दूसरी तरफ आक्रोश की ऐसी लपटें कि आधी आबादी को तड़ीपार करवा दें।

इन लपटों की आँच हम तक नहीं पहुँची थी, कुछ इसलिए कि कालिया नाम वहाँ जातिसूचक कम और कृत्यसूचक अधिक समझा जाता। कालिया फिल्म बनने के बहुत पहले यह शब्द जाडिया, मोटिया की तर्ज पर एक शक्तिशाली जगत का परिचायक था। कालिया शब्द का सही अर्थ मुम्बई आज तक नहीं खोज पाई जबकि पंजाब व हिमाचल प्रदेश में यह जानकारी सबको है कि काली के भक्त ही कालान्तर में कालिया कहलाए।

हमें इन बातों से क्या लेना-देना था। नौकरी से परे हमारी दुनिया में समुद्र सड़कें और प्रेम प्रकोष्ठ था। तीनों जगहों का हम दोनों को चाव था। हम सैलानी निकल पड़ते कहीं भी, कभी भी जानी-अनजानी राहों पर, बसों की ऊपरी मंजिल पर, चाय और नारियल पानी के अड्डों पर। कभी रात बारह बजे चल देते गोरेगाँव, अपने दोस्तों की नींद खराब करने। कभी ईरानी रेस्तराँ पर्क्स में जाकर उसल पाव खाते। इसी निशाचरी में हमने पाया कि लोकल रेल की पटरियों के किनारे-किनारे एक समानान्तर दुनिया चलती है जहाँ बेहिसाब बेचारगी और बेमिसाल क्रूरता है। हमें समुद्र के किनारे और स्टेशनों के आसपास घूमना पसन्द था। दोनों ही जगहें महानगर का बोध करातीं। लेकिन हमने पाया रात गहराने पर न समुद्र निरापद है न सड़क। ऐसी निशाचरी में एक-दो बार अजीब स्थिति में पड़े।

घर में घर जैसी कोई सुरक्षा नहीं थी। यह कमरे में पार्टिशन डालकर निकाला गया कमरा था जिसमें छह फुट ऊँची प्लायवुड की दीवार थी, प्लायवुड का ही दरवाजा। स्टूल रखकर इस दीवार को आसानी से फलाँगा जा सकता था क्योंकि ऊपर से चार फुट खुली जगह थी। मैंने कहा, “यहाँ तो कभी भी चोरी हो सकती है।” रवि हँसे, “यहाँ से चोर क्या ले जाएगा? तुम्हारी सूती धोतियाँ या मेरी मद्रास ब्लीडिंग की कमीजें या किताबें? हमारे पास है ही क्या जो चोर अपना समय खराब करेगा?”

फिर भी मैं चोर को चकमा देने के लिए जो भी माल मता था उसे फ्रिज के अन्दर रख देती। मक्खन वाले खाने में मेरे दो-एक हल्के गहने और तीन-चार सौ रुपये पड़े रहते।

रवि शहर के सांस्कृतिक जगत से जुड़े हुए थे। युवा चित्रकारों, अभिनेताओं, लेखकों और पत्रकारों से उनका जीवन्त संवाद था। घर की स्थितियाँ ठीक इससे विरोधी थीं। घनघोर परिश्रम से कभी मेरी चाल लड़खड़ाने लगती, कभी बाल बिखर जाते। रवि कहते, “घर में तुम सिर पर किताब रखकर चलने का अभ्यास किया करो, उससे चाल कलात्मक हो जाती है।”

मुझे गुस्सा आ जाता, “बहुत बड़ा घर है न और बड़ी कलात्मक जिन्दगी! सुबह-सुबह भागते हुए 9.40 की लोकल पकड़ने में सारी कलात्मकता का कचूमर निकल जाता है।”

गुस्से और शिकायत के बावजूद मैं रवि की रचनात्मक जरूरतें समझती। बहुत जल्दी यह भी पता चल गया कि नौकरी करना रबि की फितरत ही नहीं। ज़िन्दगी ने हम दोनों को इतने शहरों के प्लेटफॉर्मों पर पटका है कि हम मुसाफिर तो बने ही, दुक्खम-सुक्खम हमसफ़र भी बनते गए।

अब तक ज़िन्दगी में रवि ने बहुत चित्र-विचित्र रंग देख लिए हैं, सरकारी और निजी प्रतिष्ठानों में नौकरी; त्यागपत्र; बेरोजगारी; सफल और असफल व्यवसाय-प्रयोग; अट्ठाइस मौलिक, प्रकाशित पुस्तकें; राजनीतिक गतिविधियाँ; दोस्ती-दुश्मनी; दारू और दारूबन्दी और अब एक बार फिर पत्रकारिता। एक रचनाकार के जीवन में इतनी विविधता कम ही आती है। हर हाल में उन्होंने लिखा है और आज भी लिखते हैं। उनकी खासियत यह है कि वे जो भी काम करते हैं रम कर करते हैं।

देखा जाए तो रवि उन विरल कथाकारों में से हैं जिन्होंने पिछले अरसे में कहानी में शिल्प शैली और संवेदना के स्तर पर लगातार महत्त्वपूर्ण परिवर्तन किए हैं। 'सिर्फ एक दिन', 'काला रजिस्टर', 'गरीबी हटाओ', 'गौरैया' और 'जरा सी रोशनी' जैसी कहानियों को पढ़ने पर मेरी बात एकदम स्पष्ट हो जाएगी। इन सबका तेवर अलग है। एकाकी दुनिया से निकल परिवेश में प्रवेश, जीने की रोजमर्रा कशमकश, व्यवस्था के बेजान हिस्सों से टकराव, प्रतिपल सम्बन्धों का विरोधाभास, रूढ़िगत मूल्यों का विसंगति-बोध, चेतना का एक नया व्याकरण उनकी कहानियों में अनिवार्य रूप से शामिल है। आमतौर पर देखा जाए तो लेखक एक बार कामयाब होने के बाद जीवन भर उसी तर्ज़ पर लिखता रहता है। लेकिन रवि लेखन में परिवर्तन का जोखिम उठाते हैं इसीलिए हर बार एक नया पाठक वर्ग अपने लिए पैदा कर लेते हैं।

रवि का लिखने का ढंग विलक्षण है। उनके लिए लिखना, सोचना, आराम करना और बतियाना एक आत्यन्तिक प्रक्रिया के अन्तर्गत आता है। किसी एक की अपर्याप्तता उन्हें समूची प्रक्रिया से उखाड़ सकती है। सम्पादक की डेडलाइन सिर पर मँडरा रही है, प्रकाशक के फोन पर फोन आ रहे हैं पर रवि एक पृष्ठ लिखकर गुड़प रजाई के अन्दर। यानी सारी खुदाई एक तरफ रवि की रजाई एक तरफ। अचानक रात में उठकर कहानी पूरी कर लेंगे, कुछ इस तरह कि मुझे भी खबर न होगी। लेकिन कहानी सौंपने से पहले कहेंगे, "सोचता हूँ, एक बार और रिवाइज कर लूँ।" जितनी देर में रवि एक कहानी पूरी करते हैं, मैं एक उपन्यास लिख सकती हूँ।

कहानी हम दोनों की चेतना का सबसे अभिन्न और आत्मीय अंग है। लेकिन जहाँ मेरा सरोकार केवल कहानियाँ पढ़ते-गुनते रहना है, उनकी चिन्ता कहानी के

विकास से ताल्लुक रखती है। 1991 में वर्तमान साहित्य के कहानी महाविशेषांक के सम्पादन के दौरान जहाँ उन्हें सुरभि पाण्डेय और अलका सरावगी जैसी नई लेखिकाओं की कहानियों में सम्भावना दिखाई दी, वहाँ निर्मल वर्मा जैसे दिग्गज की कहानी कमजोर लगी। उन्होंने अपनी प्रतिक्रिया साफ शब्दों में व्यक्त की। यह निर्भीकता, अपनी बात दो टूक शब्दों में कहने की अदम्यता, बड़ी से बड़ी शक्ति से टकरा जाने का साहस उन्हें एक महाकाय रचनाकार बनाता है।

रचनाकार से बढ़कर रवि एक बड़े इन्सान हैं, खुला घर, दिल और दिमाग रखने वाले। उनमें कहीं द्वैत नहीं है, न लिखने में, न बोलने में, न जीने में। जो बेबाक बातें वे मंच से करते हैं, वैसी ही वे कमरे में भी करते हैं। अपनी साफगोई की उन्होंने भारी कीमत चुकाई है पर उन्हें इसका कोई मलाल नहीं। यही वजह है कि वे अनेक समझौतापरस्त समकालीनों के बीच गर्व से उन्नत भाल लिए खड़े रह सकते हैं।

रवि को अपने बृहद् उपन्यास 'खुदा सही सलामत है' पर उ.प्र. हिन्दी संस्थान का प्रेमचन्द पुरस्कार प्राप्त हुआ पर वे अपने सम्मान से उदासीन गढ़वाल के लोगों का जीवन देखने-समझने गए हुए थे बाहर। दोस्तों ने लाख समझाया, इतना बड़ा उपन्यास निकला है, कुछ दिल्ली-विल्ली के चक्कर लगाओ, आलोचकों को प्रति भेंट करो पर रवि ने किसी सलाह पर ध्यान नहीं दिया। उनका मानना रहा है कि अच्छी रचना अपना मूल्यांकन स्वयं करवा लेती है मानो कह रही हो 'काल तुझसे होड़ है मेरी।' उपन्यास में चित्रित परिवेश उन्होंने बीचोंबीच रहकर जिया है। आज भी जितनी निकटता वे रानीमण्डी के निवासियों से महसूस करते हैं उतनी अन्यत्र नहीं। वे लोग भी अपना दुख-सुख उनके साथ बाँटते हैं।

इस सबके साथ रवि बहुत अच्छे सलाहकार दोस्त हैं। अगर कभी मैं या कोई और इनका रचनाकार मित्र न लिख पाने से बेचैन होता है रवि कहते हैं, 'कुछ दिन चैन से जिओ, अनुभव आत्मसात् करो, तभी तो लिखने लायक ज़मीन मिलेगी।' इसी धैर्य के साथ वे दोस्त, अदीब और इन्सान की त्रि-आयामी भूमिका निभा ले जाते हैं।

मेरे लिए तो रवि अनन्त, रवि-कथा अनन्ता है। अतः मध्यान्तरी।

अकेली आकुल आवाज : गुलज़ार

गुलज़ार की रचनात्मकता का जिक्र महज उनकी शायरी या नए मज़मूए के सन्दर्भ में नहीं किया जा सकता। क्योंकि गुलज़ार की रचनात्मकता के कई आयाम हैं। फिल्म निर्देशन, फिल्मी संवाद, फिल्मी गाने भी उनकी इसी रचनात्मकता की देन है। यों तो रेडियो सारा दिन घर में बर्राया करता है लेकिन यकायक सारी चिल्लपों के बीच एक संवेदनशील गति 'तेरे बिन ज़िन्दगी से शिकवा तो नहीं/तेरे बिन ज़िन्दगी भी लेकिन ज़िन्दगी तो नहीं...' कानों से टकरा जाती है और सुननेवाला इसके रचयिता को फौरन पहचान जाता है 'गुलज़ार'। फिल्म के नक्कारखाने में यह अकेली सुरीली आवाज रचनात्मकता के द्वार पर स्वस्तिक चिह्न बना आती है। आलम यह है कि कभी-कभार ही सही, जब भी कोई अच्छा गीत सुनाई पड़ जाता है वह गुलज़ार का ही लगता है जबकि यदा-कदा वह गीत इन्दीवर का भी हो सकता है और सुदर्शन फाकिर का भी।

गुलज़ार के नवीनतम कविता संग्रह 'कुछ और नज़्में' में यही संवेदनशीलता जगह-जगह देखने को मिलती है। फिर चाहे वह शिकायतें हों कि 'ईंट गारे से घर नहीं बन सका घर किसी का' या शिकवा :

"मेरे शेरों में झाँकते हैं लोग
चुप रहूँ तो
खाँसते हैं लोग।"

या मुहब्बत :

"रोज़ साहिल पे खड़े होके यही सोचा है
मैं जो पिघली हुई रंगीन शफ़क का रोग़न
पोंछ लूँ हाथों पे और चुपके से इक बार कहीं,
तेरे गुलनार से रुखसारों पे छप से मल दूँ।"

या फन्तासी :

‘दूधिया जोड़े में आ जाए जो तू
ईसा के हाथ से गिर जाए सलीब
बुद्ध का ध्यान उखड़ जाए कसम से
तुझको बरदाश्त न कर पाए खुदा भी।’

इन रचनाओं का तिलिस्म रचनाकार ने अपनी सादगी और साफ़बयानी से बुना है, कुछ इस अन्दाज़ में कि पढ़नेवाला एकबारगी थरथरा जाता है। समकालीन सवालों की साँप-सीढ़ी, नोन-तेल-लकड़ी की फिक्र, महाजनी रिश्तों के मेल-जोल के बीच यह कैसी अकेली आकुल आवाज है जो पूरी शिद्दत के साथ जिन्दगी को एक नितान्त अलग स्तर पर जी रही है, जिसके नजदीक जिन्दगी का सबसे बड़ा सच बस ढाई आखर है :

‘एक ही ख्वाब कई बार यूँ ही देखा मैंने
तूने साड़ी में उरस ली है मेरी चाबियाँ घर की।’

जाहिर है यह प्रेम का कोई कच्चा खाका नहीं है। गुलज़ार ने अपनी नज्मों में उस प्रेम को अभिव्यक्ति दी है जो माशूका को खुदा की जगह रखता है। कई पंक्तियाँ सूफी कवियों की याद ताजा कर देती हैं :

तू इतनी करीब है कि तुझे देखूँ तो कैसे
थोड़ी सी अलग हो तो तेरे चेहरे को देखूँ।

लेकिन और यह एक बहुत बड़ा लेकिन है कि गुलज़ार का रचना-क्षेत्र यहीं खत्म नहीं हो जाता। उसमें जगह-जगह यथार्थ से भिड़न्त भी है, तसव्वुर के साथ-साथ तल्खियाँ :

‘लौट आए जलानेवाले सभी
फिर नहाए उठानेवाले सभी
‘लेना देना चुका गया’ बोले
हाथ मल के ज़माने वाले सभी।”

‘क्या पता कब कहाँ से मारेगी
बस कि मैं ज़िन्दगी से डरता हूँ
मौत का क्या है, एक बार मारेगी।’

‘उफ़ यह भीगा हुआ अखबार
पेपरवाले को कल से चेंज करो,
‘पाँच सौ गाँव बह गए इस साल।’

मेरा ख्याल है गुलज़ार की सबसे बड़ी खूबी यही है कि वे कल्पना और यथार्थ में मेल पैदा करने की कोशिश में उनका कॉन्ट्रास्ट बड़ी सादगी से सामने ला देते

हैं। जाने-पहचाने मध्यवर्गीय जीवन की तल्खियाँ वे छोटे-छोटे तअज्जुबों में तब्दील कर देते हैं जब कभी बालसुलभ कौतुक में वे 'चाँद की चमकीली अठन्नी' का जिक्र करते हैं या जब मुहब्बत और गर्दिश को साथ-साथ जीते हैं :

'जुल्फ में यों चमक रही है बूँद
जैसे बेरी में तनहा इक जुगनू
क्या बुरा है जो छत टपकती है।'

या एक मायूसी में कह उठते हैं :

'खड़खड़ाता है आह सार बदन
खपच्चियाँ जैसे बाँध रखी है
खोखले बाँस जोड़ रखे हैं।'

इस तरह का यथार्थ-बोध बारीक नजर और आत्म अन्वेषण अक्सर उन उदास बरसों में हासिल होते हैं जब कोई संवेदनशील नवयुवक लम्बे समय तक अकेले कमरों में, ढाबों के सहारे एक अकेली जिन्दगी जीता है जिसमें सबसे बड़ी जरूरत होती है सिर्फ एक एहसास की कि कोई पास तो हो। इस दृष्टि से ये सभी कविताएँ आत्म-स्वीकृति भी लगती हैं। इनसे गुलज़ार की पूरी शख़्सियत का जो नक्शा सामने आता है वह एक पैदाइशी शायर का ही है—चेहरे पर न केवल चश्मा बल्कि बड़े गहरे पुरअसर चश्म; न सिर्फ तीन दिन की बढ़ी हजामत वरन् थोड़ी-थोड़ी यतामत भी जिस पर कॉलेज की लड़कियाँ दिलोजान से फिदा होने का अरमान रखती हैं।

कमोबेश यही तस्वीर 'गीली मिट्टी' पढ़कर उभरती है। 1971 में प्रकाशित इस उपन्यास में उन सब विशिष्टताओं का प्रारम्भ-बिन्दु है जो आगे चलकर गुलज़ार की शैली के शीर्ष-बिन्दु साबित हुए—फिल्म और नज़्म में—दो-चार जुमलों में पूरा चरित्र खड़ा कर देने का सामर्थ्य।

'आँसू नहीं तो लिपस्टिक ही पोंछ लेना।' सुमन का यह संवाद उसकी जिन्दादिली और नायक की खिल्ली, दोनों एक साथ सम्प्रेषित करता है। विभाजित व्यक्तित्व को परिभाषित करने का ढंग भी उनका एक ही है : 'मेजर साहब मेजर भी थे और डैडी भी। उनके ये दोनों व्यक्तित्व बड़े स्पष्ट और अलग-अलग थे। जब वह मेजर होते डैडी न होते और जब डैडी होते, यूँ लगता जैसे मेजर साहब घर पर नहीं हैं, बाहर गए हुए हैं।'

गुलज़ार के साहित्य का एक बड़ा हिस्सा शराब के फलसफे से भरा पड़ा है। चाहे वे पार्टी का बयान कर रहे हों या महफिल का, अकेलेपन का या उदासी का, एक अदद उमर खैय्याम और एक अदद जाम जरूर मौजूद रहता है। पहले पहल पीने का तजुर्बा रचनाकार ने कुछ ऐसे दिया है, "थोड़ी सी पी और चढ़ गई। मैं भावुक हो गया। सोमा की बात कहते-कहते रो पड़ा। साधारण साहित्यकारों की

तरह समाज को कोसने लगा। समाज कौन है, क्या है, कहाँ है, कुछ पता नहीं था। लेकिन एक घुटन थी, एक भड़ास थी जो आँखों से बह रही थी। उस रात रोने में बड़ा मजा आया। आज भी पूरे विश्वास और भरोसे के साथ कह सकता हूँ, शराब पीकर रोने में बड़ा मजा आता है। लगता है जैसे आत्मा धुल रही है। गुनाह माफ हो रहे हैं।"

कहीं-कहीं लेखक को इतने जुमलों की जरूरत भी नहीं पड़ती। महज एक शब्द से पात्र जिन्दा हो जाता है। 'गोरी मामी जरूरत से ज्यादा गोरी थीं। लगता था जैसे अन्दर ट्यूबलाइट जल रही है।'

दाम्पत्य जीवन की झाँकी देने में भी गुलज़ार को ज्यादा जगह नहीं चाहिए–'हर अच्छी बीवी की तरह अंजू भी शराब को अपनी सौत समझती है। हर अच्छे पति की तरह मैंने भी उसकी बात मान ली है यूँ कि जब किसी यार-दोस्त के यहाँ पी ली तो बगैर पान खाए या बहुत सी इलायची चबाए बिना घर नहीं लौटता। लेकिन अब तो कमबख्त इलायचियाँ भी पर्दे के स्थान पर संकेत बन गई हैं। दूर ही से चुगली कर देती हैं।'

स्थितियों की ऐबसर्डिटी के प्रति कौतुक का यह भाव गुलज़ार को जहाँ एक ओर बेहद दिलचस्प और जानदार बनाता है वहीं दूसरी ओर समकालीन व प्रासंगिक भी। चाहे कहानियाँ हों चाहे उपन्यास, नज़्म हो या फिल्म, हर माध्यम में उनकी यह बारीक नजर, विसंगतियों की पहचान, साफगोई, ईमानदारी व प्रखर संवेदना अपनी अलग अहमियत रखती है। उन्हीं की खातिर फिल्मों से हताश होते हुए भी एक पूरा का पूरा समकालीन प्रबुद्ध वर्ग कभी-कभार फिल्म देखने चला जाता है। फिल्मकार गुलज़ार की जिम्मेदारी इसलिए और ज्यादा बढ़ जाती है। अगर फिल्म एक खलिहान है तो गुलज़ार उसमें से सूई ढूँढ निकालने वाले 'मेटल डिटेक्टर' का नाम।

चित्रा नहीं सुचित्रा : चित्रा मुद्गल

चित्रा मुद्गल की यादें मेरे ज़ेहन में फ़िल्म की रील की तरह खुलती जा रही हैं। इक्कीसवीं शताब्दी के पहले दशक में यह कौन-सी ताकत मेरी रेल को पीछे और पीछे खिसका रही है।

मुम्बई जनवरी सन् 1965 की दोपहर है। टाइम्स का लंच-ऑर। खाने से ज़्यादा काम और जी-हुजूरी की ऊब और थकान मिटाने बाहर निकलते स्टॉफ के लोग। सबके अपने-अपने अड्डे थे। सड़क-पार एक ईरानी रेस्तराँ था। वहाँ चाय-कॉफी अच्छी नहीं, सस्ती हुआ करती। कड़क। लेकिन बैठने के लिए खुला परिसर था—एक नियामत। धर्मयुग के उपसम्पादकों की टीम यहाँ जमती, आध घण्टे ठहाके लगाकर वापस काम के मुकाम पर पहुँच जाती। कभी किसी उप की प्रेमिका लंच-ऑर में चली आती तो वह टोली की जगह, जोड़ी में सड़क पर टहलता दिख जाता।

ऐसे ही एक दिन शायद पान की दुकान पर दो सुन्दर चेहरे नज़र आए—अवधनारायण मुद्गल और चित्रा ठाकुर। दोनों इस कदर सुबुक, सुकुमार और गुफ्तगू में मुब्तिला कि जब रवि ने ठिठककर हमारी मुलाकात करवाई, “ये हैं चित्रा, यह ममता है” मुझे लगा, अवध और चित्रा को एक-दूसरे की आँखों से अलग होने में कुछ वक्त लगा। मैंने मन-ही-मन कहा, “चित्रा क्या सुचित्रा कहो।”

चित्रा पर नज़र ठहरनी आसान नहीं थी। बिना पाउडर के धूप-धुले गाल, सुनहरी गर्दन, तीखी नाक, ‘गोरी तेरे नैना काजर बिन कारे’ जैसी कटीली आँखें, तन्वंगी देह-यष्टि, उजला रंग, खुली खालिस आवाज़ और यह सारी सम्पदा समुद्री हरे-नीले रंग की कलफ़ लगी साड़ी में लिपटी हुई।

अवध के भाग्य से ईर्ष्या तो रवि को होनी चाहिए थी पर हो मुझे रही थी। न होता मैं लड़की, जो होती मैं लड़का तो चित्रा के मजनूंटीले पर मँडराती मिलती।

चित्रा और मैं, कहानी के इलाके के रंगरूट थे जबकि अवध और रवि कहानी-लेखन में अपना सिक्का जमा चुके थे। एक सारिका में नियुक्त था तो

दूसरा धर्मयुग में। उन वक्तों में ये साहित्य की शीर्ष पत्रिकाएँ थीं। इनमें जगह पाए बिना लेखक को साहित्य की दीक्षा नहीं मिलती। तब तक चित्रा ठाकुर की कविताएँ लहर, ज्ञानोदय और अखबारों के रविवारीय अंकों में छप चुकी थीं। मेरी कविताएँ सभी राष्ट्रीय पत्रिकाओं में छपने के साथ-साथ 'प्रारम्भ' संकलन में भी सम्मिलित थीं जो युवा कवियों का दस्तावेजी प्रकाशन माना गया था। गरज़ यह कि चित्रा और मेरी, साहित्य-जगत में मुट्ठी भर पहचान तो बन चुकी थी। यह अजब संयोग था कि हम दोनों ने एक ही वक्त में ऐसे रचनाकारों से प्रेम किया जो जीविका की खातिर पत्रकार बन गए।

पहली के बाद दूसरी, फिर तीसरी मुलाक़ात हुई। पता चला चित्रा की कहानी नवभारत-टाइम्स में पुरस्कृत हो चुकी है। वह लगातार लिखती है और खाली वक्त में समाज़ सेवा का काम करती है। पानी वाली बाई मृणाल गोरे, चित्रा और इस जैसी अन्य उत्साही कार्यकर्ताओं को समझातीं कि झुग्गी-झोंपड़ी तक पानी की पाइप लाने में जो खर्चा लगेगा वह इन्हीं के निवासियों से इकट्ठा करना है। लिहाजा चित्रा एण्ड पार्टी निकल पड़ती, दोपहर की चिलचिलाती धूप में, हर घर से दस रुपये चन्दा इकट्ठा करने। मुम्बई में झोंपड़पट्टियों की कोई कमी न थी। अकेले भांडुप में चित्रा के पिता ने ही झोंपड़पट्टियों की विशाल बस्ती प्रतापनगर बसा रखी थी। ठाकुर साहब का दबदबा कुछ इस प्रकार का था कि उनकी यह सिया सुकुमारी यदि कुछ भी न करती तो भी इसका जीवन मजे से बीतता। यथासमय इसे कोई बब्बरसिंह ब्याह कर ले जाता और यह ठाकुर की हवेली में सुख-सुविधा में गोते लगाती, सामन्ती जीवन जीती रहती। एक अन्य सम्भावना यह थी कि चित्रा के मनोविज्ञान पर अपने पिता-गृह की जीवनशैली का यह प्रभाव पड़ता कि वह किरायेदारों को अपनी प्रजा समझ, राजा के गर्व से भर, उच्च-भ्रू व्यक्तित्व बन जाती। चित्रा पर दोनों में से एक भी प्रभाव नहीं पड़ा। उलटे यह लड़की कीच भरी गलियों में, अघाड़ी कामगार बस्तियों में, दाइयों, बाइयों की खोलियों में, मजदूर-मुहल्लों में खाक छानने लगी। रही-सही कसर सर्वहारा अवध के प्रेम में पड़कर पूरी कर ली। चित्रा के युवा काल का यह विचित्र घालमेल था कि एक तरफ यह लेखक बनने के लिए कलम चला रही थी दूसरी तरफ समाज सुधार के लिए कुदाल। चित्रा ने सामाजिक कार्य गहरी संलग्नता से किया, नाक पर रूमाल रखकर नहीं, दिखावे के लिए नहीं, एनजीओ चलाने के लिए नहीं वरन् मानवीय ऊष्मा, आत्मीयता और चेतना के अन्तर्गत। इन्हीं बस्तियों में गले तक धँसकर रहने के कारण चित्रा कालान्तर में भूख, केंचुल, मामला आगे बढ़ेगा अभी, जगदम्बा बाबू गाँव आ रहे हैं, जिनावर जैसी कहानियाँ लिख पाई। चित्रा हिन्दी की ऐसी विरल रचनाकार है जिसके

मजदूर वर्ग और सर्वहारा समाज के विवरण कभी गलत नहीं हो सकते। उसने इस समाज को करीब से देखा है।

युवतर समय में लिखी अपनी कहानियों में चित्रा अक्सर कोई धधकता हुआ यथार्थ उठाती है। कई बार खटका लगता है पता नहीं वह इसका निर्वाह कर पाएगी। पर चित्रा कहानी को अंजाम तक पहुँचाकर ही दम लेती है, भले ही इस क्रम और श्रम में उसकी कहानी कभी बहुत लाउड हो जाए। दरअसल उसकी विषयवस्तु ऐसी होती है कि पाठक से सीधी कार्यवाही की माँग करती है, बोलो तुम हमारे हक़ में हो या खिलाफ़? कोई मूढ़ ही होगा तो मेहंदरी (लेन) असलम (जिनावर) लक्ष्मा (भूख) और मोट्या (मामला आगे बढ़ेगा अभी) के हक में न बोले। लेकिन इन सभी पात्रों की परिस्थिति ऐसी होती है कि उनका संघर्ष व्यक्तित्वगत की जगह अस्तित्वगत दिखाई देता है। शैलेश मटियानी की तरह चित्रा अपने चरित्रों की जिन्दा रहने की जद्दोजहद को उसके उच्चतम तापमान में पकड़ने की कोशिश, नंगे हाथों करती है। कई बार वह अपने पात्रों को बड़ी पेचीदा स्थितियों में फँसा देती है। पाठक को लगता है कैसे निकलेगी वह इस घटना-चक्र से। 'आवाँ' की नमिता का संजय कनोई से प्रेम, देह-सम्बन्ध, गर्भधारण और उसके बाद के घात-प्रतिघात इसका उदाहरण हैं। लेकिन चित्रा समस्त चक्रव्यूह एक-एक कर काटती हुई नमिता को एक अलग तर्कशक्ति से खड़ा कर देती है।

यह कुछ वैसे ही है जैसे जीवन में चित्रा तमाम मुश्किलों के बीच अपना रास्ता ढूँढती चली आई है। इस सफ़र में उसकी हथेलियाँ छिली हैं पर वह एक अच्छे खिलाड़ी की तरह अपनी चोटें छिपाकर हँस पड़ी है।

मुझे याद आते हैं 1965 के वसन्त के वे दिन। मैं दो-तीन दिनों के लिए मुम्बई गई थी। रवि मुम्बई में थे, मैं दिल्ली में। घर में कहा, "मम्मी की याद आ रही थी, इसलिए आ गई।"

तीन दिन पलक झपकते बीत गए। जाने की घड़ी आ गई। स्टेशन पर मुझे छोड़ने मम्मी-पापा और रवि आए। तभी रवि ने बताया, "इसी गाड़ी से अवध और चित्रा भी दिल्ली जा रहे हैं।"

गाड़ी चलने के कुछ देर पहले मुझे चित्रा दिखी। उसके हाथ में टॉवेल में लिपटी अपनी दो-तीन साड़ियाँ थीं, वह तेजी से भीड़ को चीरती हुई अपने डिब्बे की ओर लपकी जा रही थी।

दिल्ली पहुँचने के बाद लेखक-मित्रों के बीच इस प्रेम और परिणय-प्रसंग के कई संस्करण सुनने में आए :

"जिस गाड़ी में अवध-चित्रा ने सफर किया उसी गाड़ी के पिछले डिब्बे में

चित्रा के पिता बन्दूक लेकर चल रहे थे, दामाद की खातिर।"

"बहुत जल्द ठाकुर साहब अपनी बेटी वापस लिवा ले जाएँगे, पुलिस और नेता उनकी जेब में हैं।"

"अवध बिना इत्तला, बिना छुट्टी ऑफिस से भागे हैं, अब नौकरी की खैर नहीं।"

बहरहाल इनमें से कुछ न हुआ। यह भी नहीं पता ये समाचार सच थे तो कितने प्रतिशत। उस जमाने में प्रेम और प्रेमियों के प्रति माँ-बाप और समाज का यही रवैया रहता था।

सिर्फ एक बात सच थी। महज इक्कीस साल की उम्र में एक सुन्दर लड़की प्रेम की चपेट में आकर थाणे में शादी कर बैठी थी। आम लड़कियाँ शादी के पहले घर से भागती हैं, चित्रा को शादी के बाद भागने की जरूरत पड़ी।

बिरादरी बाहर का प्रेम था सो इन प्रेमियों ने बिरादरी-बाहर के रचनाकार राजेन्द्र यादव के घर की कुण्डी खटखटाई। राजेन्द्र जी किसी के सुख में काम आएँ न आएँ, दुख में जरूर साथ निभाते हैं। लम्बा-चौड़ा फ्लैट था उनका शक्तिनगर के नांगिया पार्क में। उन्होंने एक स्वतन्त्र कमरा इस जोड़े को दे दिया और दिल्ली के जिज्ञासु जगत में इन्हें बाकायदा दम्पती की विश्वसनीयता से प्रतिष्ठित कर दिया। मन्नू जी अपने सहज वात्सल्य में कभी चित्रा की चित्त-सखी बनीं तो कभी वित्त-सखी।

पिता की असहमति के अलावा और भी कई किस्म की उलझनें थीं जो न जाने किस तरह सुलझीं। चित्रा की आदत कभी अपना रोना रोने की नहीं रही। उसने घर-परिवार का मोर्चा ऐसा जीता कि अवध के परिवार में उसके परामर्श से ही सारे फैसले होने लगे और चित्रा के परिवार में अवध ठाकुर साहब के सलाहकार बन बैठे। चित्रा के भाई-बहन अवध को जीजा, जीजा कहते उनके आगे-पीछे मँडराने लगे।

मुम्बई में हम एक बार फिर मिले। चित्रा और अवध भांडुप की एक तीन सितारा झुग्गी में बसेरा डाले हुए थे। वहाँ लैम्प और लालटेन की रोशनी में लिखने-पढ़ने का काम चल रहा था। बिजली की लाइन दूर थी। एक शनिवार चित्रा लोगों ने हमें सप्ताहान्त मनाने बुलाया। रात में ट्रांजिस्टर सुनते-सुनते चाय की तलब उठी। अवध बोले, "तुम सब बैठो। मैं चाय बनाता हूँ।"

अवध ने बड़ी तबियत से चाय बनाकर सबको पकड़ाई।

यह क्या!

चाय एकदम फीकी!

अवध बोले, "आजकल चीनी भी नकली आने लगी है।"

उन्होंने सबकी चाय में एक-एक चम्मच चीनी और डाली।

चाय अभी भी फीकी की फीकी।

अब चित्रा उठी।

उसने चीनी का डिब्बा देखा। वह तो सूजी का डिब्बा था और अवध चाय में चीनी की जगह सूजी डाले जा रहे थे।

अवध की नादानी पर हम चारों इतना हँसे कि पूछो मत।

"ओह मेरे अवध, मेरे अवध" करती, हँसती चित्रा बिलकुल ओ. हेनरी की कथा नायिका डैला की तरह अवध से लिपट गई और उसे चुम्मियों से भर दिया। चाय के बाद भी हम चारों लुढ़क-पुढ़क हँसते रहे। इतना हँसे, लुढ़के-पुढ़के, एक-दूसरे पर लपके-झपके कि चित्रा-अवध का पक्का नया पलंग भी टूट गया।

वे ऐसे दिन थे कि हम गले-गले प्यार में डूबे हुए लोग थे। बात-बात में हँसी छूटती। खासकर चित्रा जब हँसती, लगता उस अँधियारी झुग्गी में रंग-बिरंगी रोशनी की फुलझड़ी जल उठी है।

कभी हम सब आस पास के उजाड़ में घूमने निकल जाते।

कभी चित्रा अवध हमारे घर माहिम आ जाते। हम चारों समुद्र की तरफ घूमने निकल जाते। घर पर बुरा बावरा जैसा भी खाना बनता, इकट्ठे ज़मीन पर मिल-बैठकर खाते तो छप्पन भोग का आस्वाद आ जाता। मस्ती के उन क्षणों में रोज सुबह की भाग-दौड़, लोकलों के धक्के, नौकरी के झटके सब विस्मृत हो जाते। हम तीन नौकरी वाले बन्दे थे—अवध, रवि और मैं। चित्रा ने कभी नौकरी नहीं की। कभी नौकरी की कोशिश भी नहीं की। उस तरफ मुँह ही नहीं किया। और हजार काम किए। जमकर फिल्मी पत्रकारिता में अपने सुनहरे वर्ष तमाम किए। इतने समय तक धर्मयुग, माधुरी, साप्ताहिक हिन्दुस्तान, सारिका में फिल्मी कॉलम 'चिमु' नाम से लिखे कि इस बिना पर किसी भी फिल्म पत्रिका की सम्पादक हो सकती थी पर नौकरी को वह दूर से सलाम करती थी।

दरअसल चित्रा, अवध और बच्चों के साथ इतनी सघन लगन के उपवन में मगन रही कि उसने कभी इस विकल्प पर ध्यान नहीं दिया। आज जब मैं चित्रा मुद्‌गल को प्रसार भारती के सदस्य के रूप में कार्यवश, देश के कोने-कोने की यात्रा करते देखती हूँ तो अचम्भे में पड़ जाती हूँ कि क्या यह मेरी वही दोस्त है जो जरा देर हो जाने पर टैक्सी लेकर माहिम से भांडुप की लम्बी दूरी दौड़ जाती थी कि गुड्डू रो रहा होगा।

चित्रा ने अपने बच्चों को बड़े प्यार से पाला। महत्त्वाकांक्षी माँओं की तरह कैरियर और पढ़ाई को लेकर उनका जीना हराम नहीं किया। वे अपनी तरह से बड़े हुए। राजीव (गुड्डू) ने ग्राफिक्स के काम में अपनी जगह बनाई और अपर्णा

(बिट्टू) ने विजुअल मीडिया को अपनाया। महज 24 साल की उम्र तक उसने कई चैनलों में अपनी प्रतिभा का प्रदर्शन किया। मृदुला गर्ग के छोटे बेटे शशांक के प्रेम में वह गिरफ्तार हुई तो उसकी जीवन डोर उसी के साथ नत्थी हो गई। दोनों परिवारों ने उनकी प्रीति पर मुहर लगाई और 10 दिसम्बर, 1992 को बिट्टू इण्डिया अलाइव चैनल के संस्कृति-पक्ष पर कार्य कर रही थी। बिट्टू में अवध और चित्रा का सौन्दर्य मूर्तिमान हुआ था, उजला रंग, आकर्ण आँखें, तराशदार होठ, कोमल कटि और शोख अदाएँ। उसमें और शशांक में ऐसा घनत्व था कि कार ड्राइव करते हुए भी कभी अलग बैठना गँवारा न था। कहते हैं न कि जहाँ सारे सुख हों वहाँ दुख एक कोने में बैठा इन्तजार करता है कि कब मुझे मौका मिले और मैं कालझपट्टा मार अपनी शक्ति प्रमाणित कर दूँ। सो कर ही दी काल ने अपनी शक्ति प्रमाणित। 22 सितम्बर, 1993 को अलवर से दिल्ली आते हुए गुड़गाँव के पास इस प्रेमी युगल की कार की ऐसी टक्कर हुई कि दोनों घातक रूप से जख्मी हुए। अपर्णा की तो तभी इति हो गई, शशांक पाँच दिन संज्ञाशून्य रहकर अन्ततः चले गए अपनी प्रेयसी के पास। इस वज्रपात से अवध एकदम निर्वाक् रह गए तो चित्रा अवाक्। मृदुला और आनन्द गर्ग का भी बुरा हाल हुआ। साहित्य जगत और साहित्यिक-परिवारों के बीच इससे खराब तजुर्बा कभी कोई और न हुआ होगा। अवध जो अपनी बेटी को बेटे से बढ़कर चाहते थे, चित्रा जो अपनी साड़ियाँ न्यौछावर कर बिट्टू के लिए चालीस कलियों की कुरती बनवाती थी, पीड़ा से पाषाण हो गए। चित्रा-अवध का गृहस्थ जो अब तक गप्पबाजी, कहकहों और कानाबतियों के लिए जाना जाता था, यकायक वीरान हो गया। ऐसा सन्नाटा तब न खिंचा था जब बिट्टू की शादी हुई। अब तो अपना जीना भी हिमाकत बन गया।

अब तक की जिन्दगी चित्रा के लिए काफी सख्त साबित हुई है। उससे बहुत कम प्रतिभावान, रूपवती स्त्रियाँ उससे कहीं सुखद, सम्पन्न और सुरक्षित जीवन जी रही हैं। देखा जाए तो चित्रा की कहानियाँ, उपन्यास ज़िन्दगी के इसी आवाँ में पककर निकली हैं। इसीलिए उसकी कथा-स्थितियाँ जब-तब दृश्य की तरह आँखों के सामने आ जाती हैं। सवेरे छह बजे हर कॉलोनी की सड़क पर प्लास्टिक की बाल्टी और कपड़ा लेकर कार पोंछने वालों को देखकर आज भी 'मामला आगे बढ़ेगा अभी' का मोट्या आँखों के आगे आ जाता है। चौराहे की लाल बत्ती पर फटेहाल भिखारिन की गोद में रिरियाता, मरियल बच्चा और दूध की खाली शीशी देखकर चित्रा की कहानी 'भूख' रोज़ याद आ जाती है। चित्रा के लिए लेखन बुद्धि-विलास नहीं है, जिन्दा रहने का विस्तारण है।

शायद यही कारण हो कि कभी-कभी चित्रा को तेज गुस्सा आता है। यों

तो सभी लेखिकाएँ तुनकमिजाज हैं। चित्रा हमला कर देगी, कभी आत्मरक्षा के दाँव के तहत तो कभी प्रतिद्वन्द्वी को मार गिराने की गरज से। दो-एक बार यह बरसात मुझ पर भी हुई है। एक बार हम दोनों किसी राष्ट्रीय पत्रकारिता पुरस्कार के निर्णायक मण्डल में थे। उसकी बैठक दिल्ली में होनी थी। मैं इलाहाबाद से आई। निर्णायक मण्डल के एक-दो सदस्य अन्य जगहों से आए। हम सबने पुस्तकें ध्यान से पढ़ रखी थीं और टिप्पणी भी लिख रखी थीं। हम तीन मुम्बई की एक पत्रकार को पुरस्कार के योग्य मान रहे थे। चित्रा असहमत थी। वह दिल्ली की एक पत्रकार के पक्ष में थी। उनकी किताब भी अच्छी थी लेकिन जब कई श्रेष्ठ किताबों में स्पर्धा हो तो चयन का काम दुष्कर हो जाता है।

मेरा मन था कि जब बहुमत बम्बइया पत्रकार के पक्ष में है तो उसे ही प्रथम मानकर मीटिंग समाप्त की जाए और कनॉट प्लेस में कहीं चलकर चित्रा के साथ चाय पी जाए।

लेकिन चित्रा तो चाय से भी ज्यादा उबल रही थी। उसने अन्य किताबों की धज्जियाँ उड़ानी शुरू की। फिर उसने दिल्ली की पत्रकार को स्थापित करना शुरू किया। हमारे समस्त तर्क वह काटती गई कुछ ऐसे कि हम नहीं माने तो वह हमीं को काट डालेगी। उसका चेहरा लाल हो गया। वह पसीने से नहा गई। पता नहीं उस खुशनसीब पत्रकार को कभी पता चला या नहीं कि चित्रा ने हार्टअटैक का जोखिम उठाकर उसकी पक्षधरता की। निर्णायक मण्डल की अध्यक्ष मैं थी पर चित्रा का वह रानी झाँसी रूप देखकर मैंने हथियार डाल दिए और लक्ष्मीबाई को मैदान जीतने दिया। मुझे लगा मिलने दो जिसको मिले इनाम, मेरी दोस्त सलामत रहे। निर्णय के बाद चित्रा एकदम सामान्य हो गई। अन्य लोगों से मुक्त होकर हम गप्पों में बैठे तो रात हो गई, हमें वक्त का ध्यान ही नहीं आया। हमारी गप्पवार्ता में एक बार भी पुरस्कार का जिक्र नहीं हुआ।

जीवन के साथ सबसे अच्छी बात यह है कि यहाँ दण्ड और पुरस्कार सब, इस एक टर्म में ही मिल जाते हैं। कहाँ तो चित्रा और अवध की आँखों में सात समन्दरों का खारा जल समा गया था, दिल में हर समय बेटी के लिए दुख का निनाद होता रहता था, कहाँ उनके जीवन में फिर वसन्त आया। बच्चों का अभाव बच्चों से ही पूरा हुआ। उनके बेटे राजीव (गुड्डू) की शादी सन् 1995 में फिल्म पत्रकार व लेखक शब्दकुमार की बेटी शैली से हुई। दिलों को कुछ तसल्लियाँ नसीब हुईं। शैली की रुनझुन उपस्थिति से घर की वीरानी कम हुई। पर असल रौनक आई शाश्वत, आद्या और अनघा के जन्म से। आद्या और अनघा जुड़वाँ बहनें हैं। प्रकृति ने जैसे ये दो बच्चियाँ सौंपकर चित्रा से कहा, "इनमें से एक शैली की गोद में डाल दो, एक को तुम पालो-पोसो और सोचो तुम अपनी बिट्टू को फिर

से बड़ा कर रही हो।" ऐसे समय में जब कन्या-भ्रूण को लोग जन्म ही नहीं लेने देते, गर्भ में आते ही गर्भ-समापन करवा डालते हैं; चित्रा ने सब जानते-बूझते बच्चियों का जन्म सम्भव किया, उनका स्वागत किया और अब उनकी दादी-दोस्त बनी हुई है। उनके कौतुक से कभी-कभी अवध भी मुस्कुरा लेते हैं। बच्चों की हँसी से घर में सूरज निकलता है, किरणें जगाती हैं।

कलकत्ते प्रवास में एक दिन चित्रा का ध्यान आया तो आता चला गया। मैंने उस पर एक कविता स्वान्तः सुखाय लिखी। चित्रा को भी नहीं सुनाई। आज उद्धृत कर रही हूँ :

चित्रा याद तुम्हारी आई
तस्वीरों से निकल मेज पर
थोड़ी छत थोड़ी मुँडेर पर
खुशबू सी मँडराई।
अच्छी लगती हँसी तुम्हारी
अच्छा लगता गुस्सा
या फिर संग बैठ बतियाना
किस्से ऊपर किस्सा
तुममें है संघर्षधर्मिता,
जीने की जाँबाज़ी
तुमने जीते कई मोर्चे
लेने को आजादी।

जैसी भी हो जटिल समस्या
तुम उससे भिड़ लेतीं
अपनी मनवाने की खातिर
अपनों से लड़ लेतीं।
झेले तुमने कई हादसे
और कई बीमारी
लेकिन हर हालत में रखी
लिखने की तैयारी।

बहुत पुराना प्रेम हमारा
जैसे आम अचारी
कल परसों सी लगती अपनी
लरकइयां की यारी।

पता नहीं साहित्य और साहित्यकार को हमेशा गुरु-गम्भीर क्यों माना जाता है। कई बार मैंने सोचा है कि साहित्य का संसार जब हमारे लिए 'जीना यहाँ मरना यहाँ, इसके सिवा जाना कहाँ' है तो इसमें थोड़ी चुहल भी होनी चाहिए। हमारे इलाहाबाद में नए साल के आरम्भ पर सब लोगों को उपाधियों से मण्डित किया जाता है। इसमें बड़े-बड़े कवियों की प्रतिभा लगती है। अगर लेखिकाओं को उपाधियाँ दी जातीं तो मैं निस्संकोच कह सकती थी कि चित्रा मुद्गल हिन्दी साहित्य की हेमामालिनी है। फेहरिस्त में कई और उपाधियाँ और लेखिकाएँ भी हैं, उनका जिक्र फिर कभी।

जतौ दिन बाँची ततौ दिन शीखी : विष्णुकान्त शास्त्री

जब से मैंने होश सँभाला, अपने घर में, पापा को कभी रामचरितमानस की चौपाई कभी कबीर के दोहे तो कभी मैथिलीशरण गुप्त के साकेत की अपनी प्रिय पंक्तियों का वाचन करते सुना। उनके वाचन को गुनगुनाना नहीं कहा जा सकता था क्योंकि वे अस्फुट स्वर में कहे गए शब्द नहीं होते थे। पापा के स्वर में अद्भुत माधुर्य, गहराई और संवेदना थी। उनके मुख से निकली पंक्तियाँ सीधी मेरी स्मृति-मंजूषा में प्रवेश कर जातीं, कुछ इस तरह कि मैं आज तक उनसे मुक्त न हो पाई। उनके कहे शब्दों में विलक्षण ज्योति रहती और स्वर में दीप्ति जो आज तक न बुझी है न झँपी है।

'गिरा अनयन, नयन बिनु बानी', 'माटी कहे कुम्हार से', 'क्या कर सकती थी मरी मन्थरा दासी' जैसे काव्यांश मेरे मन-मस्तिष्क में आज भी जगमगाते हैं और कविता के प्रति मेरी आस्था को नवदूर्वा दे जाते हैं।

मेरे छात्र जीवन में भी कवि सम्मेलनों का बोलबाला था। कॉलेज के वार्षिकोत्सव का प्रमुख कार्यक्रम अखिल भारतीय स्तर का कवि सम्मेलन हुआ करता था जिसमें सुप्रसिद्ध कवि अपनी स्तरीय कविताओं का पाठ करते। बच्चन की मधुशाला, नवीन की विषपायी, भवानी प्रसाद मिश्र की गीतफरोश, सुमन जी की 'आँखें नहीं भरीं' और नीरज की 'कारवाँ गुजर गया' तभी से मनप्राण आलोकित किए हुए हैं।

आचार्य विष्णुकान्त शास्त्री को मंच से बोलते सुनना इसी प्रकार का प्राणस्तरीय प्रज्ञादायक अनुभव है। उनकी धाराप्रवाह वक्तृता मन्त्रमुग्ध करती है कुछ इस प्रकार कि उनके साथ एक अद्भुत स्तर पर गुरु-शिष्य सम्बन्ध बनता चला जाता है।

मुझे याद आता है शास्त्री जी का वह अभिभाषण जो उन्होंने छत्रपति शाहूजी महाराज विश्वविद्यालय कानपुर के दीक्षान्त समारोह में दिया था। वे उस समय उत्तर प्रदेश के महामहिम राज्यपाल थे तथा विश्वविद्यालय के कुलाधिपति। वे चाहते तो अपने सचिवों द्वारा लिखित कोई यान्त्रिक व्याख्यान पढ़ देते और अपेक्षाकृत बहुत

अल्प श्रम से काम चला लेते। पर नहीं, उन्होंने उस अवसर पर विद्यार्थियों से सीधा सम्प्रेषण किया और आत्मीयतापूर्वक ऐसी अविस्मरणीय शिक्षाप्रद बातें कीं कि कोई भी चैतन्य विद्यार्थी सदा के लिए ज्ञान-समृद्ध हो जाए। उन्होंने स्वामी रामकृष्ण परमहंस का वाक्यांश कहा, 'जतो दिन बाँची, ततो दिन शीखी' (जितने दिन जिऊँगा उतने दिन सीखूँगा) सस्मित छवि से दी गई यह शिक्षा मुझ जैसे अल्पज्ञानियों के लिए तो वास्तव में दीक्षा बन गई। बड़े तीखेपन से इससे पूर्व इसी विश्वविद्यालय का एक अन्य दीक्षान्त-व्याख्यान स्मृति में कौंध गया जो उत्तर प्रदेश के शिक्षा मन्त्री द्वारा दिया गया था। वे मन्त्री महोदय शिक्षा शब्द को निरन्तर सिक्सा और शैक्षिक को सैक्सिक कहते रहे थे। उत्तर प्रदेश के विद्यार्थियों में वैसे ही स और श का भेद जरा टेढ़ी खीर रहती है। वैसे में जब दीक्षा देनेवाले गुरु ही गुरुतर भूल करें तो विद्यार्थी क्या ग्रहण करेंगे, समझा जा सकता है।

शास्त्री जी ने शिक्षा और विद्या का अन्तर स्पष्ट किया। वे एक ओर विद्यार्थियों से सम्बोधित थे तो दूसरी ओर शिक्षकों से। घण्टी और घड़ी से चालित शिक्षा, वह भी वस्तुनिष्ठ शिक्षा को शास्त्री जी के उद्‌बोधन ने व्यापक और व्योमधर्मी होने की सलाह दी। मानवीय स्तर पर शास्त्री जी की आत्मीयता और निश्छलता आप पर ऐसे छा जाती है कि आप मानो रक्षा कवच से घिर जाते हैं। मेरे साथ ऐसा ही हुआ। इस घटना को बताने का प्रलोभन मैं रोक नहीं पा रही।

सन् 2002 की बात है। मैंने सन् 2001 में महिला सेवा सदन डिग्री कॉलेज इलाहाबाद से अवकाश प्राप्त किया। कुछ महीने तो स्वाधीनता का आनन्द लेने में कट गए। कई अधूरी कहानियाँ पूरी कीं। दूर-पास की यात्राएँ कर लीं। अब होश आया पेंशन का क्या हुआ।

सरकारी कार्यालयों में पेंशन-प्रत्याशियों के प्रति एक कसाई-मानसिकता प्रचलित है। वित्त नियन्त्रक से लेकर चपरासी तक पेंशन-प्रत्याशी को देखते ही 'आदमबो' की पुकार लगाने लगते हैं। ऐसे तत्त्वों से एक-दो बार तार्किक स्तर पर वार्ता कर मैं निराश घर बैठ गई। ऐसा लगा पेंशन कभी मिलेगी ही नहीं।

उन्हीं दिनों नगर इलाहाबाद में विशिष्ट महिलाओं को सम्मानित किए जाने के कार्यक्रम में साहित्य के क्षेत्र में मुझे चुना गया था। महामहिम आचार्य विष्णुकान्त शास्त्री जी के कर-कमलों से सम्मान मिलना था। मुझे लगा क्यों न अपनी समस्या शास्त्री जी को बताऊँ। शायद कुछ समाधान निकले। ऐसे पूर्वाभास की पृष्ठभूमि यह थी कि वे साहित्यधर्मी संवेदनशील व्यक्ति हैं, वे इस विसंगति को जरूर समझेंगे कि जो अस्तित्व के संकट से जूझ रहा हो उसके जीवन में क्षणिक सम्मान का क्या मूल्य हो सकता है। मैंने अपनी समस्त सेवा का विवरण और नौकरशाही द्वारा उत्पन्न अवरोध बयान करते हुए एक पत्र बनाया और डरते-डरते शास्त्री जी को पकड़ा दिया। शास्त्री जी इस हिमाकत के लिए मुझे डाँट सकते थे और उस दिन

मुझे सम्मान के साथ असम्मान का भी अनुभव बखूबी हो जाता। लेकिन यह उनकी महानता ही थी कि उन्होंने उस पत्र को तवज्जो दी। उन्होंने पेंशन सम्बन्धी समस्त प्रक्रिया की जाँच आरम्भ करवाकर ऐसी स्थितियाँ निर्मित कीं जिससे पेंशन निर्धारण की कार्यवाही कुछ ही महीनों में पूर्ण हो गई और मुझे निदेशालय की ठोकरें भी नहीं खानी पड़ीं। शास्त्री जी ने इतना दुष्कर कार्य इतनी सहजता से कर दिया। जब मैंने उन्हें पेंशन निर्धारण हो जाने पर पत्र लिखा, उन्होंने कोई अहसान नहीं जताया, कोई श्रेय लेने का प्रयास नहीं किया, बस हार्दिक प्रसन्नता व्यक्त कर दी। आम आदमी के प्रति उनका यह संवेदनशील सरोकार उन्हें राजनीति की संकुल सीमाओं से परे एक महामानव का गौरव-पद देता है। मेरे मन में उनके लिए अपार श्रद्धा, आदर और आभार है। जब-जब मैंने उन्हें पढ़ा है, मैं समृद्ध हुई हूँ। जब-जब उन्हें सुना है, साहित्य के प्रति मेरे अन्दर नवीन उत्साह उमंग और आस्था जगी है। उनका यह विराट व्यक्तित्व बना रहे यही कामना है।

एक लिटरेरी एक्टिविस्ट : सत्यप्रकाश मिश्र

सत्यप्रकाश जी का ज़िक्र चलते ही उनकी बुलन्द आवाज, उन्मुक्त हँसी और साँवले मुख पर रूखे रजत केश दिखाई दे जाते हैं। इलाहाबाद के उत्तर, दक्षिण, पूरब, पश्चिम कोनों में साहित्यिक आयोजनों का संयोजन करते, संचालन करते, अतिथि-सत्कार करते, योजनाएँ बनाते, यानी अपने काम में मगन सत्यप्रकाश जी। मैंने जब भी उन्हें देखा किसी न किसी गतिविधि में लगे देखा।

हमारा शहर इलाहाबाद एक ऐसी स्टार टीम हमेशा उपलब्ध रखता है कि अगर गांगुली कभी रन न बना पाए तो धोनी या कैफ आगे आ जाए और भारत अपनी हारती हुई बाजी जीत जाय। साहित्य की दुनिया की भी यही कैफियत है। डॉ. रामस्वरूप चतुर्वेदी इलाहाबाद विश्वविद्यालय में प्रोफेसर तो थे ही, साथ ही साथ कम से कम एक दर्जन राष्ट्रीय संस्थाओं की चयन समिति, निर्णायक समिति में विभिन्न पदों पर नियुक्त थे। जब उनकी तबियत खराब रहने लगी उन्होंने हर समिति में अपने स्थान पर सत्यप्रकाश जी का नाम डाले जाने का अनुरोध किया। इस प्रकार वे हिन्दी साहित्य को शून्यता के संकट से उबार ले गए।

मित्र-मण्डली में उनको पूरे नाम से नहीं बुलाया जाता था। सत्यप्रकाश बस। सत्यप्रकाश मिश्र कहना हम सबको अटपटा लगता। शहर में सत्यप्रकाश जिस तरह हर तबके के साथ उठते-बैठते, हर तरह का खाना खा-पी लेते, हर तरह की मित्र-मण्डली में शामिल हो जाते, हमने कभी उनका कुल-गोत्र जानने की कोशिश नहीं की। सत्यप्रकाश हर हाल में कर्मठ और प्रसन्नचित्त रहने के लिए जैसे कटिबद्ध थे।

एक बार इलाहाबाद संग्रहालय की एक गोष्ठी का संचालन मध्यम बुद्धि के एक विद्वान कर रहे थे। उन्होंने जब सत्यप्रकाश जी को व्याख्यान के लिए मंच पर आमन्त्रित किया तो कहा, "अब मैं प्रोफेसर एस.पी. मिश्रा को बुलाना चाहूँगा कि वे अपना वक्तव्य दें।" सभाकक्ष में बैठे सभी श्रोताओं को धक्का लगा। एक बार को सत्यप्रकाश भी नहीं समझ पाए कि यह एस.पी. मिश्रा कौन है अथवा उन्हें मंच पर बुलाया जा रहा है। तकनीकी तौर पर वे मन्दबुद्धि प्रसाद गलत नहीं

थे उन्होंने इलाहाबाद विश्वविद्यालय के हिन्दी-विभाग के आचार्य डॉ. सत्यप्रकाश मिश्र को ही सम्बोधित किया था लेकिन सत्यप्रकाश का परिचय महज इतना नहीं था। बल्कि यह उनका परिचय कतई नहीं था। उन्होंने कभी जातिनाम को अपना दुमछल्ला नहीं बनने दिया। मेरी जानकारी में वे ऐसे ब्राह्मणवादी नहीं थे कि अन्य लोगों की योग्यता को मात्र जातिगत आधार पर कम आँकें। वे एक खुला, सर्जनात्मक, तर्कसम्मत दृष्टिकोण रखते थे। उनकी अध्यक्षता में साहित्यिक पुरस्कार कृती-आधारित कभी नहीं रहे, वे कृति-आधारित ही बने रहे।

सत्यप्रकाश इतनी सारी संस्थाओं का संचालन करते, इतने साक्षात्कार लेने हिन्दुस्तान के कोने-कोने में जाते, इतने व्याख्यान देते, इतने निर्णायक मण्डलों में शामिल रहते कि हम गिनती भूल जाते कि सत्यप्रकाश इस महीने शहर में कब आए और कब गए। वे हरदम कहीं जा रहे होते या कहीं से आ रहे होते। हमेशा वही बड़े-बड़े दाँतों वाली उन्मुक्त हँसी, भरपूर आवाज़ और गर्मजोशी।

कुछ ही दिनों बाद सत्यप्रकाश इलाहाबाद संग्रहालय के मानद निदेशक हो गए। उनके कार्यभार सँभालते ही संग्रहालय के कार्यक्रमों में नई जान पड़ गई। वहाँ जन-विरल गोष्ठियों की बजाय जन-बहुल गोष्ठियाँ होने लगीं, कुर्सियाँ कम पड़ने लगीं। वे देश के कोने-कोने से विद्वानों को आमन्त्रित करते मगर क्या मजाल जो किसी का यथोचित परिचय न दे पाएँ या सम्मान न कर पाएँ। सत्यप्रकाश एक बहुत मँजे हुए संयोजक और संचालक सिद्ध हुए।

अब तो वे इलाहाबाद विश्वविद्यालय में हिन्दी-विभाग के अध्यक्ष हो गए थे। लेकिन क्या मजाल जो मित्रों के बीच वे कभी अकड़ दिखाएँ। उनके साथ वे वही थे, हँसी-मज़ाक में बराबर के हिस्सेदार।

रवि के साथ, फोन पर उनकी बतकही घण्टों चलती। रवि उनके दोस्तों पर छींटाकशी किए बिना न रहते पर सत्यप्रकाश उन्हें बोलने देते। वे बात इधर की उधर न करते। इसलिए वे परस्पर विरोधी खेमों में भी स्वीकार्य रहे। उनके अन्दर बातों की समवाई थी। दूधनाथ सिंह, नीलाभ और सतीश जमाली उनके अभिन्न मित्रों में थे हालाँकि ये तीनों एकदम भिन्न जीव हैं। इनके बीच अजीबोगरीब हँसी-ठट्ठा और बड़े-बड़ों की टाँग खिंचाई चलती। उस गुलगपाड़े में सत्यप्रकाश की उपस्थिति एक ओर विस्मित करती तो दूसरी ओर आश्वस्त भी कि वहाँ बातों का बतंगड़ नहीं बनेगा, सत्य का शीर्षासन भले हो जाए, विकृतासन नहीं होगा।

यही सत्यप्रकाश जब किसी सेमिनार का संचालन करते तो निहायत जिम्मेदार पर्यवेक्षक बन जाते। उनकी बुलन्द आवाज़ के सामने माइक व्यर्थ साबित हो जाता। माइक से हटकर भी वे इतना स्पष्ट, सुविचारित, सन्तुलित वक्तव्य रखते कि बेजान से बेजान सेमिनार में भी नई प्राणवायु पड़ जाती।

पिछले कुछ महीनों से उनके गले में दर्द रहने लगा था और उनकी आवाज़

बदलने लगी। उनका पंचम स्वर कुछ मद्धम पड़ गया। बाद के महीनों में बस अस्फुट स्वर रह गया। उनकी तकलीफ देखकर हार्दिक कष्ट हुआ। मुझे ऐसा लगा जैसे शेर से उसकी दहाड़ छीन ली गई हो। वे फोन पर बात करते। उनकी आवाज घुटी-घुटी निकलती। मुझे ऐसा लगता जैसे फोन पर सत्यप्रकाश नहीं कोई और बोल रहे हैं, कोई अजनबी। उनको खुद कैसा लगता होगा, इसे जानने का कोई जरिया नहीं था। वे अपनी परेशानी का बखान नहीं करते थे। उन्होंने अपनी बीमारी को कभी चर्चा का विषय नहीं बनने दिया। वर्षों पहले इलाहाबाद ने महीयसी महादेवी वर्मा को भी गले के कैंसर के कारण खोया था। उनकी भी बुलन्द आवाज रुँधती चली गई थी। सत्यप्रकाश जी कुछ इस तरह सक्रिय रहे कि उनकी बीमारी की गम्भीरता का किसी को एहसास ही नहीं हुआ।

अभी 25 जनवरी, 2007 को उनसे लखनऊ में भेंट हुई। रवि और सत्यप्रकाश दोनों को उ.प्र. हिन्दी संस्थान का साहित्यभूषण सम्मान मिला था। सत्यप्रकाश जी सवेरे हमारे कमरे में आए। उनकी आँखें और हँसी सवाक् थी पर गले से आवाज़ फँस-फँसकर निकल रही थी। ऐसा लगा जैसे उनका गला खराब है, अगर गर्म चाय पिएँ तो गला खुल जाए। लेकिन उनकी आँखें जीवन से लबालब भरी हुई थीं। उनकी हँसी में जिजीविषा थी। रवि उन्हें होमियोपैथी दवा बता रहे थे जिससे आवाज़ खुल जाती है। उनका मर्ज उस दवा से ज़्यादा गम्भीर था जिसका अन्दाजा शायद उनको भी नहीं था। हो सकता है इलाज वे करवाते रहे हों लेकिन आराम उन्होंने कभी नहीं किया। अन्त तक वे साहित्यिक आयोजनों में अपने आपको झोंके रहे। मार्च 2007 में अस्पताल में दो दिनों के लिए दाखिल रहने से पूर्व वे दक्षिण भारत के दौरे से लौटे थे।

सुलतानपुर जिले के दोस्तपुर गाँव में 16 जनवरी, 1945 को जन्मे सत्यप्रकाश सन् 1961 में इलाहाबाद आए और यहीं के होकर रह गए। सुलतानपुर पहले से ही न केवल अपनी लहलहाती हुई फसलों के लिए वरन् अपनी साहित्यिक उर्वरता के लिए भी जाना जाता रहा है। कवि रामनरेश त्रिपाठी और त्रिलोचन जी, कथाकार संजीव, शिवमूर्ति और अखिलेश, हरफनमौला देवीप्रसाद त्रिपाठी और जगदीश पीयूष, वहाँ प्रतिभाओं की एक लम्बी कतार के अन्त में सत्यप्रकाश मिश्र का भी नाम आना चाहिए। दोस्तपुर में उनके माता-पिता अभी रहते हैं और अपनी छोटी-सी खेती-बाड़ी में जुटे हुए हैं। सत्यप्रकाश की पत्नी और तीन बेटियों को देखना मुझे हमेशा विस्मय में डालता कि घर का गल्ला-पानी होते हुए भी ये चारों इतनी दुबली कैसे रह गईं। सबके व्यक्तित्व में सलोनापन और सादगी झलक मारती। उनके बेटों की उपस्थिति से हम बेखबर थे हालाँकि वे भी इलाहाबाद में पढ़ते थे। घर का मोर्चा सत्यप्रकाश जी की पत्नी ने इतनी कुशलता से सँभाल रखा था कि सत्यप्रकाश अपनी तरह की दौड़-भाग, अध्ययन-आयोजन में जुटे रहने के लिए

स्वतन्त्र थे। बेफिक्री उनके व्यक्तित्व का एक अहम अंग थी। जब उन्हें विजिटिंग प्रोफेसर के पद पर जापान के एक विश्वविद्यालय (शायद ओसाका) में नियुक्ति मिली, वे वहाँ से चार दिन में लौट आए क्योंकि उन्हें जापानी अनुशासन में जीना रास नहीं आया। दरअसल यह इलाहाबादी रंग था जो उन्हें वापस बुला लाया। इलाहाबाद के किसी भी आदमी को इलाहाबाद से बाहर जाकर जीना अच्छा नहीं लगता। कवि नीलाभ ने एक बार कहा था कि 'अगर मैं इलाहाबाद से बाहर जाऊँ तो लौटकर स्टेशन पर ही दो-चार गहरी साँस खींच इलाहाबाद की हवा अपने अन्दर भर लेता हूँ।' वैसे पता नहीं वे बी.बी.सी. में छह साल कैसे बाहर रहे? सत्यप्रकाश बाहर नहीं रह पाए।

जहाँ अधिकांश शिक्षक-लेखक अपने जीवनयापन, पारिवारिक समस्याओं और बढ़ती महँगाई को लेकर चिन्तित रहते सत्यप्रकाश प्रायः चिन्तामुक्त दिखते। कोई विलासी आदत भी नहीं थी उनमें। जहाँ जो मिल गया, प्रसन्नचित्त खा लिया वाला स्वभाव था। एक बार हमारे घर दोस्तों की महफिल जमी। कुछ ज्यादा ही जमी। खाना खाते तक बहुत रात हो गई। सबने सत्यप्रकाश जी को समझाया कि इस वक्त जाना ठीक नहीं है, सुबह चले जाना पर वे नहीं माने। उनके स्कूटर का स्टैण्ड नीचे लटककर चलने में बाधा पहुँचा रहा था। उन्होंने पास पड़ी एक सुतली उठाकर उसे बाँधा और स्कूटर स्टार्ट कर, डगमग-डगमग घर की तरफ बढ़ गए। जब 15 मिनट बाद हमने उनके घर फोन किया तो पता चला वे सही-सलामत घर पहुँच गए।

सत्यप्रकाश अनेक मानद पदों पर आसीन थे। उनका सबसे बड़ा योगदान यह था कि उन्होंने इलाहाबाद की नष्टप्राय साहित्यिक गतिविधियों को अपने आयोजनों और कार्यक्रमों से जीवनदान दिया। उन्हें न परिमल से परहेज था न प्रगतिशील लेखक संघ से। उनका संवाद जलेस से भी था और जसम से भी। किसी भी विचारधारा का विद्वान उनके कार्यक्रम में आमन्त्रित हो सकता था। आमन्त्रित विद्वानों का वे आतिथ्य निभा देते, कार्यक्रम का संचालन कर देते, सभा में कोई भी वक्ता हत्थे से न उखड़ने पाए इस पर चौकन्नी नज़र रखते और समापन आभार प्रकट कर रात की रेल से चेन्नई चल पड़ते, अगले आयोजन के संयोजन में। कई बार तो इलाहाबाद में साहित्य सम्मेलन और संग्रहालय, दोनों जगह एक ही दिन संगोष्ठी होती। समय थोड़ा आगे-पीछे मात्र इसलिए रखा जाता क्योंकि दोनों संगोष्ठियों का संचालन सत्यप्रकाश को ही करना होता। डॉ. अजय तिवारी ने श्रद्धांजलि देते हुए उचित ही उन्हें 'लिटरेरी एक्टिविस्ट' कहा है, साहित्य का कार्यकर्ता। यह भी रचनाकर्म जितना आवश्यक कार्य है। अपने आयोजनों से उन्होंने न जाने कितने सद्भाव-सेतु निर्मित किए थे।

मुझे याद आते हैं 1978 के वे दिन जब सतीश जमाली की पत्रिका 'नई

दुनिया' के तीसरे अंक के प्रकाशन की रूपरेखा बन रही थी। तय हुआ कि यह अंक कथाकार ज्ञानरंजन पर केन्द्रित होगा। अंक का नाम ही रखा गया कहानीकार ज्ञानरंजन। इसके अतिथि सम्पादक बने सत्यप्रकाश। उन्होंने मुझसे ज्ञानरंजन पर लिखने को कहा। ज्ञान उस वक्त हमारे लिए जितने कहानीकार थे, उससे ज्यादा एक शरारती दोस्त, मस्तमौला इंसान, मौलिक उत्पात के सूत्रधार और खाने-खिलाने के रसिया। वे ऐसे दिन थे कि मुझे कोई भी काम मुश्किल नहीं लगता था। अनभिज्ञता और अनाड़ीपन ने अद्‌भुत पराक्रम और आत्मविश्वास दे रखा था। मैंने ज्ञानरंजन पर तड़ से लेख लिख डाला बिना एक बार भी सोचे कि कुछ तसल्ली से बैठकर उनकी समस्त कहानियाँ पढ़ूँ और फिर एक सुविचारित लेख लिखूँ। सत्यप्रकाश की भी फितरत ऐसी कि उन्होंने उसे ज्यों का त्यों छाप दिया। मित्र-मण्डली में वह लेख बड़ा रस लेकर पढ़ा गया। हालाँकि ज्ञान उस लेख से कई किलोमीटर आगे बढ़ गए, वह लेख आज भी उनकी शख्सियत से चिपटा है। नए लिखने वाले, शोधार्थी और कहानी के पाठक उस लेख का हवाला देकर मुझसे पूछते रहते हैं, 'क्या ज्ञान वाकई ऐसा करते थे?'

सत्यप्रकाश जी ने प्रमुखतः सतीश जमाली की पत्रिका नई कहानी में ही लिखा। उनका चर्चित लेख 'महाबली का पतन' नई कहानी के दूसरे अंक में छपा। उन्होंने रामविलास शर्मा पर भी लिखा। लेकिन लेखन की अपेक्षा उनका ध्यान सम्पादन, संयोजन और आयोजनों पर केन्द्रित रहा।

सवाल यह उठता है कि उनका जीना जब इतनी धमक भरा था, उनका जाना इतना खामोश कैसे रह गया। अखबारों ने उनके निधन के समाचार को छापने में आलस दिखलाया, दृश्य मीडिया ने भी खबर को अदृश्य किया। क्या उन्हें याद रखने का दायित्व उन थोड़ी सी लघु पत्रिकाओं पर रह जाता है जो आपस में ही हम मिल-बाँट कर पढ़ लेते हैं और ऐसी खबरों पर उदास हो लेते हैं।

लापता भी नहीं : वाज़दा खान

यों ही नहीं हम इलाहाबाद पर फिदा। क्या अदा है इस शहर की। यहाँ का बच्चा-बच्चा मौलिक है। जिसे देखो वह कलाकार निकलता है। अगर मौलिकता नापने का कोई सी.टी. स्कैन हो तो यकीनन इलाहाबाद सबसे ऊँचे नम्बर ले जाएगा।

ताजा खबर इलाहाबाद के डाक विभाग की है। वैसे तो वहाँ हर इलाके में किसी पुरानी इमारत के बड़े से हॉल में डाकघर हुआ करता है जहाँ बैठे डाक बाबू, मनीऑर्डर बाबू, रजिस्ट्री बाबू चींटी चाल से पूरे दिन रसीद बनाते रहते हैं। वे सिर भी ऊपर नहीं उठाते पर काम है कि खत्म ही नहीं होता। वहाँ डाकिये पहले डाक छाँटते हैं, फिर बाँटने निकलते हैं। पहले डाकघरों में डाक छाँटनेवाला अलग कर्मचारी होता था पर जब से छाँटनेवाले पद की छँटनी हो गई, यह काम डाकियों के जिम्मे आ गया। हमारे क्षेत्र में डाकिये मणिराम के पास इतने मुहल्ले हैं कि वह दिन क्या, रात भर भी डाक बाँटे तो नम्बर न आए। यह तो तब है जब कहा जाता है कि अब चिट्ठियाँ लिखता ही कौन है। यह तो फोन और एसएमएस का जमाना है। फिर भी मणिराम के पास ढेर काम है। वह चक्कर लगाता रहता है तेलियरगंज से मैहदोरी, मैहदोरी से गोविन्दपुर, गोविन्दपुर से पूरा गड़रिया, पूरे गड़रिये से ओमगायत्री नगर।

ऐसा ही कर्मठ डाकिया चैथम लाइंस का रहा होगा। बल्कि कुछ और चुस्त और चौकन्ना। चैथम लाइंस इलाहाबाद का खास इलाका है जिसमें कमिश्नर, सरकारी अफसर, सेना अधिकारी, बड़े आदमी और विश्वविद्यालय के छात्रावासी रहते हैं। वहीं अन्तर्राष्ट्रीय छात्रावास भी है। वहाँ के बड़े-बड़े बँगलों में रहनेवाले, अपने एक-दो कमरे उन छात्र-छात्राओं को किराए पर दे देते हैं जिन्हें छात्रावास में स्थान नहीं मिल सका अथवा जो प्रतियोगी परीक्षाओं की तैयारी करने के लिए, इलाहाबाद में साल दर साल पड़े रहते हैं।

इसी चैथम लाइंस का डाकिया एक दिन, युवा चित्रकार, कवि वाज़दा खान का मनीऑर्डर लेकर उसके कमरे पर पहुँचता है। बरामदे में मकान मालकिन बैठी फूलों की पौध लगा रही है। डाकिया बगल के कमरे का दरवाजा खटखटाता है और आवाज लगाता है 'मनीऑर्डर'।

मकान मालकिन का चेहरा तन गया है। उसे अपनी किरायेदारिन याद आती है—राजसी व्यक्तित्व की, लम्बी, गोरी, खूबसूरत खानबाला वाज़दा जो हर वक्त कमरे में कागज, कैनवस, रंग फैलाए बैठी रहती थी। चित्र बनाते समय उसे दरवाजे की खटखट भी सुनाई नहीं देती। वाज़दा खान की अदम्यता, अगम्यता और अस्मिता मकान मालकिन के लिए ललकार बनी हुई थी। वाज़दा अपने मौन से ही मकान मालकिन की सारी त्योरियाँ विजित कर लेती। वह वाज़दा कुछ माह पहले दिल्ली चली गई थी। आगामी चित्र उसे दिल्ली में बनाने थे।

गुस्से से खलबलाते, बलबलाते और झुँझलाते हुए मकान मालकिन ने डाकिये से कहा, "वाज़दा का मनीऑर्डर लाए हो। वाज़दा मर गई।"

बेचारा डाकिया इस जुमले का तंज़ क्या समझता। उसे अफसोस हुआ। ऐसी झील सी गहरी आँखों वाली लड़की मर गई; कैसे, कब, क्यों जैसे बेचैन सवाल उसने मुँह में ही रोक लिये। भारी मन से उसने धनादेश पर लिखा, 'वाज़दा खान का देहान्त हो गया।' धन सहित उसने धनादेश वापस कलकत्ता पठा दिया।

वागर्थ के कार्यालय में धनादेश वापस प्राप्त हुआ। सन्देश की जगह लिखा मिला, 'वाज़दा खान का देहान्त हो गया।'

जिसने भी सन्देश पढ़ा वह सन्न रह गया। वाज़दा खान वागर्थ के लिए एक परिचित नाम बन चुका था। उसके चित्रांकन पत्रिका में अनेक बार छप चुके थे। कभी-कभी तो सम्पूर्ण अंक की साज-सज्जा वाज़दा के जिम्मे रही थी। किसी कलाकार को प्रत्यक्ष न भी देखें, उसका नाम पत्रिका के पृष्ठों पर आता रहे तो पत्रिका से सम्बद्ध सभी सदस्यों का कलाकार से एक परोक्ष किन्तु प्रीतिकर सम्बन्ध बन जाता है। सबको धक्का लगा। पत्रिका के लेखपाल मोहनजी ने पैसे वापस जमा किए और भारी मन से सन्देश वाली कतरन रवीन्द्र कालिया के पास भेज दी।

इतनी खराब खबर से दिन की शुरुआत हुई। रवि बेचैन हो गए। मुझे बताया। मैं हैरान रह गई। मेरी पहली प्रतिक्रिया वही शाश्वत—मुझे विश्वास नहीं हुआ।

"कागज दिखाओ।" मैंने कहा।

"दफ्तर में देख लो," रवि ने कहा और फोन मिलाने लगे।

मैंने जाकर रजिस्टर देखा जिसमें धनादेश की रसीद चिपका दी गई थी; साफ लिखा था, 'वाज़दा खान का देहान्त हो गया।'

अब क्या हो!

वाज़दा का जाना महज़ एक जान का जाना नहीं बल्कि एक जहान का जाना था। वह एक सम्भावना का अवसान था। यह एक कलाकार का जाना था।

मुझे बड़ी शिद्दत से याद आए वे दिन जब उसने कितनी सुन्दरता से मेरे कहानी-संग्रह 'निर्मोही' व कविता-संग्रह 'खाँटी घरेलू औरत' के आवरण-चित्र बनाए थे। रवि के उपन्यास 'ए बी सी डी' का आवरण भी वाज़दा ने बनाया था। उसकी कई तस्वीरों में ऊपर चढ़ती सीढ़ियों का बिम्ब अवश्य होता। यह मुझे बेहद सकारात्मक प्रतीक लगता और मैं उसकी संघर्षधर्मिता तथा साहस के बारे में निश्चिन्त और आश्वस्त रहती थी।

लेकिन यह खबर इन सब चिह्नों को मिटा रही थी। इलाहाबाद में कई दोस्तों को फोन किया पर वाज़दा का कोई समाचार नहीं मिल पाया। मन चिन्ताकुल, प्रश्नाकुल मँडराता रहा उन शामों की यादों में जब गोधूलि में यकायक वाज़दा घर आ जाती थी। उसका लिबास शत-प्रतिशत कलाकार का विन्यास होता--बहुत मोटे हैंडलूम कपड़े का कुरता, बास्कट और चूड़ीदार। चेहरे पर कोई प्रसाधन नहीं क्योंकि भगवान के घर से ही उसे काफी रूप-सिंगार मिला था। उसके कन्धों पर चुन्नी के साथ-साथ वह कलात्मक झोला भी रहता जिसमें भरे रहते उसके पूरे-अधूरे चित्र और खाके। कभी-कभी झोले से कविताएँ भी निकलतीं। वह एक कम बोलनेवाली लड़की थी जो अपनी चुप्पियों द्वारा हमसे ज़्यादा संवाद कर लेती।

दोपहर में खाना नहीं खाया गया। सूखे कुएँ में डगमगाते डोल-सा फोन जहाँ जाय, सूखा लौट आय। ऐसा लगा शहर में किसी की चिन्ता का विषय नहीं था कि एक कलाकार यकायक कहाँ चली गई।

रात में उद्विग्नता के चरम पर पहुँच, रवि ने यश मालवीय को फोन मिलाया। यश और आकाशवाणी मानो पर्यायवाची हैं। इस कवि को सारे शहर का अन्देशा-सन्देशा रहता है। खुद भले ही महीने में बीस दिन बाहर घूमते रहें इनकी जेब में सभी सूचनाएँ फुदकती रहती हैं। यश ने खबर सुनकर आश्चर्य प्रकट किया फिर बोले, "आप मुझे पाँच मिनट का समय दीजिए।"

वाकई ठीक पाँच मिनट बाद उन्होंने वाज़दा खान का मोबाइल नम्बर और अता-पता हमें दे डाला।

वाज़दा का इसके पहले का मोबाइल नम्बर मेरी टेलीफोन डायरी में मौजूद था। डाकिये का सन्देश पढ़ने के बाद मैंने वही नम्बर मिलाया था। जवाब मिला

'इनकमिंग फेसिलिटी हैज नॉट बीन रेस्टोर्ड'। उसने अपना सिमकार्ड फिर से चार्ज नहीं करवाया होगा, मैंने सोचा। कैसी होती है एक कलाकार की गर्दिश। हमारी गर्दिश से ज़्यादा या कम? गर्दिश की किस्म बदल जाती है वरना गर्द तो हर एक के पाँवों पर चढ़ी है।

धड़कते दिल से नया नम्बर मिलाया। उधर से जो आवाज़ आई उसने पूरे दिन की थकान हर ली। वाज़दा बोल रही थी। उसने बताया वह नोएडा में रहकर पेंटिंग पर काम कर रही है। फैलोशिप मिल गई है, सो आगे की पढ़ाई भी जारी है।

उसी से पता चला कि इलाहाबाद छोड़ते तक मकान मालकिन से उसका कुछ तनाव, बिगड़ाव हो गया था। मैंने धनादेश पर लिखी डाकिये की इबारत उसे बताई। वह हँस दी। उसे इसका कोई एहसास भी नहीं हुआ कि कलकत्ते में किसी का दिन कितना फिक्रमन्द बीता।

अब दिल को सुकून आया। जब से अपना शहर छोड़ आए हैं, तबियत कुछ ऐसी तिनतिन रहती है कि मन कभी किसी को लेकर चिन्तित हो जाता है, कभी किसी को। मैं चाहती हूँ जब भी मैं वापस जाऊँ शहर मुझे वैसा ही मिले जैसा छोड़ आई थी। उसका एक भी निवासी कम न हो, कमज़ोर न पड़े। मेरे शहर में न बीमारी आए न बुढ़ापा। कलाकारों का, कथाकारों का, कवियों का पेरिस इलाहाबाद ही है। विद्यार्थियों का, विद्याधरों का, अध्यापकों का ऑक्सफोर्ड है इलाहाबाद। अड़ियल, कड़ियल मौलिक इलाहाबाद।

चैथम लाइंस के उस ईमानदार, मासूम डाकिये को देखो। मकान मालकिन के खीझ भरे उद्गार को कैसी सादगी से मनीऑर्डर फॉर्म पर उतार दिया 'वाज़दा खान का देहान्त हो गया।' मनीऑर्डर वापस कर दिया। उसमें इतनी भी चतुराई नहीं थी कि दिवंगत के दस्तखत की चिड़िया बैठाकर रकम हज़म कर जाता। अन्य शहरों में तो जिन्दों को मुर्दा बताकर जमीन-जायदाद पर कब्जा कर लिया जाता है। ज़िन्दा अभागा लाख दौड़ता फिरे, कानून की फाइलों में उसका ज़िन्दा दिखना नामुमकिन साबित होता है और वह खारिज बेदखल हो जाता है।

यह पुरानी किस्म की ईमानदारी, दरअसल डाक-विभाग में ही बची है जिसके बलबूते वहाँ बचत योजनाओं का कार्य-व्यापार फल-फूल रहा है। लोग अपनी जमापूँजी बैंकों से निकालकर किसी छह वर्षीय, सात वर्षीय योजना में लगा देते हैं। इस विश्वास पर कि निर्धारित अवधि के बाद रकम उन्हें दुगुनी होकर मिल जाएगी। छह-सात वर्ष लम्बा समय होता है। कई बार तो इस बीच ग्राहक के दस्तखत करने का ढब भी बदल जाता है। फिर भी न जाने कौन-सा करिश्मा है कि रकम का भुगतान हरदम सही पात्र को होता है। इतने साल पुराने खाकी कागजों

को खजला फाइलों से ढूँढ निकालना डाककर्मियों के ही बस की बात है। उन कागजों पर निवेशकर्ता का चित्र तक नहीं होता। केवल अपनी बुद्धि, विवेक और स्मृति के आधार पर डाककर्मी रकम का भुगतान कर देते हैं। न वे एक पैसा रिश्वत चाहते हैं, न माँगते हैं।

इन बचत योजनाओं के कारण हर डाकघर में शाम तक इतनी नकद राशि आ जाती है कि वहाँ एक मजबूत तिजोरी कक्ष होना ही चाहिए। पर ज़्यादातर डाकघरों में लोहे का एक अदद भारी बक्सा होता है जिसके कुन्दे किसी वजनी जंजीर से जमीन में गड़े खूँटों से बँधे होते हैं। प्रधान डाकपाल उसी बक्से में समस्त धनराशि रखकर, प्रागैतिहासिक काल का एक ताला ठोक देता है गोया ईश्वर की अध्यक्षता में अपनी और समाज की आचार संहिता का सत्यापन क़र रहा हो। उसके पास न सुरक्षा कर्मचारी होता है न सहायक। इतनी धनराशि को एक अकेले आदमी के लिए गिनना भी मुमकिन नहीं होता। बचत अभिकर्ताओं द्वारा गिनी और बताई गई रकम को प्रामाणिक मान वह अपने समस्त कार्य सम्पादित करता है।

चैथम लाइंस का डाकिया जरूर इसी परम्परा में पला होगा। शब्दों की लक्षणा और व्यंजना शक्ति से उसे कुछ लेना-देना नहीं रहा होगा। तभी उसने मकान मालकिन के कोप को काल की गति समझ, रसीद पर लिख भेजा 'वाज़दा खान का देहान्त हो गया'। बहरहाल वाज़दा खान सही-सलामत हैं और रहें।

●●●